Berliner Museen

Museums of Berlin

L&H VERLAG

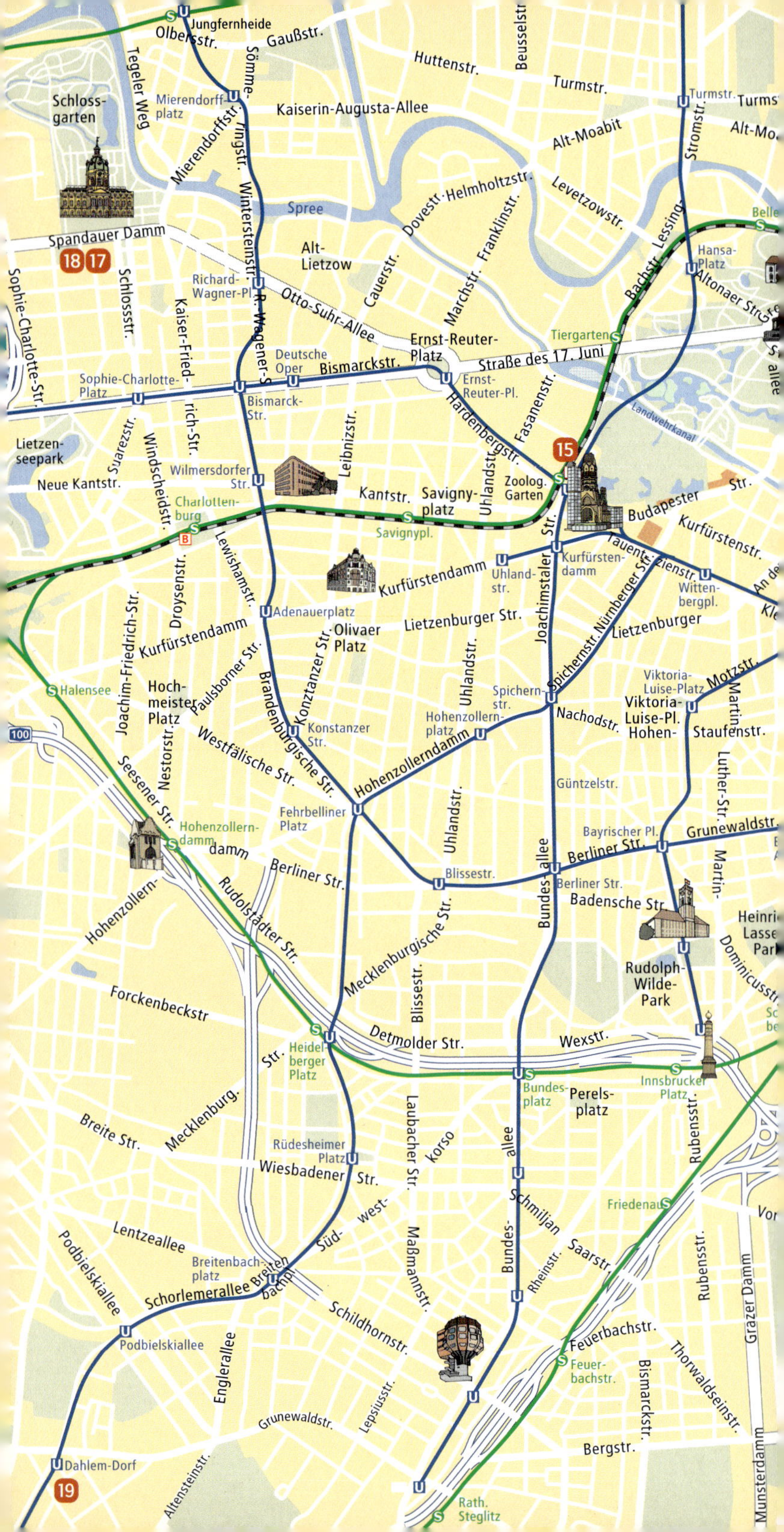

Jungfernheide
Olbersstr.
Gaußstr.
Huttenstr.
Beusselstr.
Turmstr.
Turmstr.
Schloss-garten
Tegeler Weg
Mierendorff-platz
Sömme-ringstr.
Kaiserin-Augusta-Allee
Stromstr.
Alt-Moabit
Mierendorffstr.
Wintersteinstr.
Helmholtzstr.
Levetzowstr.
Spree
Dovestr.
Franklinstr.
Lessing-
Spandauer Damm
18
17
Alt-Lietzow
Hansa-Platz
Bachstr.
Altonaer Str.
Sophie-Charlotte-Str.
Schlossstr.
Richard-Wagner-Pl.
Kaiser-Fried-rich-Str.
R.-Wagner-Str.
Otto-Suhr-Allee
Cauerstr.
Marchstr.
Ernst-Reuter-Platz
Tiergarten
Deutsche Oper
Bismarckstr.
Straße des 17. Juni
Sophie-Charlotte-Platz
Bismarck-Str.
Ernst-Reuter-Pl.
Hardenbergstr.
Fasanenstr.
Landwehrkanal
Lietzen-seepark
Suarezstr.
Windscheidstr.
Leibnizstr.
15
Neue Kantstr.
Wilmersdorfer Str.
Uhlandstr.
Zoolog. Garten
Kantstr.
Savigny-platz
Budapester Str.
Charlotten-burg
Savignypl.
Kurfürstenstr.
Lewishamstr.
Droysenstr.
Kurfürstendamm
Uhland-str.
Kurfürsten-damm
Tauentzienstr.
Nürnberger Str.
Witten-bergpl.
Joachimstaler Str.
Adenauerplatz
Joachim-Friedrich-Str.
Kurfürstendamm
Olivaer Platz
Lietzenburger Str.
Lietzenburger
Konstanzer Str.
Uhlandstr.
Halensee
Hoch-meister Platz
Paulsborner Str.
Brandenburgische Str.
Spichern-str.
Spichernstr.
Viktoria-Luise-Platz
Motzstr.
Viktoria-Luise-Pl.
Nachodstr.
Hohen-
Staufenstr.
Martin-
Konstanzer Str.
Hohenzollern-platz
Hohenzollerndamm
100
Nestorstr.
Westfälische Str.
Luther-Str.
Güntzelstr.
Seesener Str.
Fehrbelliner Platz
Uhlandstr.
Bayrischer Pl.
Grunewaldstr.
Hohenzollern-damm
damm
Berliner Str.
Blissestr.
Bundesallee
Berliner Str.
Berliner Str.
Martin-
Badensche Str.
Hohenzollern-
Rudolstädter Str.
Mecklenburgische Str.
Heinri-
Lasse-
Park
Rudolph-Wilde-Park
Dominicusstr.
Forckenbeckstr.
Blissestr.
Detmolder Str.
Wexstr.
Heidel-berger Platz
Str.
Bundes-platz
Perels-platz
Innsbrucker Platz
Breite Str.
Mecklenburg.
Laubacher Str.
Korso
Rubensstr.
Rüdesheimer Platz
Wiesbadener Str.
allee
Süd-west-
Schmiljan
Friedenau
Lentzeallee
Podbielskiallee
Breitenbach-platz
Breiten bachpl.
Maßmannstr.
Bundes-
Saarstr.
Rubensstr.
Grazer Damm
Schorlemerallee
Schildhornstr.
Rheinstr.
Podbielskiallee
Feuerbachstr.
Feuer-bachstr.
Thorwaldseinstr.
Bismarckstr.
Englerallee
Lepsiusstr.
Grunewaldstr.
Bergstr.
Dahlem-Dorf
19
Altensteinstr.
Rath. Steglitz
Munsterdamm

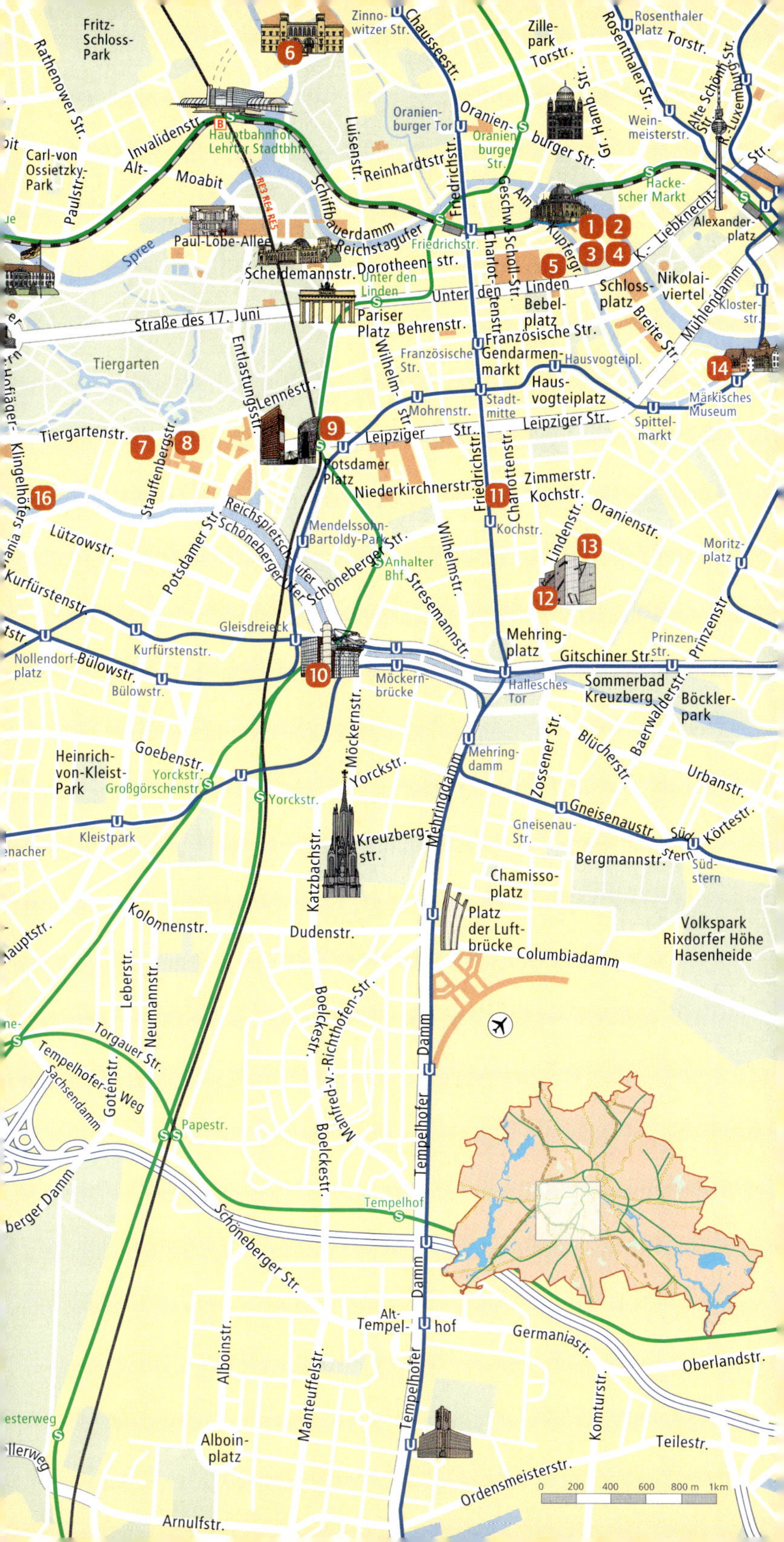

Fritz-Schloss-Park
Rathenower Str.
Zinnowitzer Str.
Chausseestr.
Zillepark
Torstr.
Rosenthaler Platz
Torstr.
Rosenthaler Str.
Alte Schönh. Str.
R.-Luxemburg-Str.
Invalidenstr.
Hauptbahnhof Lehrter Stadtbhf.
Carl-von Ossietzky-Park
Alt-Moabit
Paulstr.
Luisenstr.
Oranienburger Tor
Oranienburger Str.
Oranienburger Str.
Gr. Hamb. Str.
Weinmeisterstr.
Reinhardtstr.
Schiffbauerdamm
Friedrichstr.
Hackescher Markt
Alexanderplatz
Spree
Paul-Löbe-Allee
Reichstagufer
Friedrichstr.
Geschw.-Scholl-Str.
Am Kupfergr.
K.-Liebknecht-Str.
Scheidemannstr.
Dorotheenstr.
Unter den Linden
Unter den Linden
Charlottenstr.
Schlossplatz
Nikolaiviertel
Straße des 17. Juni
Pariser Platz
Behrenstr.
Bebelplatz
Breite Str.
Mühlendamm
Klosterstr.
Tiergarten
Entlastungsstr.
Wilhelmstr.
Französische Str.
Französische Str.
Gendarmenmarkt
Hausvogteipl.
Lennéstr.
Mohrenstr.
Stadtmitte
Hausvogteiplatz
Märkisches Museum
Tiergartenstr.
Stauffenbergstr.
Leipziger Str.
Leipziger Str.
Spittelmarkt
Potsdamer Platz
Niederkirchnerstr.
Friedrichstr.
Charlottenstr.
Zimmerstr.
Kochstr.
Oranienstr.
Klingelhöferstr.
Lützowstr.
Reichpietschufer
Schöneberger Ufer
Schöneberger Str.
Mendelssohn-Bartoldy-Park
Anhalter Bhf.
Wilhelmstr.
Kochstr.
Lindenstr.
Moritzplatz
Potsdamer Str.
Kurfürstenstr.
Stresemannstr.
Prinzenstr.
Gleisdreieck
Kurfürstenstr.
Mehringplatz
Prinzenstr.
Gitschiner Str.
Nollendorfplatz
Bülowstr.
Bülowstr.
Möckernbrücke
Hallesches Tor
Sommerbad Kreuzberg
Baerwaldstr.
Böcklerpark
Möckernstr.
Mehringdamm
Blücherstr.
Urbanstr.
Heinrich-von-Kleist-Park
Goebenstr.
Yorckstr.
Großgörschenstr.
Yorckstr.
Yorckstr.
Mehringdamm
Zossener Str.
Gneisenaustr.
Südstern
Körtestr.
Kleistpark
Gneisenau-Str.
Kreuzbergstr.
Bergmannstr.
Südstern
Chamissoplatz
Katzbachstr.
Platz der Luftbrücke
Volkspark Rixdorfer Höhe Hasenheide
Kolonnenstr.
Dudenstr.
Columbiadamm
Leberstr.
Neumannstr.
Boelckestr.
Manfred-v.-Richthofen-Str.
Tempelhofer Damm
Torgauer Str.
Tempelhofer Weg
Sachsendamm
Gotenstr.
Papestr.
Boelckestr.
Tempelhof
Schöneberger Str.
Tempelhofer Damm
Alt-Tempelhof
Germaniastr.
Oberlandstr.
Alboinstr.
Manteuffelstr.
Tempelhofer Damm
Komturstr.
Alboinplatz
Teilestr.
Ordensmeisterstr.
Arnulfstr.
RE3 RE4 RE5
0 200 400 600 800 m 1km
1 2 3 4 5 6 7 8 9 10 11 12 13 14 16

Zentrale Informationen

Dieser Museumsführer entstand in Kooperation mit den Staatlichen Museen zu Berlin, die zur Stiftung Preußischer Kulturbesitz gehören.

Touristinformationen

- **Staatliche Museen zu Berlin:** Info-Telefon (030) 266 36 60, Führungen (030) 266 36 66, www.smb.spk-berlin.de
- **Berlin Tourismus Marketing GmbH:** Stadtinformationen/Hotelbuchung/Tickets, Info-Telefon (030) 25 00 25, www.berlin-tourist-information.de
- **Museumspädagogischer Dienst:** Informationen für Museumsbesucher, Info-Telefon (030) 90 26 99 444, www.mdberlin.de

- **Berlin Card:** Bis zu 50 Prozent Ermäßigung auf zahlreiche touristische und kulturelle Highlights, Info-Telefon (030) 26 47 480, www.berlin tourist-information.de
- **3-Tage-Karte** „SchauLust Museen Berlin": Ermöglicht den Zutritt zu über 70 Berliner Museen und Sammlungen, Info-Telefon (030) 26 47 480, www.berlin-tourist-information.de
- **WelcomeCard**: Berlin und Potsdam erleben, Info-Telefon (030) 26 47 480, www.berlin-tourist-information.de

Notrufnummern

- Polizei: 110
- Feuerwehr/Rettungsleitstelle: 112
- Ärztlicher Notdienst, Apothekenbereitschaft: 31 00 31
- Verlust von EC- oder Kreditkarten: 116 116

Servicedienste

- **Berliner Verkehrsbetriebe (BVG):** Kundendienst, Info-Telefon (030) 19 449, www.bvg.de
- **Deutsche Bahn AG:** Bahnverbindungen/Reiseservice, Telefonauskunft 11 861, www.bahn.de
- **Berliner Flughäfen:** Info-Telefon (0180) 5000 186

General Information

This museum guide is the product of close cooperation with the State Museums of Berlin, a part of the Foundation for Prussian Cultural Heritage.

Visitor information

- **State Museums of Berlin:** Info telephone (030) 266 36 60, tour (030) 266 36 66, www.smb.spk-berlin.de
- **Berlin Tourismus Marketing GmbH:** city information/hotel reservations/ tickets, Info telephone (030) 25 00 25, www.berlin-tourist-information.de
- **Museum educational services:** information for museum visitors, Info telephone (030) 90 26 99 444, www.mdberlin.de

- **Berlin Card:** up to 50 percent savings on numerous tourist sites and cultural events, Info telephone (030) 26 47 480, www.berlin-tourist-information.de
- **3-day Card "SchauLust Berlin museums":** provides entry to more than 70 Berliner museums and collections, Info telephone (030) 26 47 480, www.berlin-tourist-information.de
- **WelcomeCard:** experience Berlin and Potsdam, Info telephone (030) 26 47 480, www.berlin-tourist-information.de

Emergency Telephone Numbers

- Police: 110
- Fire/ambulance: 112
- On-call doctor, after-hours drugstore: 31 00 31
- Lost or stolen EC or credit card: 116 116

Services

- **Public transport authority (BVG):** customer service, Info telephone (030) 19 449, www.bvg.de
- **German Rail/Deutsche Bahn AG:** information / reservations telephone: 11 861, www.bahn.de
- **Berlin airports:** Info telephone (0180) 5000 186

The greatest care has gone into ensuring the accuracy of this information. However, L&H Verlag assumes no liability for errors or omissions.

Inhalt

Content

Danke
Thanks

Für die Unterstützung dieses Buches bedanken wir uns bei den Staatlichen Museen zu Berlin sowie
For the support of the book we thank the State Museums of Berlin and

Berlinische Galerie	109
DDR Museum Berlin GmbH	8
Druckhaus Berlin-Mitte GmbH	105
Jüdisches Museum Berlin	107
Mauermuseum - Museum Haus am Checkpoint Charlie	109
Museumspädagogischer Dienst Berlin	113
Museum für Kommunikation Berlin	111
Schlossmuseum und Hotel-Restaurant am Schloss Wolfshagen	111
tonwelt professional media GmbH	115

Willkommen

Berlin ist nicht nur wegen der Museen eine Reise wert: Doch Millionen Besucher aus aller Welt sind vor allem von den mehr als 175 Museen begeistert. Das „MuseumsInselFestival" (1999 wurde die Museumsinsel in die UNESCO-Welterbeliste aufgenommen) und die zweimal jährlich stattfindende „Lange Nacht der Museen" sind Höhepunkte der Berliner Kultur.

Als anspruchsvoller Kulturreisender sollten Sie die „Berlin Card" nutzen. Mit ihr erhalten Sie bis zu 50 Prozent Ermäßigung auf zahlreiche touristische und kulturelle Höhepunkte. Falls Sie zu den intensiveren Museumsbesuchern gehören, bietet die 3-Tage-Karte „SchauLust Museen Berlin" optimalen Museumsgenuss in über 70 Berliner Museen und Sammlungen. Mehr Infos dazu auf Seite 4 „Zentrale Informationen".

In diesem Buch haben wir die wichtigsten, bedeutendsten und spektakulärsten Museen der Stadt zusammengestellt. Die Auswahl stellt keine Bewertung dar. Uns geht es darum, dass der Besucher auf schnellstem Weg möglichst viel über die bedeutendsten Einrichtungen erfährt. Zur besseren Orientierung hat jedes Museum eine Kennziffer. Diese finden Sie in der Karte auf Seite 2/3 wieder. Weitere - ebenfalls sehenswerte - Museen der Stadt können Sie der Gesamtübersicht ab Seite 104 entnehmen.

Die Museen sind geografisch gegliedert, wir beginnen im Zentrum der Stadt, also in Berlin-Mitte. Aktuelle Daten wie Hinweise zu Ausstellungen, Öffnungszeiten oder Eintrittspreisen finden Sie im Internet unter www.berlin.de/museumsfuehrer/.

Viel Freude in den Berliner Museen wünscht Ihnen der L&H Verlag!

Welcome

It is more than just its museums that make Berlin well worth a visit. Still, the German capital is home to more than 175 museums that welcome millions of visitors from all over the world. Each summer, the "Museum Island Festival" (Museum Island became a UNESCO World Heritage site in 1999) offers a cornucopia of theater, music and, of course, art. Twice a year, you can take advantage of the "Long Night of Museums", when more than 100 museums and cultural venues stay open until the wee hours. But those are just a few highlights of the city's cultural landscape.

A number of special multi-day passes are available to help you make the most of your time in Berlin's museums. For instance, the "Berlin Card", which gives you as much as a 50 percent discount on many sights and cultural events. Or the 3-day "SchauLust Museen Berlin" card, which provides entry to more than 70 of the city's museums and collections. For details, please see the information section on page 5.

In this book, we've provided an introduction to the most important and most spectacular museums in the city. Our aim is to give you as much information as quickly as possible on the city's most significant cultural institutions. For orientation purposes, each museum has an I. D. number so you can find it on the maps at the beginning of the book. The museums that aren't covered in detail are equally worth a visit. They are listed in the overview beginning on page 104.

We've arranged the museums "geographically" beginning in the center of the city, called "Berlin-Mitte". Information on current exhibitions, openinghours and ticketprices can be found on the Internet at www.berlin.de/museumsfuehrer/.

We here at L&H publishers wish you a wonderful time exploring Berlin's museums!

Die Museen auf der Berliner Museumsinsel
UNESCO Welterbe

Die Berliner Museumsinsel stellt ein einzigartiges Kulturdenkmal dar. Auf weniger als einem Quadratkilometer wurde hier innerhalb von 100 Jahren (von 1830 bis 1930) Kunst aus 6.000 Jahren Menschheitsgeschichte in fünf Museen zusammengetragen. Hier ist in kurzer Zeit durch das geglückte Zusammenfügen von Sammlungen und Stiftungen des preußischen Königshauses und wohlhabender Bürger eines der größten und reichsten Universalmuseen weltweit entstanden.

Als erstes Museum wurde 1830 das von Karl Friedrich Schinkel entworfene Alte Museum eröffnet. Es beherbergte eine Sammlung antiker Fundstücke und die Gemäldegalerie. Dieses Museum bot jedoch zu wenig Raum, so dass König Friedrich Wilhelm IV. 1841 entschied, das Neue Museum zu bauen und die gesamte nordwestliche Spreeinsel für Bauten der Kunst und Wissenschaft zu reservieren.

Schinkels Nachfolger Friedrich August Stüler entwarf das Neue Museum in schlichten klassizistischen Formen mit zwei Innenhöfen und aufwändiger Innengestaltung (das zentrale Treppenhaus und die Ausstellungssäle waren passend zu den Sammlungen bemalt). Eingeweiht wurde das Neue Museum 1859. Es war Sitz der Sammlung ägyptischer Kunst, prähistorischer „Vaterländischer Altertümer" und des Kupferstichkabinetts. Es folgte die Alte Nationalgalerie, die nach Stülers Entwürfen von seinem Nachfolger Johann Heinrich Strack von 1866 bis 1876 erbaut und der deutschen Kunst gewidmet wurde. Für die Präsentation europäischer Kunst, vor allem der Renaissance, baute von 1889 bis 1904 Hofarchitekt Ernst von Ihne das Kaiser Friedrich-Museum. 1956 wurde es nach seinem ersten Direktor in Bode-Museum umbenannt. Um weiteren Raumbedarf zur Unterbringung der wertvollen Funde deutscher Archäologen (u. a. des 1879 ausgegrabenen Pergamonfrieses) zu schaffen, wurde nach Entwürfen von Alfred Messel das größte Museum der Museumsinsel, das Pergamonmuseum, gebaut und nach über 20jähriger Bauzeit 1930 eingeweiht.

Nach dem Krieg waren die Museumsbauten zu 70 Prozent zerstört, die Sammlungen hatten große Verluste zu verzeichnen, sie wurden zudem durch die deutsche Teilung auseinander gerissen. Erst nach der Wiedervereinigung 1990 konnten die Museumsbestände stufenweise wieder zusammengeführt werden. Die gesamte Museumsinsel wurde 1999 in das UNESCO-Welterbe aufgenommen. Die umfassende Sanierung der Alten Nationalgalerie wurde 2001 abgeschlossen. Mit der Verabschiedung des „Masterplan 2012" begann die Rekonstruktion und Weiterentwicklung des Bauensembles der Museumsinsel, ein in jeder Beziehung aufwändiges Unterfangen, dessen Ab-

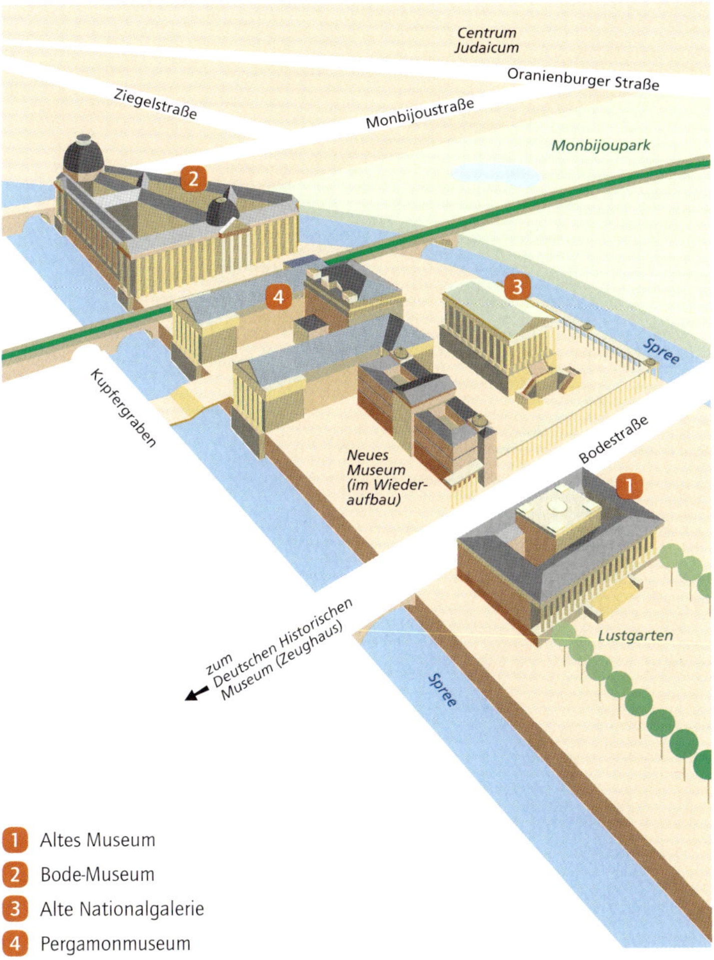

1 Altes Museum
2 Bode-Museum
3 Alte Nationalgalerie
4 Pergamonmuseum

schluss noch nicht abzusehen ist. Seit Oktober 2006 ist das Bode-Museum nach fast sechs Jahre andauernder Sanierung wieder zugänglich. Derzeit stehen die Baumaßnahmen für das Neue Museum im Vordergrund, seine Wiedereröffnung ist für 2009 geplant. Vorgesehen sind zudem die Errichtung eines vierten Flügels für das Pergamonmuseum und eines zentralen Eingangsgebäudes mit Anschluss an eine „Archäologische Promenade", die unterirdisch die Museen verbinden wird.

Tipp: Vom Berliner Dom aus ist ein guter Überblick über die Bauten der Museumsinsel möglich. 270 Stufen führen die Besucher des Doms auf den Kuppelrundgang zum lohnenden Blick auf die östliche Innenstadt.

Museum Island of Berlin
A UNESCO World Heritage Site

Berlin's Museum Island is a unique cultural monument. During a 100-year period (1830 to 1930), five museums standing side by side on an area of less than one square kilometer brought together art and artifacts covering 6,000 years of human history. In just a short time, by bringing together collections and donations from the Prussian royal family and wealthy private citizens, one of the largest and most varied universal museums in the world was created.

The first museum to open here was the Altes Museum built by Karl Friedrich Schinkel. It housed a collection of artifacts from antiquity, as well as paintings. However, the museum building was too small and King Frederick William IV decided in 1841 to build the Neues Museum and to dedicate the entire northwestern part of the island in the Spree to art and science.

Schinkel's successor as court architect, Friedrich August Stüler, designed the Neues Museum as a classicist building with two courtyards and a richly fitted interior (the main staircase and the exhibition rooms were painted to match the collections). The Neues Museum opened in 1859. It housed the Egyptian art collection, prehistoric regional artifacts and a collection of engravings. Stüler's successor, Johann Heinrich Strack, next built the National Gallery (now the Old National Gallery) between 1866 and 1876, based on Stüler's design. It was intended to house the best of German contemporary art, but soon developed into a leading museum of European Modernism. Between 1889 and 1904, court architect Ernst von Ihne built a museum to present European Renaissance art, the Kaiser Friedrich Museum, which in 1956 was re-named the Bode Museum in honor of its first director. Additional space was needed to exhibit the valuable finds of German archaeologists (including the Altar of Zeus, found in 1879), so the island's largest museum, the Pergamon Museum, was built between 1910 and 1930.

The buildings of Museum Island were 70 percent destroyed during World War II and large parts of the collections were lost. In addition, the division of Germany meant what was left was divided between east and west. It was not until German reunification in 1990 that the collections were brought together again bit by bit. In 1999, the entire island was declared a World Heritage Site. A complete renovation of the Old National Gallery was completed in 2001. With the adoption of the "master plan 2012" the reconstruction and development of the Museum Island buildings was begun. It is an enormous task that will not be finished before 2010. In October 2006, the Bode Museum was re-opened to the public after almost six years of redevelopment work. Current renovations are concentrated on the Neues Museum, with a planned re-opening in 2009. Also part of the master plan are a fourth

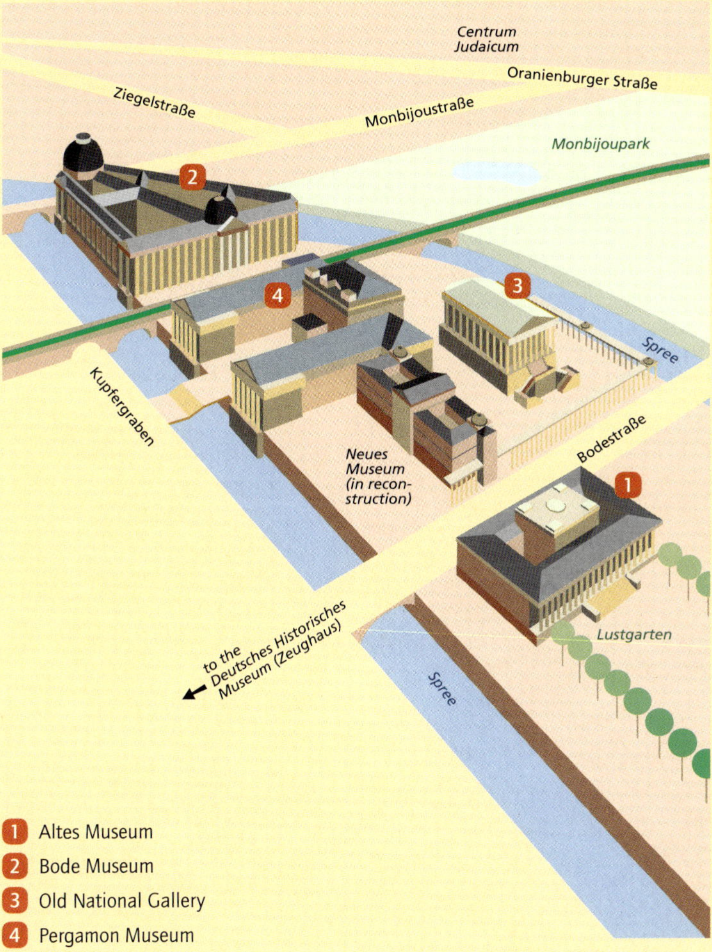

1 Altes Museum
2 Bode Museum
3 Old National Gallery
4 Pergamon Museum

wing for the Pergamon Museum and a central entrance building leading to an underground "archaeological promenade" that will connect the museums.

Recommendation: For a special treat, take in the panorama of Museum Island from the dome of the Berlin Cathedral. It's worth the 270 steps to the top of the "Cathedral of Prussian Protestantism", where you have a fantastic view over eastern Berlin.

III STVDIO ANTIQVITATIS OMNIGENAE ET ARTIVM LIBERALIVM MVSEVM

Das Ägyptische Museum und die Antikensammlung im Alten Museum
Nofretete hat ein neues Zuhause

Ägyptisches Museum und Antikensammlung im Alten Museum
Bodestraße 1–3, 10178 Berlin
Eingang: Am Lustgarten, 10178 Berlin
Info-Telefon: (030) 20 90 55 77
www.smb.spk-berlin.de
www.museumsinsel-berlin.de

barrierefrei

S-Bahn: *Hackescher Markt, Friedrichstraße*
Straßenbahn: *Am Kupfergraben*
Bus: *Lustgarten*

Bevor das Ägyptische Museum voraussichtlich 2009 wieder an seinen historischen Ort im Neuen Museum zurückkehren wird, ist es seit August 2005 im Obergeschoss des Alten Museums zu Gast. Im Hauptgeschoss präsentiert die Antikensammlung eine Auswahl ihrer griechisch-römischen Sammlung mit der Schatzkammer.

Das älteste Museum Berlins gilt als einer der schönsten Museumsbauten des 19. Jahrhunderts in Europa. Die fast 90 Meter breite Hauptfront des Gebäudes öffnet sich mit einer imponierenden, von 18 ionischen Säulen getragenen Vorhalle zum Lustgarten. Die lateinische Inschrift an der Hauptfassade hat der Architekt Karl Friedrich Schinkel wie folgt übersetzt: „Friedrich Wilhelm III. hat dem Studium jeder Art Altertümer und der freien Künste diesen Ruheort gestiftet 1828". Der zentrale Raum des Alten Museums ist als Rotunde nach dem Vorbild des römischen Pantheons konzipiert. Ein Ring aus 20 korinthischen Säulen trägt die umlaufende Galerie. Alle Statuen in der Rotunde (überwiegend römische Kopien griechischer Bildwerke) stammen aus Schlössern in Berlin und Potsdam.

Im Obergeschoss des Alten Museums werden seit August 2005 die Schätze des Ägyptischen Museums und der Papyrussammlung präsentiert. Die weiten Räume mit abgedämpftem Tageslicht bieten dafür optimale Bedingungen. Die Gliederung des Rundgangs in formale und thematische Einheiten unterstreicht die Kontinuität der altägyptischen Kultur und lässt gleichzeitig den Wandel aller Lebensbereiche vom späten 4. Jahrtausend bis in die römische Kaiserzeit sichtbar werden. Im Mittelpunkt steht Nofretete, die im Mittelsaal präsentiert wird und schon im oberen Eingangsbereich sichtbar ist. Diese weltberühmte Büste der Königin Nofretete (der Name bedeutet: „Die Schöne, die da kommt") aus Gips und Kalkstein stammt aus der Zeit um 1340 v. Chr.; sie wurde 1912 bei Grabungen der deutschen Orientgesellschaft in Tell-el-Amarna gefunden. Sie wird in dem großen Raum lediglich zusammen mit zwei Statuetten, Nofretete und ihren Gemahl darstellend, und einem Fragment einer Gruppenfigur des Königspaares präsentiert.

Der Rundgang durch das Ägyptische Museum beginnt im Ostflügel, der ausschließlich der ägyptischen Skulptur gewidmet ist. Auf die Königsstatuen folgen typologisch geordnet verschiedene Skulpturengruppen und Porträts. Im Westflügel werden Gebrauchsgegenstände des altägyptischen Lebens präsentiert, u. a. Klappstühle und ein 2.500 Jahre altes Kosmetikkästchen mit Resten des ursprünglichen Inhalts. Es folgt die Papyrussammlung mit zahlreichen Totenbüchern, Briefen und Urkunden in allen Sprachen und Schriften Altägyptens von 2400 v. Chr. bis ins 8. nachchristliche Jahrhundert. Die letzten beiden Ausstellungsräume sind den Vorstellungen des Jenseits und der Welt der Götter gewidmet. Hier beeindrucken die farbigen Mumienmasken und bemalten Särge. Zwei Standfiguren der löwenköpfigen Göttin Sachmet stehen am Ende des Rundgangs.

Im Hauptgeschoss präsentiert die Antikensammlung in 30 Themenbereichen ihre griechisch-römische Sammlung mit der Schatzkammer. Ausgewählte Werke der Skulptur, Vasenmalerei, der Bronzen und Terrakotten, Gold- und Silberarbeiten repräsentieren griechische Kunst- und Kulturgeschichte von der Kykladenkultur bis zur römischen Epoche. Höhepunkte sind römische Sarkophage und der Hildesheimer Silberfund. Es handelt sich um ein über 70 Teile umfassendes römische Tafelservice, das 1868 bei Hildesheim gefunden wurde.

Büste der Königin Nofretete, Neues Reich, um 1350 v. Chr.
Bust of Queen Nefertiti, ca. 1350 B.C.

The Egyptian Museum and Classical Antiquities Collection in the Altes Museum
Nefertiti in her new Home

Egyptian Museum and Classical Antiquities Collection in the Altes Museum
Bodestraße 1-3, 10178 Berlin
Entrance: Am Lustgarten, 10178 Berlin
Info telephone: (030) 20 90 55 77
www.smb.spk-berlin.de
www.museumsinsel-berlin.de

handicapped accessible

Railway: *Hackescher Markt, Friedrichstraße*
Tram: *Am Kupfergraben*
Bus: *Lustgarten*

The Egyptian Collection returns to its historical home in the Neues Museum in 2009. Since 2005, it has been a guest of honor on the upper floor of the Altes Museum. On the main floor, the Antiquities Collection presents a selection of its Greek and Roman collection, including the treasure chamber.

The oldest museum in Berlin is considered one of the most attractive 19th century museum buildings in Europe. The main façade of the building, almost 90 meters wide, opens out onto the Pleasure Garden, with an impressive portico supported by 18 Ionic columns. The Latin inscription on the main facade can be rendered as "Frederick William III established this silent place in 1828 for the study of all antiquity and fine arts". The central space of the Altes Museum is a rotunda based upon the model of the Roman pantheon. A ring of 20 Corinthian columns supports the upper gallery. All the statues in the rotunda (mostly Roman copies of Greek statues) come from Royal palaces in Berlin and Potsdam.

As of August 2005, the Egyptian Museum and Papyrus Collection can be viewed on the upper floor of the Altes Museum. Large rooms and filtered daylight provide ideal conditions for these exhibits. A tour of the rooms has been structured as a series of formal and thematic units, emphasizing the continuity of daily culture in Egypt as well as highlighting the developments in all areas of life from the late 4th millennium B. C. to the Roman Empire. The bust of Nefertiti (the name means "the beauty who has come") is at the center of the exhibition. You glimpse it as you reach the entrance to the upper level. The world-famous bust made of plaster and limestone dates from 1340 B. C. It was found in 1912 by archaeologists of the German Oriental Society at Tell el-Amarna, the ancient city of Akhetaton. The statue stands almost alone in the central room, accompanied by two small statuettes depicting Nefertiti and her husband, and a fragment of another sculpture of the royal couple.

A tour of the museum begins in the east wing, which is dedicated exclusively to Egyptian sculpture, from statues of royals to sculptural groups and portraits groups according to type. Exhibits from daily life in ancient Egypt are shown in the west wing. Among other objects, you can see folding chairs and a vanity case estimated to be 2,500 years old, containing traces of the original contents. Also in the west wing is the papyrus collection, with books of the dead, letters and other documents in all the Egyptian languages and alphabets from 2400 B. C. to the eighth century A. D. The final two exhibition rooms are dedicated to images of the afterlife and the world of the gods. Two standing sculptures of the Egyptian goddess Sekhmet, depicted with the head of a lioness, round out the tour.

On the main floor, the Antiquities Collection presents its Greek and Roman collection, including the treasure chamber. The exhibition is divided by subject matter into 30 sections. You can view selected sculptures, painted vases, bronzes and terracotta pieces, and silver and gold objects representing Greek art and history from the Cyclades to the Roman epoch. Of special interest here are the colorful funerary masks and painted sarcophagi. Among the highlights are the Roman sarcophagi as well as the silver artifacts. The table service dates to Roman times and comprises more than 70 pieces. It was found in 1868 near Hildesheim.

Statuenkopf der Königin Teje, Neues Reich, um 1360 v. Chr.
Head of Queen Tiye, ca. 1360 B. C.

Das Pergamonmuseum
Einmalige Präsentation antiker Originalbauten

Pergamonmuseum
Bodestraße 1 - 3, 10178 Berlin
Eingang: Am Kupfergraben, 10117 Berlin
Info-Telefon: (030) 20 90 55 77
www.smb.spk-berlin.de
www.museumsinsel-berlin.de

bedingt barrierefrei

S-Bahn: *Hackescher Markt, Friedrichstraße*
Straßenbahn: *Am Kupfergraben*
Bus: *Lustgarten*

Im Pergamonmuseum sind die Antikensammlung (Pergamonaltar, Markttor von Milet), das Vorderasiatische Museum (Ischtar-Tor, Prozessionsstraße von Babylon) und das Museum für Islamische Kunst (Mschatta-Fassade) untergebracht.

Das Pergamonmuseum ist weltbekannt für seine beispielhafte Präsentation antiker Architektur. Die Antikensammlung ist eine der größten der Welt. Werke antiker Baukunst, Plastik und Kleinkunst aus zwölf Jahrhun-

Pergamonaltar im Hauptsaal des Museums
Altar of Zeus in the museum's main hall

derten sind zeitlich, thematisch und landschaftlich geordnet. Maßgetreue Rekonstruktionen von Architekturteilen beziehen erhaltene Originalfunde mit ein, so dass der Besucher sich ein Bild von Raumwirkung und Proportionsverhältnissen antiker Baukunst machen kann.

Glanzstück der Antikensammlung des Museums ist der monumentale Pergamonaltar, entstanden um 180 bis 159 v. Chr. Er war Zeus und Athene, der Schutzgöttin der kleinasiatischen Stadt Pergamon, geweiht. Der Ausstellungssaal der römischen Baukunst wird von einem weiteren Glanzpunkt der Antikensammlung beherrscht - dem gewaltigen Markttor von Milet (Kleinasien, um 130 n. Chr.). In Milet wurde auch der in der Mitte des Saales ausgelegte Mosaikboden gefunden, der einst den Speiseraum eines Privathauses schmückte.

Die Ausstellung des Vorderasiatischen Museums vermittelt einen Eindruck von der ca. 6.000 Jahre umfassenden Geschichte, Kultur und Kunst Vorderasiens. In der Hauptachse des Museums verläuft die 30 Meter lange Prozessionsstraße von Babylon, die auf das Ischtar-Tor zuführt. Es gehörte in der Antike zu den sieben Weltwundern. Die in den 1920er Jahren aus Originalfundstücken rekonstruierten, vor allem aus leuchtend blau glasierten Ziegeln bestehenden Wandflächen der babylonischen Prachtbauten aus der Zeit Nebukadnezars II. (604 bis 562 v. Chr.), zu denen auch Teile der Thronsaalfassade gehören, sind hier die Attraktion. Die Darstellungen von Löwen, Stieren und Drachen sind Symbole der Hauptgottheiten Babylons - Ischtar, Adad und Marduk. Auch diese Funde gehen auf eine Ausgrabung deutscher Archäologen zurück.

Von der babylonischen Prozessionsstraße führt eine Treppe in das im südlichen Obergeschoss untergebrachte Museum für Islamische Kunst. Teile von Baudenkmalen, Werke der Buchkunst, Teppiche, Holz- und Elfenbeinschnitzereien, Keramiken, Lederarbeiten und Metallerzeugnisse vermitteln eine Vorstellung der Vielfalt islamischer Kunst von den Anfängen im 7. Jahrhundert bis zum 19. Jahrhundert.

Hervorzuheben ist der Mschatta-Saal, der einen beeindruckenden Teil der mit Reliefs geschmückten Fassade des omayadischen Wüstenschlosses Mschatta (Jordanien, Mitte des 8. Jahrhunderts) präsentiert. Auch die Seldschukische Kunst wird von einem Architekturdenkmal repräsentiert: einer großen, mit Fayencemosaiken ausgekleideten Gebetsnische aus einer Moschee in Kleinasien (zweite Hälfte des 13. Jahrhunderts). Beeindruckend wird islamische Kunst aus Spanien mit dem aus Zedern- und Pinienholz gestalteten Kuppeldach des Damenturms der Alhambra in Granada (um 1320) vermittelt. Einen guten Einblick in die Kultur zur Zeit der Osmanen gewährt das Aleppo-Zimmer (1600). Der mit bemalter, hölzerner Wandverkleidung geschmückte Raum stammt aus dem Haus eines Aleppiner Kaufmanns, eines arabischen Christen. Es sind Szenen aus dem Alten und Neuen Testament abgebildet. Dieser Raum ist weltweit der älteste vollständig erhaltene seiner Art.

The Pergamon Museum
A Unique Exhibition of Original Buildings of Antiquity

Pergamon Museum
Bodestraße 1-3, 10178 Berlin
Entrance: Am Kupfergraben, 10117 Berlin
Info telephone: (030) 20 90 55 77
www.smb.spk-berlin.de
www.museumsinsel-berlin.de

limited handicapped accessibility

Railway: *Hackescher Markt, Friedrichstraße*
Tram: *Am Kupfergraben*
Bus: *Lustgarten*

The Pergamon Museum houses the Antiquities Collection (Pergamon altar, market gate from Miletus), the Museum of the Middle East (Ishtar gate, Processional Way of Babylon) and the Museum of Islamic Art (Mshatta facade).

The Pergamon Museum is world-famous for its exemplary presentation of ancient architecture. The Antiquities Collection here is one of the largest in the world. Works of ancient architecture, sculpture and small art objects spanning twelve centuries are arranged chronologically, thematically and geographically. Scale reconstructions of architectural fragments incorporate surviving original finds, so that the visitor gets an impression of the spatial effect and proportions of ancient architecture.

The pièce de résistance of the museum's collection of antiquities is the monumental Pergamon Altar, restored in all its splendor. It was built about 180 to 159 B. C. as a votive offering to Zeus and Athena, the protective goddess of the ancient Greek town Pergamon. The room dedicated to Roman architecture is dominated by a further highlight of the collection – the massive market gate of Miletus (A. D. 130). The mosaic floor in the center of the hall, which once decorated the dining area of a private home, was also found in Miletus.

The collection of the Museum of the Middle East conveys an impression of about 6,000 years of history, culture and art in the Middle East. It is displayed in the south wing of the Pergamon Museum and is also rich in architectural monuments. The Processional Way of Babylon runs for 30 meters along the main axis of the museum, leading to the Ishtar Gate. In antiquity, it was one considered one of the seven wonders of the world. Reconstructed in the 1920s from original finds, the huge walls of the splendid Babylonian buildings from the era of Nebuchadnezzar II (reigned 604 to 562 B. C.), made largely of glowing blue enamel bricks, are a great attraction. They include part of the facade of the throne room. Depictions of lions, bulls and dragons represent Babylon's main Gods - Ishtar, Adad and Marduk. They were uncovered by a German archeological expedition.

From the Babylonian Processional Way, stairs lead up into the Museum of Islamic Art on the upper floor of the Pergamon Museum. Architectural monuments, works of book art, carpets, wood and ivory carving, leatherwork and metalwork convey to the visitor a sense of the diversity in Islamic art from its beginnings in the 7th century all the way up to the 19th century.

The Mshatta hall is a must, for it presents an impressive part of the facade of the Umayyad desert palace Mshatta (Jordan, mid 8th century), with its decorative reliefs. The exhibition of Seljuk art is also dominated by an architectural monument: a large prayer niche decorated with faience mosaics, found in a mosque (second half of the 13th century). Islamic art in Spain is represented by the domed roof of the ladies tower at the Alhambra in Granada (ca. 1320) made out of cedar and pine. The Aleppo Room (1600) gives an excellent glimpse into the culture of the Ottoman Empire. The room, which is decorated with painted wooden wall paneling, came from the home of a Christian Arab merchant in Aleppo. The paintings are of scenes from the Old and New Testaments. This room is the oldest intact specimen of its kind in the world.

Vorderasiatisches Museum mit der Rekonstruktion eines Burgtores mit Torlöwen
Near East Museum with reconstruction of castle gate with lions

Das Bode-Museum
Byzantinische Kunst, Schätze der Skulpturensammlung und das Münzkabinett

Bode-Museum
Bodestraße 1–3, 10178 Berlin
Eingang: Monbijoubrücke, 10117 Berlin
Info-Telefon: (030) 20 90 55 77
www.smb.spk-berlin.de
www.museumsinsel-berlin.de

barrierefrei

S-Bahn: *Hackescher Markt, Friedrichstraße*
Straßenbahn: *Am Kupfergraben*
Bus: *Lustgarten*

Nach aufwändiger, fast sechs Jahre andauernder Sanierung ist seit Oktober 2006 das Bode-Museum der Öffentlichkeit wieder zugänglich. Hier werden die Schätze des Museums für Byzantinische Kunst, der Skulpturensammlung vom frühen Mittelalter bis ins 18. Jahrhundert und des Münzkabinetts gezeigt. Mit Exponaten aus der Gemäldegalerie, Tiepolo-Fresken und originalen Holzdecken, Kaminen und Portalen wird die Kunst der jeweiligen Epochen umfassend präsentiert.

1904 wurde das damalige Kaiser Friedrich-Museum nach sechsjähriger Bauzeit eröffnet. Das nach Plänen des Hofarchitekten Ernst von Ihne an der Nordspitze der Museumsinsel errichtete Museum beherbergte fünf Museen, die erstmalig in so genannten Epochenräumen Gemälde, Skulpturen und Kunsthandwerk gemeinsam präsentierten. Nach den großen Kriegsschäden wurde 1948/49 der Abriss erwogen. Eine Bürgerinitiative setzte sich erfolgreich dagegen ein, es kam zum stufenweisen Wiederaufbau und zur Wiedereröffnung des ab 1956 nach seinem verdienstvollen Begründer und langjährigen Generaldirektor Wilhelm von Bode benannten Museums. Nach der Sanierung und Modernisierung der technischen Ausstattung von 2000 bis 2005 präsentiert sich das Museum jetzt originalgetreu rekonstruiert. Von besonderem Reiz sind die beiden Kuppeln mit ihren Standbildern und die fest eingebauten Originale, die Wilhelm von Bode eigens für dieses Museum in Italien erworben hatte: Portale, Türfassungen, Kamine, Wandbrunnen, Fassadenreliefs, Holzdecken (wie die aufwändig restaurierten Renaissancedecken in drei Kabinetten des Obergeschosses) und die lange für verschollen gehaltenen Tiepolo-Fresken der Villa Panigai in Nervesa im Tiepolo-Kabinett. Die

Hauptachse des Museums, die vom großen Kuppelraum des Haupteingangs über die Kamecke-Halle und die berühmte „Basilika" im Stil einer Florentinischen Renaissance-Kirche bis zum kleinen Kuppelraum im Stil des preußischen Rokokos führt, teilt das Museum in zwei Hälften. Insgesamt hat das Museum 66 Ausstellungsräume. Das Hauptgeschoss zur Spreeseite hin zeigt in vier Räumen Kunst der Spätantike und aus Byzanz (das Museum für Byzantinische Kunst ist in Deutschland das einzige seiner Art) und Skulpturen der nordalpinen Bereiche, zur Kupfergraben- und Bahnseite werden die italienischen Schulen präsentiert. Besonders beeindruckend ist im Museum für Byzantinische Kunst das Apsis-Mosaik aus der Kirche San Michele in Africisco zu Ravenna. Die Räume im Obergeschoss sind dem Münzkabinett und weiteren Werken der Skulpturensammlung vorbehalten. In vier Kabinetten werden 4.000 Münzen und Medaillen gezeigt (die Sammlung ist mit einer halben Million Münzen eine der größten weltweit und reicht vom 7. Jahrhundert v. Chr. bis zur Gegenwart). Nachdem lange Zeit keine Möglichkeit bestand, die hochrangigen Werke der Skulpturensammlung, die von der Romanik über die Gotik und vor allem die Renaissance bis zum Klassizismus reichen, in ihrer Vielfalt zu zeigen, können jetzt 700 große Skulpturen und rund 1.000 Kleinplastiken präsentiert werden. Zahlreiche Meisterwerke unter anderem von Donatello, Tilmann Riemenschneider und Antonio Canova werden gezeigt. Die Skulpturen werden die Konzeption Bodes aufgreifend (und als Option für die zukünftige Beheimatung der Gemäldegalerie in unmittelbarer Nähe der Museumsinsel) zusammen mit 150 Gemälden aus der Gemäldegalerie präsentiert. Ein sehenswerter Studiensaal zeigt umstrittene Zuschreibungen (zum Beispiel die bekannte Flora-Büste aus Wachs). Im Gobelinsaal (hier wurden die im Zweiten Weltkrieg verbrannten Gobelins gezeigt) sind ausschließlich großformatige Barock-Gemälde zu sehen.

B. Cametti (1669 bis 1737):
Diana als Jägerin, um 1720 bzw. 1750
B. Cametti (1669 bis 1737):
Diana the Hunter, ca. 1720 or 1750

The Bode Museum
Byzantine Art, the Sculpture Collection and the Numismatic Collection

Bode Museum
Bodestraße 1–3, 10178 Berlin
Entrance: Monbijoubrücke, 10117 Berlin
Info telephone: (030) 20 90 55 77
www.smb.spk-berlin.de
www.museumsinsel-berlin.de

handicapped accessible

Railway: *Hackescher Markt, Friedrichstraße*
Tram: *Am Kupfergraben*
Bus: *Lustgarten*

The Bode Museum re-opened in October 2006 after a thorough refurbishing lasting almost six years. It houses Byzantine art, sculpture from the early Middle Ages up until the 18th century and the Numismatic Collection. The various epochs are represented with selected exhibits from the Museum of Old Masters, Tiepolo frescoes and original wooden ceilings, fireplaces and doorways.

Ansicht des Bode-Museums vor der Restaurierung, 1993
View of the Bode Museum before renovation, 1993

Originally called the Kaiser Friedrich Museum, it opened in 1904 after six years under construction. Designed by court architect Ernst von Ihne, it took pride of place at the northern tip of Museum Island. It housed five museums that for the first time, exhibited paintings, sculpture and applied arts together. The exhibition rooms were called epoch halls. The building was heavily damaged in World War II and in 1948/49 the city considered tearing it down altogether. A successful grass roots initiative prevented that and renovations proceeded in stages until the museum re-opened in 1956. It was renamed the Bode Museum in honor of its founder and long-time general director, Wilhelm von Bode. Between 2000 and 2005, the museum underwent a thorough repair, refurbishment and technical modernization. During the work, the museum was reconstructed according to its original plans. Of particular interest are the two domes with their statues and the numerous original pieces that Bode acquired in Italy specifically for this building – portals, door frames, fireplaces, wall fountains, bas reliefs, wooden ceilings (such as the painstakingly restored Renaissance ceilings in three rooms on the upper story) and the Tiepolo frescoes (long thought lost) from the Villa Panigai in Nervesa that can be seen in the Tiepolo room. The museum's main axis, which runs from the large dome room of the entry through the Kamecke Hall and the famous "basilica" to the smaller domed room, divides the museum in half. The Bode Museum has 66 exhibition rooms. On the main floor, the river side of the building houses art from the Late Antiquity and from Byzantium (in Germany the Byzantine Museum is the only one of its kind) and sculptures from the North Alpine area. The other side shows the Italian schools. In the Byzantine Mueum the world-famous Apsis mosaic from the church San Michele in Africisco/Ravenna is very impressing.

The rooms on the upper floor are reserved for the Numismatic Collection (one of the largest collections of its kind with around 500,000 objects from the seventh century B.C. to the twenty-first-century) and further exhibits of the Sculpture Collection. Four cabinets houses 4,000 coins and medals.

For a long time, there was no space to display the full variety of brilliant works in the sculpture collection, which ranges from Romanesque to Gothic, a lot of Renaissance work and all the way up to Classicism. Now, 700 large sculptures and about 1,000 small pieces will finally go on view to the public. A lot of masterpieces from Donatello, Tilman Riemenschneider und Antonio Canova are shown in the Museum. In keeping with Bode's original concept (and as an option should the Museum of Old Masters later be housed near the Museum Island), the sculptures are exhibited alongside 150 paintings from the Museum of Old Masters. The study room is also worth a visit. It holds works whose provenance is still in dispute (for instance, the well-known wax Flora bust). The Gobelin Hall (where the Gobelin tapestries that were burned during World War II were on display) holds large-scale Baroque paintings.

Die Alte Nationalgalerie
Ein Museums-Tempel für die Kunst des 19. Jahrhunderts

Alte Nationalgalerie
Bodestraße 1 – 3, 10178 Berlin
Info-Telefon: (030) 20 90 55 77
www.smb.spk-berlin.de
www.museumsinsel-berlin.de

barrierefrei

S-Bahn: *Hackescher Markt, Friedrichstraße*
Straßenbahn: *Am Kupfergraben*
Bus: *Lustgarten*

Die im Dezember 2001 nach umfangreicher Sanierung wiedereröffnete Alte Nationalgalerie ist als prachtvolles Architekturdenkmal eine Sehenswürdigkeit ersten Ranges. Auch ihre 1991 wieder zusammengeführte Sammlung umfasst hochkarätige Kunst: Malerei und Skulpturen der Romantik, des Klassizismus, des Realismus und des Impressionismus.

Die Sammlungen der Nationalgalerie gehen auf eine generöse Privatinitiative zurück. Der Konsul und Bankier Wagener, Sammler damals zeitgenössischer Kunst, vermachte dem preußischen König seine Kunstsammlung,

zu der Werke Caspar David Friedrichs und Karl Friedrich Schinkels gehörten, mit der bindenden Auflage, daraus eine Nationalgalerie zu entwickeln. Dies beinhaltete das 1861 eröffnete Testament Wageners. Von 1866 bis 1876 errichtete der Hofarchitekt Strack das spätklassizistische Gebäude nach dem Vorbild römischer Tempel auf hohem Sockel (die Entwürfe wurden von Friedrich August Stüler nach Skizzen Friedrich Wilhelm IV. gezeichnet). Es wurde 1876 eröffnet. Die Inschrift am Fries lautet: „Der Deutschen Kunst – MDCCCLXXI": Nicht die Vollendung des Baus, sondern das Jahr der Reichsgründung 1871 wurde hier programmatisch verewigt. Im gleichen Sinne ist Germania als Beschützerin der Künste Motiv im Giebelrelief. Die drei Figuren an der Giebelspitze symbolisieren die Baukunst, die Bildhauerei und die Malerei. Vergoldete Namen über den Fenstern der Seitenfront würdigen die damals besonders geschätzten Künstler. Die Eingangsfront des Museums wird von der monumentalen Treppenanlage und dem Reiterstandbild Friedrich Wilhelms IV. geprägt.

Das erste Ausstellungsgeschoss ist klassizistischen Skulpturen und Höhepunkten der realistischen Malerei des 19. Jahrhunderts gewidmet. Der Besucher wird vom Doppelstandbild der preußischen Prinzessinnen Friederike und Luise des Bildhauers Johann Gottfried Schadow (1797) empfangen. Dieses Meisterwerk wurde in seiner Entstehungszeit wegen seiner Sinnlichkeit als Skandal empfunden und hundert Jahre nicht in der Öffentlichkeit gezeigt. Auch andere in diesem Ausstellungsgeschoss zu sehende Werke waren bahnbrechend. So ist die erstmalige Darstellung der Arbeitswelt in Menzels „Eisenwalzwerk" (1875) und Liebermanns „Flachsscheuer" (1887) herausragend, auch im Vergleich mit anderen gezeigten Werken des Realismus. Im zweiten Ausstellungsgeschoss wird der Besucher von einem Höhepunkt der Innengestaltung des Museums, der blauen Kuppel, auf weitere Begegnungen mit Hauptwerken der Nationalgalerie eingestimmt: französische Begründer der Moderne von Monet („St. Germain l'Auxerrois" 1867) über Manet („Im Wintergarten" 1879) zu Cézanne („Mühle an der Coulouvre bei Pontoise" 1881). Nachdem der Besucher im würdig gestalteten Treppenhaus von Anselm Feuerbachs „Gastmahl" beeindruckt wurde, erwarten ihn im dritten Ausstellungsgeschoss Höhepunkte deutscher Romantik: Die Hauptsäle sind Caspar David Friedrich und Karl Friedrich Schinkel gewidmet; in den Seitenräumen werden Werke Carl Blechens, Philipp Runges, der Nazarener und die Peter-Cornelius-Kartons gezeigt. Letztere spielten in den ersten Jahren der Nationalgalerie eine zentrale Rolle, bis Hugo von Tschudi durch Ankäufe in Frankreich dem Museum eine europäische Ausrichtung gab.

Tipp: Die Friedrichswerdersche Kirche, ein neogotischer Schinkel-Bau von 1830, zeigt seit 1987 als Teil der Nationalgalerie eine Auswahl seiner Sammlung der Berliner Bildhauerschule aus dem Zeitraum von 1780 bis 1860 mit herausragenden Werken von Gottfried Schadow und Christian Daniel Rauch (Werderscher Markt, 10117 Berlin).

The Old National Gallery
A Temple to the Art of the 19th Century

Old National Gallery
Bodestraße 1–3, 10178 Berlin
Info telephone: (030) 20 90 55 77
www.smb.spk-berlin.de
www.museumsinsel-berlin.de

handicapped accessible

Railway: *Hackescher Markt, Friedrichstraße*
Tram: *Am Kupfergraben*
Bus: *Lustgarten*

After extensive renovation, the Old National Gallery re-opened in December 2001. It is a glorious architectural monument itself. But its collection, which was reunited in 1991, also offers a range of first-rate artworks. The paintings and sculptures cover Romanticism, Classicism, Realism and Impressionism.

The National Gallery collections can be traced back to a generous private donation. The consul and banker Wagener bequeathed his collection of then contemporary art to the King of Prussia. It included works by Caspar David Friedrich and Karl Friedrich Schinkel. Wagener's will, published in 1861, made the bequest contingent on the state erecting a national gallery. Between 1866 and 1876, court architect Johann Strack built the museum. It was modeled on a Roman temple raised on a high plinth (the design was done by Friedrich August Stüler based on sketches by King Frederick William IV). It opened in 1876. The inscription on the frieze says "to German art". The date – 1871 – is not the year the building was completed, but the year the German Empire was founded. In keeping with this theme, the tympanum features a bas-relief of Germania as the patroness of art. The three figures atop the peak symbolize architecture, painting and sculpture. Gilded names above the windows of the facade honor the most esteemed artists of the time. The front of the museum is dominated by the monumental stairs and the equestrian statue of King Frederick William IV.

The first level of the museum is dedicated to classicist sculpture and some highlights of 19th century realistic painting. In the center of the first hall, you'll find the famous double statue of the princesses Friederike und Luise by Johann Gottfried Schadow (1797). The sensuality of this masterpiece provoked a scandal when it was first shown and it disappeared from public view for 100 years. Some of the other work on the first level was equally pioneering in its day. For instance, the depiction of working people as seen in "Rolling Mill" (1875) by Adolf von Menzel and "The Flax Spinners" (1887) by Max Liebermann is unique, including in comparison with other realist paintings shown here. On the second story, the bright blue dome that is a hallmark of the museum's interior puts visitors in the mood for other highlights of the collection. They include masterpieces by the founders of French Impressionism such as Claude Monet's 1867 "St. Germain l'Auxerrois", "In the Conservatory" (1879) by Edouard Manet and "Mill on the Couleuvre near Pontoise" by Paul Cézanne from 1881. In the stairwell, the visitor can admire Anselm Feuerbach's "Plato's Symposium" on the way to the third level, which is dedicated to highlights of German Romantic art. The main halls show the masterpieces of Caspar David Friedrich and Karl Friedrich Schinkel. In the side rooms, you can see the works of Carl Blechen, Phillipp Runge and the cartoons of Peter von Cornelius. The latter played a central role in the early years of the National Gallery until Hugo von Tschudi used acquisitions made in France to give the museum a European orientation.

Recommendation: The Friedrichswerdersche Kirche, a neogotic-style church built by the famous architect Karl Friedrich Schinkel in 1830, is part of the National Gallery and shows a selection of the Berlin school of sculptural art from 1780 to 1860 (Werderscher Markt, 10117 Berlin).

Caspar David Friedrich (1774 bis 1840): Der Mönch am Meer, 1808 bis 1810
Caspar David Friedrich (1774 to 1840): Monk at the Sea, 1808 to 1810

Das Deutsche Historische Museum
2000 Jahre deutsche Geschichte im ältesten Gebäude Unter den Linden

Deutsches Historisches Museum
Unter den Linden 2, 10117 Berlin
Info-Telefon: (030) 20 30 44 44
www.dhm.de

barrierefrei

U-Bahn: *Hausvogteiplatz, Französische Straße*
S-Bahn: *Friedrichstraße, Hackescher Markt*
Straßenbahn: *Am Kupfergraben*
Bus: *Staatsoper*

Im barocken Zeughaus wird seit Sommer 2006 in einer neu eingerichteten Dauerausstellung anhand von rund 8.000 Exponaten ein lebendiges, anschauliches Bild von 2.000 Jahren deutscher Geschichte vermittelt. Im beeindruckenden Ergänzungsbau des Architekten I. M. Pei werden Sonderausstellungen gezeigt.

Das älteste erhaltene Gebäude in der Straße Unter den Linden wurde in der Zeit von 1695 bis 1730 errichtet. Der erste Baumeister war Johann Arnold Nering. Seine Arbeit wurde von Martin Grünberg und Andreas Schlüter fortgesetzt und schließlich von Jean de Both vollendet. Neben der imposanten architektonischen Gestaltung beeindrucken die Bauplastiken, die auf Entwürfe von Andreas Schlüter und Guillaume Hulot zurückgehen. Während der plastische Schmuck der Außenfront den Sieg verherrlicht, zeigt der heute überdachte Innenhof („Schlüterhof") mit den 22 ausdrucksstarken Masken „Sterbender Krieger" von Andreas Schlüter das Leid des Krieges. Das Zeughaus war Waffendepot, später Sammlungsort für historische Waffen und Trophäen. In der DDR als Museum für Deutsche Geschichte genutzt, wurde es nach der Wiedervereinigung Sitz des Deutschen Historischen Museums, das mit der Dauerausstellung „Bilder und Zeugnisse deutscher Geschichte" und zahlreichen Sonderschauen seinen Ruf begründete. Ergänzt durch den architektonisch herausragenden Neubau und die Überdachung des Schlüterhofs nach Entwürfen des chinesisch-amerikanischen Star-Architekten I. M. Pei, zeigt das Deutsche Historische Museum in grundlegend sanierten und vergrößerten Ausstellungsräumen im Zeughaus seit Mitte 2006 die neu konzipierte Dauerausstellung.

Der Gang durch diese Ausstellung vermittelt dem Besucher deutsche Geschichte in europäischer Perspektive, beeindruckt mit archäologischen Funden, großen Gemälden, Raumensembles, Großobjekten wie Maschinen, Autos und Geschützen - 8.000 Originale aus den reichen (ca. 800.000 Objekte umfassenden) Sammlungen des Museums. Der Besucher kann sich gut orientieren (die acht Epochenbereiche sind farblich gekennzeichnet, so genannte „Meilensteine" geben Grundinformationen zu den Epochen) und individuelle Schwerpunkte setzen.

Den Beginn des Rundgangs markiert im Westflügel des Obergeschosses die Abteilung zu den frühen Epochen/Mittelalter (bis ca. 1500). Anschließend werden im Uhrzeigersinn die weiteren Epochen bis 1918 gezeigt. Im Erdgeschoss wird der Besucher entgegen dem Uhrzeigersinn durch die Zeitgeschichte bis zur Wiedervereinigung Deutschlands und zum Abzug der Alliierten geführt. In beiden Geschossen ist die Ausstellung so gestaltet, dass entlang der Fensterfront zum Innenhof ein Hauptweg den Besucher entlang herausgehobener Leitobjekte durch die Epochen führt und so einen schnellen Durchgang von ca. 1 ½ Stunden ermöglicht. In anschließenden Kabinetten, Galerien und museumspädagogischen Stationen werden die Themen vertieft. Zusätzlich werden Audio-Führungen und täglich zwischen 10 und 18 Uhr eine Multimediashow zur deutschen Geschichte im Zeughauskino angeboten.

Schlüterhof im Zeughaus
Schlüterhof (courtyard) in the Zeughaus

The German Historical Museum
2000 Years of German History in the Oldest Building on Unter den Linden

German Historical Museum
Unter den Linden 2, 10117 Berlin
Info telephone: (030) 20 30 44 44
www.dhm.de

handicapped accessible

Underground: *Hausvogteiplatz, Französische Straße*
Railway: *Friedrichstraße, Hackescher Markt*
Tram: *Am Kupfergraben*
Bus: *Staatsoper*

In mid 2006, after extensive refurbishment, the German Historical Museum re-opened in the Zeughaus. With about 8,000 exhibits, the permanent collection provides a vivid picture of 2,000 years of German history. The annex is a masterpiece of contemporary architecture designed by I. M. Pei. It houses temporary exhibitions.

The armory is the oldest surviving building on the stately boulevard Unter den Linden. It was built from 1695 to 1730 under the initial supervision of architect Johann Arnold Nering. The project was later led by Martin Grünberg and Andreas Schlüter, and completed by architect Jean de Both. The magnificent structure is decorated with sculpture. The exterior sculptures, based on designs by Andreas Schlüter and Guillaume Hulot, glorify victory. By contrast, the courtyard ("Schlüterhof") holds Schlüter's 22 expressive "Dying Warriors" masks depicting the suffering of war. The Zeughaus was originally an armory, and was later used for collecting and exhibiting historical weapons and trophies. During the East German communist era, it was used as the regime's Museum of German History. After reunification, as the headquarters of the German Historical Museum, it became renowned for its permanent exhibition of "images and evidence of German history" as well as numerous temporary exhibitions. The courtyard roof and the architecturally stunning annex, designed by Chinese-American celebrity architect I. M Pei, were built and the main building underwent a complete renovation, including enlarging some of the exhibition rooms. The newly restructured permanent exhibition went on exhibit in the refurbished Zeughaus in mid-2006.

A tour of the permanent exhibition gives the visitor an overview of German history with a European perspective. It is filled with impressive exhibits of archaeological finds, large paintings, furniture sets, and large objects such as machines, cars and artillery - a total of 8,000 original pieces selected from the museum's vast (ca. 800,000 objects) collection. The eight epochs are color-coded and "milestones" give basic information on each epoch to help the visitor get oriented and decide which sections to concentrate on.

A chronological tour of the permanent exhibition begins on the upper story of the west wing with the early epochs and Middle Ages (until ca. 1500). Moving clockwise on the upper story takes the visitor through subsequent eras in German history until about 1918. On the ground floor, the tour continues counterclockwise through contemporary history up until German reunification and the withdrawal of allied forces from Germany. The museum is conceived so that the visitor can follow a main path along the windows facing the courtyard and see selected representative exhibits for each epoch, allowing a shorter tour of about 1.5 hours duration. Additional rooms and galleries, and information stations allow the visitor to delve deeper into each era at will. Audio guides to the museum are available. Between 10 a.m. and 6 p.m., a multimedia presentation on German history is shown in the Zeughaus Cinema.

Automobil „Mauerer Union", 1898 bis 1908
Automobile "Mauerer Union", 1898 to 1908

Reisesonnenuhr, 1614
Travelling sundial, 1614

Der Hamburger Bahnhof – Museum für Gegenwart Berlin

Eines der größten Museen für Zeitgenössische Kunst

Hamburger Bahnhof – Museum für Gegenwart
Invalidenstraße 50–51, 10557 Berlin
Info-Telefon: (030) 39 78 34 39
www.smb.spk-berlin.de

barrierefrei

U-Bahn: *Zinnowitzer Straße*
S-Bahn: *Hauptbahnhof*
Bus: *Hauptbahnhof*
Parkmöglichkeiten neben dem Museum

Der ehemalige Hamburger Bahnhof beherbergt zeitgenössische Kunst aus den Sammlungen der Staatlichen Museen, der Sammlung Marzona und der Sammlung Erich Marx. Seit 2004 wird in einem großen Museumsanbau außerdem eine der weltweit größten Privatsammlungen zeitgenössischer Kunst präsentiert, die Friedrich Christian Flick Collection.

Der ehemalige Hamburger Bahnhof ist der einzige erhaltene historische Kopfbahnhof Berlins. Das dreigeschossige Empfangsgebäude im Neorenaissance-Stil wurde 1845 bis 1847 erbaut. Nachdem man den Bahnhof schon 1884 stilllegte, wurde das Gebäude 1906 als Verkehrs- und Baumuseum eröffnet. Nach 1945 war es kriegsbeschädigt und unter DDR-Verwaltung nicht zugänglich. Ab 1987 wurde das Gebäude zu Sonderausstellungen wieder geöffnet. Die Um- und Erweiterungsbauten nach Plänen von Josef Paul Kleihues konnten von 1992 bis 1996 realisiert und somit das Museum für Gegenwart Berlin im November 1996 eröffnet werden. Besonders eindrucksvoll sind die beiden Haupthallen: die historische Bahnhofshalle und die östlich angrenzende so genannte Kleihues-Halle. 2004 kam eine ehemalige Speditionshalle hinzu, die für die Friedrich Christian Flick Collection umgebaut und mit einem Verbindungsgang zum Hauptgebäude versehen wurde. Mit einer Gesamtfläche von circa 20.000 Quadratmeter ist der Hamburger Bahnhof – Museum für Gegenwart Berlin eines der größten Museen zeitgenössischer Kunst weltweit.

Das Museum ist medienübergreifend konzipiert. Fotografie, Film, Video, Design, Raum- und Lichtinstallationen werden ebenso gezeigt wie Malerei, Grafik und Plastik. Den Mittelpunkt bildet die umfangreiche Sammlung internationaler Kunst, die Erich Marx in Berlin zusammengetragen hat. Sie ist charakterisiert durch große, zusammenhängende Künstlerschauen zur Kunst der letzten dreißig Jahre. Den Grundstock bilden Werke von Joseph Beuys, Andy Warhol, Robert Rauschenberg, Cy Twombly und Anselm Kiefer.

Die Hauptwerke werden großzügig in den beiden Haupthallen präsentiert: Andy Warhols „Mao", Joseph Beuys „Straßenbahnhaltestelle", Anselm Kiefers „Volkszählung" und Richard Longs „Berlin Circle", ein Steinkreis, der am Ausblick nach draußen einen Bezug zur Umgebung herstellt. Weitere Hauptwerke von Beuys werden im westlichen Seitenflügel präsentiert.

Die Friedrich Christian Flick Collection, mit 2.000 Werken von 150 Künstlern eine der weltweit größten Privatsammlungen zeitgenössischer Kunst, wird über einen Zeitraum von sieben Jahren als Leihgabe in einer Abfolge von Präsentationen gezeigt. Die weitläufigen Hallen des Museumsanbaus bieten eine Entdeckungsreise durch die Kunst der Gegenwart. Von politisch engagierter Kunst über Großinstallationen bis zu Rauminszenierungen in den Untergeschossen ist die ganze Vielfalt der Kunstproduktion vertreten.

Andy Warhol: Mao, Siebdruck, Acryl auf Leinwand, 1973
Andy Warhol: Mao, silk-screen print, acrylic on canvas, 1973

The Hamburger Bahnhof – Museum of Contemporary Art
One of the biggest Modern Art Museums in the World

Hamburger Bahnhof – Museum of Contemporary Art
Invalidenstraße 50–51, 10557 Berlin
Info telephone: (030) 39 78 34 39
www.smb.spk-berlin.de

handicapped accessible

Underground: *Zinnowitzer Straße*
Railway: *Hauptbahnhof*
Bus: *Hauptbahnhof*
parking near the museum

Berlin's Museum of Contemporary Art, the Hamburger Bahnhof, is in a former train station. It exhibits modern art from the collections of the Berlin state museums, the Erich Marx Collection and the Marzona Collection. Since 2004, a large annex has also housed one of the world's largest private collections of contemporary art, the Friedrich Christian Flick Collection.

Ostgalerie mit Werken von Robert Rauschenberg, 1997
East Gallery with works by Robert Rauschenberg, 1997

The former Hamburger Bahnhof is the only surviving historical end station in Berlin. The three-story Neo-Renaissance station building was built between 1845 and 1847. The rail line was shut down in 1884 and, beginning in 1906, the building served as a museum of transport and construction. World War II left the building damaged and the East German administration closed it down. It wasn't until 1987 that it was re-opened and used for temporary exhibitions. Between 1992 and 1996, it was extensively renovated and expanded based on plans by Josef Paul Kleihues. The Museum of Contemporary Art opened there in November 1996. The two main exhibition halls are especially impressive: the old station concourse and the new Kleihues hall that adjoins it on the east. In 2004 a former freight hall was refurbished and connected with the main building to house the Friedrich Christian Flick collection. Now the Hamburger Bahnhof-Museum of Contemporary Art, with 20,000 square meters of exhibition space, is one of the biggest modern art museums in the world.

The museum was conceived to display works done in all different media. The collections include photography, film, video, design, interior design and light installations, in addition to painting, graphic works and sculpture. The core of the comprehensive collection is the international art assembled in Berlin by Erich Marx. Its hallmark is large, coherent series of works produced by individual artists during the last 30 years. The foundation of the collection is work by Joseph Beuys, Andy Warhol, Robert Rauschenberg, Cy Twombly and Anselm Kiefer.

Key artworks are exhibited in the two main halls: Andy Warhol's "Mao", Joseph Beuys "Strassenbahnhaltestelle", Anselm Kiefer's "Volkszählung" and Richard Long's "Berlin Circle", a circle of stones that provides a link to the surroundings outside. Other major works by Joseph Beuys are exhibited in the west wing.

The Friedrich Christian Flick Collection comprises 2,000 works and 150 artists. It is one of the largest private collections of contemporary art worldwide. The pieces are on loan and will go on display in a series of rotating exhibitions over the next seven years. The spacious new halls of the museum's extension offer an ideal chance for a voyage of discovery through contemporary art. The basement halls hold exhibits covering the entire spectrum of artistic expression – from political art to large installations and room arrangements.

Das Kulturforum am Potsdamer Platz

Das Kulturforum am Potsdamer Platz geht auf Überlegungen zurück, aus zerstörtem Stadtgebiet in zentraler Lage ein neues Kulturzentrum für Berlin als Ganzes zu schaffen. Der zuerst errichtete architektonisch herausragende Bau der Philharmonie von Hans Scharoun stand nach seiner Eröffnung 1961 lange dem letzten Zeugnis der historischen Bebauung, der St. Matthäus-Kirche, einsam gegenüber. 1968 folgte als erstes Museum des heutigen Kulturforums die nach Plänen Mies van der Rohes errichtete Neue Nationalgalerie, die heute großartige Wechselausstellungen beherbergt.

1985 konnte das Kunstgewerbemuseum im Kulturforum eröffnet werden. 1994 folgten die Kunstbibliothek und das Kupferstichkabinet. Als jüngstes Museum des Kulturforums eröffnete 1998 die Gemäldegalerie, die europäische Malerei des 13. bis 18. Jahrhunderts zeigt. Noch ist die bauliche Gestaltung des Kulturforums nicht abgeschlossen.

7 Gemäldegalerie
8 Kunstgewerbemuseum

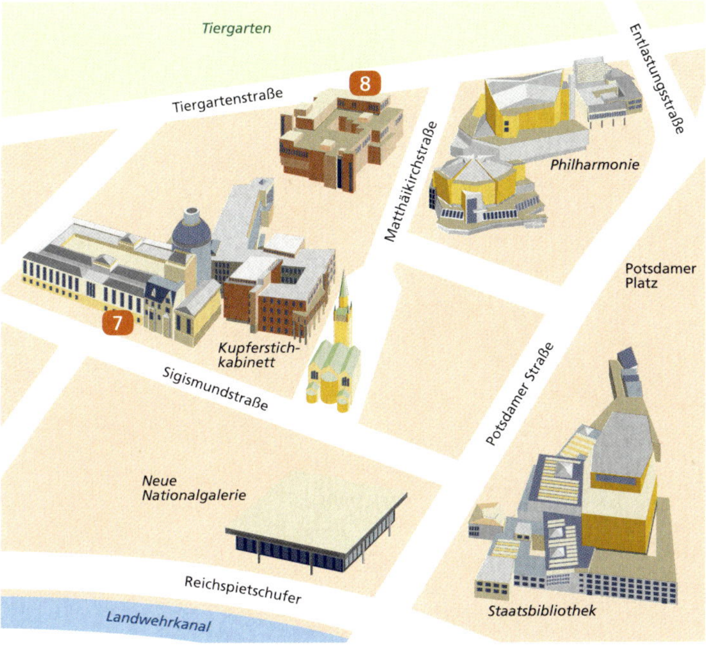

The Kulturforum at Potsdamer Platz

The Kulturforum at Potsdamer Platz arose from the idea of creating a new cultural center for all of Berlin in an area of the city heavily damaged during the war. The first building, the Berlin Philharmonic concert hall, opened in 1961. It was an exceptional building designed by architect Hans Scharoun. For many years, it stood alone next to the last surviving historical building on the spot, the Church of St. Matthew of 1846. In 1968, the New National Gallery, designed by Mies van der Rohe, became the first museum of the Kulturforum.

In 1985 the Museum of Decorative Arts, opened in a new museum building near the philharmonic. This was followed in 1994 by the Art Library and the Museum of Prints and Drawings called Kupferstichkabinett. Perhaps the most significant museum at the Kulturforum, the Museum of Old Master Paintings, opened in 1998 exhibiting European painting from 13th to the 18th century. Building work on the Kulturforum is not yet complete.

7 Old Master Paintings
8 Museum of Decorative Arts

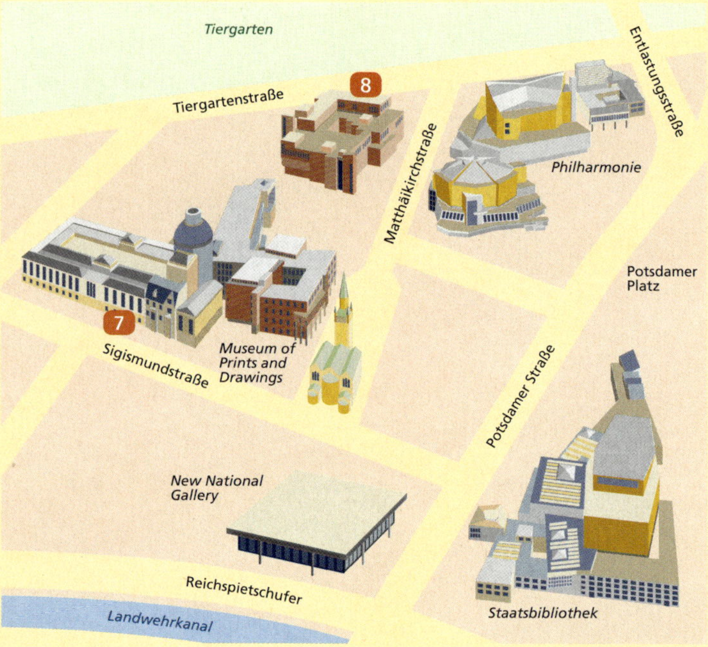

Die Gemäldegalerie
Dürer, Rembrandt, Rubens, Tizian – Meisterwerke der europäischen Malerei

Gemäldegalerie
Matthäikirchplatz, 10785 Berlin
Info-Telefon: (030) 26 62 951
www.smb.spk-berlin.de

barrierefrei

U- und S-Bahn: *Potsdamer Platz*
Bus: *Philharmonie*
Parkmöglichkeiten vor dem Museum

Das bedeutendste Haus im Kulturforum präsentiert in 52 gediegen gestalteten Räumen Meisterwerke der europäischen Malerei vom 13. bis zum 18. Jahrhundert.

Die Berliner Gemäldegalerie verfügt über eine der bedeutendsten Kollektionen europäischer Malerei, die von mittelalterlicher Tafelmalerei bis zu den klassizistischen Werken um 1800 reicht. In der Hauptgalerie ist der Kernbestand von ca. 900 Meisterwerken ausgestellt. Blendfrei gestreutes Tageslicht bringt die Gemälde zum Leuchten. Farbige Wände verschaffen ihnen zusätzlich Geltung und dienen der Orientierung.

In die 1997 von Hilmer und Sattler entworfene Gemäldegalerie gelangt man über die zentrale Eingangshalle des Museumskomplexes am Kulturforum. Der Besucher betritt eine Rotunde, an die sich eine weiträumige, würdige Wandelhalle mit Beckenbrunnen anschließt; daran sind U-förmig zwei Reihen von Ausstellungsräumen angeordnet. Sie entsprechen in ihrer Nord-Süd-Zuordnung einer Tradition, an der sich die Gemäldegalerie schon an früheren Standorten (Altes Museum, Kaiser Friedrich-Museum) orientierte: Die Nordseite des Gebäudes ist Nord- und Mitteleuropäischen Schulen zugeordnet, die Südseite der Italienischen und der Französischen Malerei.

Der Rundgang beginnt gleich rechts von der Rotunde in den Räumen I bis IV und den dahinterliegenden Kabinetten mit Deutscher Malerei vom 13. bis 16. Jahrhundert. Zu sehen sind unter anderem Werke von Lucas Cranach d. Ä., Albrecht Dürer sowie von Hans Holbein d. J. („Bildnis des Kaufmanns Georg Gisze", 1532). Ein besonderer Anziehungspunkt in den anschließenden Räumen der Niederländischen Malerei vom 15. bis 16. Jahrhundert ist das Gemälde „Die niederländischen Sprichwörter" von Pieter Bruegel d. Ä., in dem mehr als 100 holländische Sprichwörter dargestellt werden.

Herzstück der Galerie ist Raum X mit Rembrandt-Gemälden in der Abteilung Flämische und Holländische Malerei des 17. Jahrhunderts. Die Englische und Französische Malerei des 17. und 18. Jahrhunderts ist mit Gemälden von Thomas Gainsborough und Antoine Watteau vertreten. Stellvertretend für die Hochrenaissance und den Frühmanierismus stehen als ein Glanzpunkt der Sammlung fünf Gemälde von Tizian und Raffaels Madonnendarstellungen. Die Räume mit Italienischer Malerei vom 13. bis 16. Jahrhundert - unter anderem Bellini, Giotto, Botticelli - schließen sich an.

Im Untergeschoss befindet sich die Studiengalerie mit 400 Gemälden europäischer Malerei vom 13. bis zum 18. Jahrhundert. In der in den Neubau integrierten Villa Parey ist die Miniaturensammlung und die Digitale Galerie untergebracht. Hier ist an zwölf Computern der mediale Zugriff auf die Sammlung möglich.

The Museum of Old Master Paintings
Museum of Old Masters Dürer, Rembrandt, Rubens, Titian

Museum of Old Master Paintings
Matthäikirchplatz, 10785 Berlin
Info telephone: (030) 26 62 951
www.smb.spk-berlin.de

handicapped accessible

Underground and Railway: *Potsdamer Platz*
Bus: *Philharmonie*
paid parking available

The 52 stately halls in the Museum of Old Master Paintings at the Kulturforum house European painting from the 13th to 18th centuries.

The Museum of Old Master Paintings has one of the most noteworthy collections of European art, ranging from medieval panel painting to classicist works from around 1800. The main gallery shows the core collection of ca. 900 masterpieces. The building is designed to admit natural light without glare, giving the paintings a lovely glow. Colored walls show them to even further advantage, while giving the visitor an orientation tool.

The building was designed in 1997 by the architects Hillmer and Sattler. You enter the museum through the central entrance hall of the museum complex at the Kulturforum. The visitor enters a rotunda leading to an adjacent, spacious foyer with fountains. Two rows of exhibition rooms lead off this in a U-form, oriented along a North-South axis. In keeping with a tradition of the old masters collection when it was located elsewhere (the Altes Museum and the Kaiser Friedrich-Museum), the new Museum of Old Master Paintings is divided into two main sections. The northern half of the building is devoted to the Northern and Central European schools, the southern half to Italian and French painting.

The tour begins directly to the right of the rotunda, in galleries I to IV and their adjoining smaller rooms. Here you can see German painting from the 13th to the 16th century. Among others, you'll find paintings by Lucas Cranach the Elder, Albrecht Dürer and Hans Holbein the Younger ("Portrait of the Merchant Georg Gisze," 1532). There is a particular treat in the adjacent rooms of Dutch masters from the 15th and 16th centuries, namely the painting "The Netherlandish Proverbs" by Pieter Bruegel the Elder, which depicts more than 100 Dutch proverbs.

The heart of the hall is gallery X with 17th century Flemish and Dutch painting, including several important Rembrandts. English and French painting of the 17th and 18th centuries includes works by Thomas Gainsborough and Antoine Watteau. Representing the height of the Renaissance and early Mannerism, further highlights of the collection include five paintings by Titian and Raphael's depictions of the Madonna. A tour of the main floor ends with Italian painting of the 13th to 16th centuries, which includes works by Bellini, Giotto and Botticelli.

The study gallery is situated on the lower floor and presents 400 European paintings from the 13th to 18th centuries. Integrated into the new building is the Villa Parey, which contains a collection of miniatures and the digital gallery, where twelve computer terminals provide visitors with access to the collection.

Sandro Botticelli: Madonna mit den singenden Engeln, um 1477
Sandro Botticelli: Madonna with singing angels, ca. 1477

Hans Holbein d. J.: Der Kaufmann Georg Gisze, 1532
Hans Holbein the Younger: Merchant Georg Gisze, 1532

Das Kunstgewerbemuseum
Ein Berliner Museum mit Tradition seit 1867

Kunstgewerbemuseum
Tiergartenstraße 6, 10785 Berlin
Eingang: Herbert-von-Karajan-Straße 10
Info-Telefon: (030) 26 62 951
www.smb.spk-berlin.de

barrierefrei

U- und S-Bahn: *Potsdamer Platz*
Bus: *Philharmonie*
Parkmöglichkeiten vor dem Museum

Schloss Köpenick
Schlossinsel 1, 12557 Berlin
Info-Telefon: (030) 65 66 17 49
www.smb.spk-berlin.de

barrierefrei

S-Bahn: *Spindlersfeld*
Straßenbahn: *Schlossplatz Köpenick*
Bus: *Schlossplatz Köpenick*

Das Haus zeigt europäisches Kunsthandwerk vom frühen Mittelalter bis zur Gegenwart: Welfenschatz, Lüneburger Ratssilber, Porzellan, Möbel, Design.

Das 1867 gegründete Berliner Kunstgewerbemuseum ist das älteste seiner Art in Deutschland. Von 1881 bis 1921 war es im heutigen Martin-Gropius-Bau untergebracht. 1921 wurden die Sammlungen mit großen Teilen der höfischen Ausstattung der Hohenzollern-Schlösser vereint und im Berliner Schloss gezeigt. Erst 1963 kam es nach dem Krieg in Ost-Berlin (Schloss Köpenick) und West-Berlin (Knobelsdorff-Flügel des Schlosses Charlottenburg) zu Wiedereröffnungen. Der moderne Bau des Kunstgewerbemuseums als Teil des Kulturforums wurde 1985 eröffnet. Als zweiter Standort ist nach umfangreicher Restaurierung 2004 das Schloss Köpenick als Museum der „Raumkunst" mit Schwerpunkt Möbel vom 16. bis 18. Jahrhundert wiedereröffnet worden.

Die Sammlungsbestände verteilen sich auf drei zunächst verwirrend wirkende Raumfolgen im Unter-, Erd- und Obergeschoss. Die Aufteilung nach Raumgruppen von I bis XI entspricht dem Rundgang, der mit dem frühen Mittelalter beginnt und beim Kunsthandwerk und Industriedesign der Gegenwart endet. Vom Zugangsgeschoss aus gelangt man in eine so genannte Informationsgalerie, wo Ausstellungstafeln über wichtige kunsthandwerkliche Techniken und kulturgeschichtliche Themen informieren.

Im Erdgeschoss wird Kunsthandwerk vom Mittelalter bis zur Renaissance gezeigt. Höhepunkte: ein mit Edelsteinen besetztes Bursenreliquiar aus Enger/Herford und der Welfenschatz, ein Kuppelreliquiar in Form einer byzantinischen Kirche.

Von besonderer Bedeutung in den übrigen Räumen sind italienische Majolika sowie venezianisches Glas des 16. und 17. Jahrhunderts in Raum II. In Raum III wird einer der bedeutendsten erhaltenen städtischen Silberschätze in Deutschland präsentiert: das Lüneburger Ratssilber mit 34 silbernen und vergoldeten Gefäßen und Geräten der Hochgotik und der Renaissance.

Im Obergeschoss sind kunstgewerbliche Objekte von der Renaissance bis zum Art Déco zu sehen. In Raum IV beeindruckt der Inhalt des im Zweiten Weltkrieg im Berliner Schloss verbrannten Pommerschen Kunstschrankes: Brett- und Kartenspiele, Messinstrumente, Gegenstände zur Körperpflege aus dem 16. bis 17. Jahrhundert. Chinesisches und deutsches Porzellan (Meißen, KPM Berlin) des 17. und 18. Jahrhunderts wird in Raum V präsentiert.

Das Untergeschoss ist dem Kunsthandwerk, dem Gebrauchs- und Produktdesign des 20. Jahrhunderts gewidmet.

Kunstgewerbemuseum im Kulturforum
Museum of Decorative Arts in the Kulturforum

The Museum of Decorative Arts
A Berlin Museum with a Tradition Dating to 1867

Museum of Decorative Arts
Tiergartenstraße 6, 10785 Berlin
Entrance: Herbert-von-Karajan-Strasse 10
Info telephone: (030) 26 62 951
www.smb.spk-berlin.de

handicapped accessible

Underground and Railway: *Potsdamer Platz*
Bus: *Philharmonie*
paid parking available

Köpenick Palace
Schlossinsel 1, 12557 Berlin
Info telephone: (030) 65 66 17 49
www.smb.spk-berlin.de

handicapped accessible

Railway: *Spindlersfeld*
Tram: *Schlossplatz Köpenick*
Bus: *Schlossplatz Köpenick*

The Museum of Decorative Arts exhibits European art and crafts from the early Middle Ages to the present. It includes the Guelf treasure and the Lüneburg municipal silver, along with porcelain, furniture and design.

The Berlin Museum of Decorative Arts, founded in 1867, is the oldest of its kind in Germany. Between 1881 and 1921, it was housed in the building now named after Martin Gropius. In 1921, the collection was merged with treasures from the Hohenzollern palaces and was on display in Berlin's Palace until World War II. In 1963, separate exhibitions re-opened in East Berlin (in Köpenick Palace) and in West Berlin (in the Knobelsdorff wing of Charlottenburg Palace). The new museum building, part of the Kulturforum, was opened in 1985. Parts of the collection are also on display at the museum's second location, Köpenick Palace, which was reopened after extensive refurbishment in 2004. It is dedicated to interior furnishings, with the focus on furniture from the 16th to 18th centuries.

At the main site, the collection is spread out over three series of galleries on three floors. The tour takes you chronologically through rooms numbered from I to XI, beginning with the early Middle Ages and continuing through to modern applied arts and industrial design. Off the entry floor there is an additional information gallery, which contains an exhibition of techniques used in the applied arts as well as art historical informational material.

The ground floor houses art treasures from the Medieval to Renaissance eras. Some of the highlights are a reliquary from Enger/Herford covered in precious gems and the Guelf treasure, a domed reliquary in the form of a Byzantine church.

Of particular importance in the other rooms are Room II's Italian majolicas and Venetian glass from the 16th and 17th centuries. Room III holds one of Germany's most important surviving municipal silver collections – the Lüneburg collection of 34 silver and gilt vessels and utensils from the late Gothic era to the Renaissance.

The upper floor houses applied arts dating from the Renaissance to the Art Deco period. Room IV holds the contents of the Berlin Palace's Pomeranian arts cabinet: games and measuring instruments, and personal hygiene objects from the 16th and 17th centuries. Chinese and German porcelain (Meissen, KPM Berlin) of the 17/18th centuries are on display in Room V.

The basement level is dedicated to 20th century utility and product design.

Harlekingruppe, Porzellan, Meißen, um 1740
Harlequins, Porcelain, Meißen, ca. 1740

Das Museum für Film und Fernsehen
Filmgeschichte als Erlebnis

Museum für Film und Fernsehen
Deutsche Kinemathek
Potsdamer Straße 2, 10785 Berlin
Info-Telefon: (030) 30 09 030
www.filmmuseum-berlin.de

barrierefrei

U- und S-Bahn: *Potsdamer Platz*
Bus: *Potsdamer Platz*
Parkmöglichkeiten im Parkhaus Potsdamer Platz

Das Museum für Film und Fernsehen der Deutschen Kinemathek im Filmhaus am Potsdamer Platz bietet in seiner Ständigen Ausstellung „Film" eine mit allen Mitteln moderner Ausstellungsarchitektur gestaltete Reise durch die deutsche Filmgeschichte mit Ausflügen nach Hollywood und in die künstlichen Welten des Phantastischen und Science-Fiction-Films. Seit der Eröffnung im Juni 2006 präsentiert das Fernsehmuseum Höhepunkte aus der Geschichte des populärsten Massenmediums.

Das 2000 im SonyCenter eröffnete Filmmuseum Berlin ist das „Schaufenster" der Deutschen Kinemathek. Sie besitzt eine der weltweit umfangreichsten Sammlungen zur Filmgeschichte. Mehrere Schauspieler-Nach-

lässe gehören zu den Beständen der Kinemathek (unter anderen die Nachlässe von Heinz Rühmann, Fritz Lang, vor allem auch von Marlene Dietrich).

Die Deutsche Kinemathek präsentiert Teile ihrer Sammlungen zum Film auf rund 2.000 Quadratmetern und drei Etagen. Die Besucher fahren nach dem Kauf der Tickets im Erdgeschoss mit einem der gläsernen Aufzüge in die 3. Etage und werden mit dem Gang durch die Ständige Ausstellung im 3. und 2. Stock und die Sonderausstellungen im 1. Geschoss wieder nach unten geführt. Im Erdgeschoss bietet ein Museumsshop alles zum Thema Film und Fernsehen an, im zweiten Untergeschoss sind die Programmkinos Arsenal 1 und 2 untergebracht.

Die Ständige Ausstellung fasziniert die Besucher durch ihre exquisiten filmhistorischen Schaustücke und die überraschenden, abwechslungsreichen Rauminszenierungen. Anhand von rund 1.000 Exponaten (Kostüme, Requisiten, Trick- und Ateliermodelle, Video- und Multimedia-Stationen, Filmausschnitte, Fotos, Drehbücher und Dokumente) reicht die Inszenierung von den Anfängen des Films in Berlin bis nach Hollywood. Schwerpunkte sind die deutschen Filmklassiker der 1920er und 1930er Jahre („Das Cabinet des Dr. Caligari", „Metropolis", „M"), die Karriere Marlene Dietrichs, der Film im Nationalsozialismus, das Exil, der Nachkriegsfilm in Ost und West, die erfolgreichen deutschen Gegenwartsregisseure, ihre Filme und Hauptdarsteller.

In einem eigenständigen Ausstellungsbereich („Künstliche Welten") begegnet der Besucher den phantastischen Figuren des Oscar-Preisträgers Ray Harryhausen und wird in die Gestaltung von Animations- und Science-Fiction-Filmen eingeführt.

Das Hausticket schließt auch den Besuch des neu eröffneten Fernsehmuseums im 3. und 4. Stock des Filmhauses mit ein. Im „Spiegelsaal" wird auf einer acht mal sechs Meter großen Projektionsfläche eine Revue zur Geschichte der Fernsehunterhaltung geboten: Der Raum spiegelt all die Bilder, die zu den „Fernsehbiografien" der Besucher gehören – die der Shows und ihrer Stars, die der Kinder- und Familienserien, die Bilder aus der Welt des Fernsehkrimis und der Comedy. In einem „Zeittunnel" werden Höhepunkte der Programmgeschichte und die Geschichte des Mediums Fernsehen gezeigt. In der „Programmgalerie" kann der Besucher herausragende Fernsehsendungen in ganzer Länge anschauen.

Thema „Hollywood"
Theme "Hollywood"

The Film and Television Museum
Experience the History of Celluloid

Film and Television Museum
Deutsche Kinemathek
Potsdamer Straße 2, 10785 Berlin
Info telephone: (030) 30 09 030
www.filmmuseum-berlin.de

handicapped accessible

Underground and Railway: *Potsdamer Platz*
Bus: *Potsdamer Platz*
paid parking is available

Berlin's Film and Television Museum and the Deutsche Kinemathek is located in the Filmhaus at Potsdamer Platz. Its permanent exhibit "Film" offers a fascinating trip through the history of German film, with side trips to Hollywood and the artificial world of fantasy and science-fiction films. The television section opened in June 2006, presenting a spectrum of highlights from the history of the world's most popular mass medium.

The Film Museum was opened in 2000. It serves as the showplace for the German film archives or Deutsche Kinemathek, which has one of the largest film collections in the world. The archives also hold the legacies of several renowned film personalities, including Fritz Lang and, above all, the Marlene Dietrich collection.

The exhibition space is spread over three floors and more than 2,000 square meters. The ticket office is on the ground floor, after which visitors take the glass elevator to level three. From there, you can tour the permanent exhibitions on the second and third upper levels and the temporary exhibition space on level one. The complex includes a museum shop on the ground floor and, on the second basement level, two repertory cinemas (Arsenal 1 + 2).

The permanent exhibition provides exquisite displays from the history of film, arranged in a delightful and varied series of settings. The ca. 1,000 exhibits (costumes, props, animation and studio models, video and multi-media stations, film clips, scripts and other documents) range from the first films shot in Berlin to the heyday of Hollywood. The main focus is on the German film classics of the 1920s and 1930s ("The Cabinet of Dr. Caligari", "Metropolis", "M"), the career of Marlene Dietrich, the film industry during the Nazi period, the German exiles, the post-war years in East and West Germany, and the most successful current German film directors and actors.

A separate section ("artificial worlds") focuses on animation and illusion in film history. It includes the fantastic creatures designed by Academy Award-winner Ray Harryhausen, as well as exhibits on the making of special effects and science fiction films and the world of animation.

A ticket for the building includes a visit to the television section on the 3rd and 4th floors of the Film House. The "hall of mirrors" boasts a six by eight meter projection screen showing a review of great moments in television entertainment. The room is designed to "reflect" the images that are part of the visitor's TV history - the shows and stars, the children's and family series, the images from crime dramas and sitcoms. The "time tunnel" shows outstanding moments in broadcasting as part of a chronological trip through the significant developments in the technology of television. In the "program gallery", the visitor can select programs and watch them in their entirety.

Mythos Raum
Hall of myths

Das Deutsche Technikmuseum Berlin
Kulturgeschichte der Technik

Deutsches Technikmuseum Berlin
Trebbiner Straße 9, 10963 Berlin
Info-Telefon: (030) 90 25 40
www.dtmb.de

barrierefrei

U-Bahn: *Gleisdreieck, Möckernbrücke*
Bus: *Schöneberger Brücke*
Parkmöglichkeiten im Parkhaus Gleisdreieck

Das Deutsche Technikmuseum Berlin lädt zu einer erlebnisreichen und lustvollen Entdeckungsreise durch die Kulturgeschichte der Technik ein. Mit modernen Präsentationstechniken zeigt es umfangreiche Sammlungen zu Verkehrs-, Kommunikations-, Produktions- und Energietechniken. Tägliche Vorführungen und Aktivitäten, ein großzügiger Museumspark mit Wind- und Wassermühlen sowie die unverwechselbare Lage am Gleisdreieck auf dem Gelände des ehemaligen Anhalter Güterbahnhofs machen das DTMB zu einem der beliebtesten Museen der Hauptstadt.

Besonders attraktiv sind die beiden Ausstellungen im Neubau des Museums: „Lebenswelt Schiff" zur Geschichte der Binnen- und Hochseeschifffahrt und „Vom Ballon zur Luftbrücke" zur Geschichte der Luft- und Raumfahrt mit ihren teilweise schon in den Rohbau eingegliederten Großobjekten. Die zentralen Ausstellungsstücke zur Geschichte der Binnenschifffahrt sind im Erdgeschoss des Neubaus der Schleppdampfer „Kurt Heinz" von 1901 und ein aus der Havel bei Spandau geborgener 33 Meter langer Kahn von 1840. Dessen Mast und Segel ragen über 20 Meter durch Deckenöffnungen bis in das oberste Stockwerk. Präsentationen zur Entwicklung der Sportschifffahrt leiten zur Abteilung Hochseeschifffahrt im zweiten Obergeschoss über. Hier werden unter anderem Entdeckungsreisen um 1500, der Untergang einer chinesischen Dschunke und der Walfang anschaulich vermittelt. Eine Zeitachse thematisiert die deutsche Schifffahrtsgeschichte – von den Anfängen der brandenburgisch-preußischen Marine über die wilhelminische Schifffahrt bis zum Einsatz deutscher U-Boote im Zweiten Weltkrieg. Die Entwicklung der Navigation vom Kompass bis zur modernen Satellitennavigation dokumentieren Navigationsinstrumente, und die Besucher können ein virtuelles Schiff in die Elbmündung steuern.

Ju 52
Ju 52

Im dritten Obergeschoss beginnt die Welt der Fliegerei: 35 Großobjekte (darunter sieben weltweite Unikate) werden mit zahlreichen Medienanwendungen in ihrem Kontext präsentiert. Ein Steg, der das 4. Obergeschoss durchzieht, erlaubt einen Blick von oben in die Cockpits der Flugzeuge. Die Ausstellung folgt chronologisch 200 Jahren deutscher Luftfahrtgeschichte. Eine Inszenierung des Haupteingangs des ersten deutschen Flugplatzes in Berlin-Johannisthal steht für die Anfänge der deutschen Verkehrs- und Sportfliegerei in den 1920er und 1930er Jahren. Das Verkehrsflugzeug Junkers Ju 52 mit einer Spannweite von fast 30 Metern präsentiert hingegen das Standardflugzeug des deutschen Luftverkehrs in den 1930er Jahren. Schließlich wird der Einsatz von Flugzeugen im Ersten und vor allem im Zweiten Weltkrieg thematisiert. Von der Rolle des Flugzeugs als Retter während der Berliner Luftbrücke zeugt als zentrales Exponat der über der Terrasse des Neubaus schwebende „Rosinenbomber". Die Maschine vom Typ Douglas C 47 ist seit ihrer Montage 1999 das weithin sichtbare Wahrzeichen des Museums. Die Weiterwicklung zur Raumfahrt wird durch den deutschen Beitrag zur Raketentechnologie erläutert. Teile der so genannten Vergeltungswaffe V2 stehen für die Bedeutung dieser Technologie im Nationalsozialismus.

Die auf dem Gelände und in den historischen Gebäuden des Anhalter Güterbahnhofs und der ehemaligen Markt- und Kühlhallengesellschaft untergebrachten Sammlungen erfreuen sich schon seit der Eröffnung 1983 durch die Vielfalt und Anzahl der Maschinen, Fahrzeuge und Geräte großer Beliebtheit. Vor allem das Konzept, Besucher durch Vorführungen, Versuche und interaktive Medien aktiv mit einzubeziehen, macht den Museumsbesuch zu einem Erlebnis. So kann im Bereich Produktionstechnik die maschinelle Fertigung von Koffern und Schmuck verfolgt werden, auch Druckerzeugnisse können unter Anleitung produziert werden. In der Abteilung Rechen- und Automationstechnik steht ein Nachbau des Rechners Z1 von Konrad Zuse im Mittelpunkt – der weltweit erste Computer.

In zwei historischen Ringlokschuppen sind 40 Schienenfahrzeuge ausgestellt, von den ersten Gefährten auf Schienen über Dampflokomotiven bis zur Diesellok. Der Besucher wird über 33 Stationen durch die Eisenbahngeschichte von 1800 bis 1980 geleitet. Gezeigt wird nicht nur die technische Seite der Eisenbahn, sondern auch ihre Bedeutung für Politik, Wirtschaft, Kultur, aber auch für den Alltag. Dabei wird auch das dunkelste Kapitel deutscher Eisenbahngeschichte nicht ausgespart: Die Rolle der Reichsbahn bei der Ermordung europäischer Juden im Dritten Reich. Als Symbol für diese Transporte steht im Lokschuppen des Deutschen Technikmuseums auch ein typischer gedeckter Güterwagen.

Eine besondere Attraktion für Kinder und Jugendliche ist das Spectrum, das Science Center des Museums. Hier werden anhand von 250 Experimenten naturwissenschaftliche Funktionsprinzipien erfahrbar gemacht. Ein Nachbau des Foucaultschen Pendels hängt im Lichthof des Spectrum-Gebäudes, dem historischen Kopfbau des ehemaligen Güterbahnhofs. Im Oldtimer-Depot hinter dem Spectrum werden Automobile und Motorräder gezeigt, unter anderem das älteste erhaltene Automobil Berliner Provenienz, ein NAG-Auto von Anfang 1900.

Außenansicht des Deutschen Technikmuseums Berlin mit „Rosinenbomber"
Exterior view of the German Museum of Technology Berlin with "Candy Bomber"

The German Museum of Technology Berlin
The Cultural History of Technology

German Museum of Technology Berlin
Trebbiner Straße 9, 10963 Berlin
Info telephone: (030) 90 25 40
www.dtmb.de

handicapped accessible

Underground: *Gleisdreieck, Möckernbrücke*
Bus: *Schöneberger Brücke*
paid parking is available

The German Museum of Technology Berlin invites the visitor on an eventful and fun tour of the cultural history of technology. The museum uses the most up-to-date exhibition techniques to display its rich collection, covering rail and road transport, communications, production and energy technologies. There are daily tours and special events, and a large museum park with functioning windmills and water wheels. All that and the museum's distinctive location on the site of the former Anhalter freight yards make it one of the capital's most beloved museums.

Of particular interest are the two exhibitions in the museum's new building. "Shipworld" is a history of both ocean and inland navigation, and "From Balloon to the Airlift" is a history of aviation and space travel. Both exhibitions include original boats and planes that were installed in the building. On the ground floor of the new building, the exhibition on inland water navigation centers on the "Kurt Heinz", a 1901 tugboat, and an 1840 barge, which is 33 meters long. Its mast and sails rise more than 20 meters, reaching through an opening in the ceiling to the museum's top floor. A presentation on recreational sailing leads through to the department of ocean navigation on the second upper level. Here, exhibits provide an intimate look at voyages of discovery from the era about 1500, the sinking of a Chinese junk and the whaling industry.

The history of German seafaring is also on display. Beginning with the Prussian navy and covering the naval ambitions of William II, right up to the submarines of World War II. There is an exhibition of navigation instruments, ranging from the compass to modern satellite navigation. Visitors can pilot a virtual ship into the Elbe delta.

On the third level, visitors enter the world of aviation. A total of 35 large aviation exhibits (including seven that are unique in the world) are on display, augmented by multi-media presentations. From a footbridge on the fourth level, visitors can look down into the cockpits of the planes on view. The history of German navigation is illustrated chronologically. A reconstruction of Germany's first airfield in Berlin-Johannisthal represents the beginning of German commercial and recreational flight in the 1920s and 1930s. There is also a Junkers Ju 52 with a wingspan of almost 30 meters. That was the standard plane used in commercial aviation in Germany during the 1930s. Finally, there are exhibits demonstrating the role of planes during World War I and, particularly, World War II. The Berlin Airlift is illustrated by the "Candy Bomber" that floats above the building's terrace. Since being mounted there in 1999, the Douglas C47, visible from afar, has become the museum's unique symbol. Further developments leading to space travel technology are illustrated with an exhibition on the German contribution to rocket science. Parts of the V2 missile, called the retaliatory weapon, represent the significance of this technology to the Nazi regime.

The collection went on display in the historical buildings and yards of the Anhalter freight yard, and the former market and refrigeration halls in 1983. Since then it has been true to its concept of enchanting visitors and, above all, actively involving them in the museum experience with tours as well as interactive media exhibits.

For instance, in the production section, museum visitors can follow the manufacturing processes for luggage and jewelry. In the print technology section, visitors can produce their own documents. The computer and automation section boasts a reconstruction of Konrad Zuse's Z1, the first computer in the world.

Two historical engine sheds on the grounds house 40 original railcars, from the first rail transports to steam engines to diesel locomotives. Thirty-three stations take the visitor through the history of rail transport from 1800 to 1980. The visitor learns not only about the development of rail technology, but also the role rail transport played in politics, economics, culture and, above all, daily life. The museum has not shied away from exploring the darkest chapter in the history of Germany's rail system – its role in the murder of Europe's Jews during the Third Reich. The engine sheds contains a typical freight car such as the kind used by the Reich rail company to transport Jews to the death camps.

For children and young people, the Spectrum section is a very special attraction. It is the museum's science center, where 250 experiments illustrate basic scientific principles. A copy of the Foucault Pendulum hangs in the atrium of the Spectrum building, the freight yard's historical terminal shed. Behind the Spectrum building is the old-timer depot. Here, fans can see cars and motorcycles dating back to the very beginning of motorized vehicles, including the oldest surviving Berlin-made car, made by the National Automobile Company (NAG) at the beginning of the 20th century.

Das Mauermuseum – Museum Haus am Checkpoint Charlie
Ein privates Museum zur Geschichte der Berliner Mauer und ihrer Überwindung

Mauermuseum – Museum Haus am Checkpoint Charlie
Friedrichstraße 43–45, 10969 Berlin
Info-Telefon: (030) 25 37 250
www.mauermuseum.de

barrierefrei

U-Bahn: *Kochstraße, Stadtmitte*
Bus: *U-Bahnhof Kochstraße/Checkpoint Charlie*

Das Haus zeigt Fotos, Dokumente und Objekte zur Geschichte der Berliner Mauer und ihrer Überwindung. Anlass der Gründung dieses privaten Museums war der Bau der Mauer am 13. August 1961 und deren Folgen.

80 Meter vom Platz am Checkpoint Charlie entfernt arbeitet die Bürgerinitiative „Arbeitsgemeinschaft 13. August e. V.", die von Dr. Rainer Hildebrandt – Sohn des Kunsthistorikers Prof. Dr. Hans Hildebrandt und der jüdischen Malerin Lily Hildebrandt –1962 gegründet und bis zu seinem Tode im Januar 2004 geleitet wurde. Mit dem Mauermuseum, dem Museum Haus am Checkpoint Charlie und dem Museum des weltweiten gewaltfreien Kampfes für Menschenrechte protestierte Dr. Hildebrandt gegen die Teilung Berlins und Deutschlands sowie gegen Menschenrechtsverletzungen in ganz Osteuropa.

Am Checkpoint Charlie manifestierte sich die Weltenteilung. Hier wurde am 9. November 1989 eine Grenze geöffnet, die nicht nur Deutschland in zwei Staaten, sondern auch die europäischen Völker in eine östliche und eine westliche Hemisphäre trennte. Der Ausstellungsteil zur Geschichte der Berliner Mauer präsentiert die Hauptanziehungspunkte des Hauses: originale Objekte gelungener Fluchten wie zu Fluchtzwecken umgebaute Autos, ein Mini-U-Boot, in dem sich ein Flüchtling durch die Ostsee ziehen ließ, zwei Heißluftballons, selbstgebaute Motordrachen. Auch die Geschichte des Checkpoint Charlie, benannt nach dem Synonym für den Buchstaben C im phonetischen Alphabet und ein Ort der amerikanisch-sowjetischen Konfrontation im Kalten Krieg, wird dokumentiert.

Tipp: Seit Sommer 2006 lädt gegenüber dem Berliner Dom (Karl-Liebknecht-Straße 1) das privat finanzierte DDR-Museum dazu ein, DDR-Alltagskultur kennen zu lernen oder ihr wieder zu begegnen. Von Spendern zur Verfügung gestellte Objekte bieten nach der Devise „sehen, spüren, hören" vielfältige Einblicke in das Leben in der DDR – und zeigen die Schrecken des Grenzregimes und der Stasi-Überwachung.

In der Bernauer-/Ackerstraße befindet sich die Mauergedenkstätte mit Informations- und Dokumentationszentrum. An der Stelle der Berliner Mauer, an der die meisten Fluchtversuche stattfanden, wurde 1998 eine Nachbildung der Sperranlagen errichtet, die der Besucher durch Sehschlitze betrachten kann.

The Berlin Wall Museum – Museum House at Checkpoint Charlie

A Private Museum on the History of the Berlin Wall and its Fall

Berlin Wall Museum –
Museum House at Checkpoint Charlie
Friedrichstraße 43–45, 10969 Berlin
Info telephone: (030) 25 37 250
www.mauermuseum.de

handicapped accessible

Underground: *Kochstraße, Stadtmitte*
Bus: *U-Bahnhof Kochstraße/Checkpoint Charlie*

The museum exhibits photos, documents and artifacts relating to the history and fall of the Berlin Wall. A private museum, the House at Checkpoint Charlie was founded in reaction to the building of the Berlin wall on August 13, 1961 and all that followed.

Just 80 meters from the site of the allied crossing at Checkpoint Charlie is the headquarters of "Arbeitsgemeinschaft 13 August e.V.", a non-profit group founded by Dr. Rainer Hildebrandt, son of art historian Professor Dr. Hans Hildebrandt and the painter Lily Hildebrandt, which he also directed until his death in 2004. The Wall Museum, the Museum House at Checkpoint Charlie and the Museum for the Worldwide Non-Violent Fight for Human Rights were Dr. Hildebrandt's protests against human rights violations in Eastern Europe.

Checkpoint Charlie was a manifestation of a divided world. It was here, on November 9, 1989, that a border was breached that separated not only Germany into two states, but also the people of Europe into an eastern and western hemisphere.

The section of the museum devoted to the history of the Berlin Wall displays original objects from successful escapes. These include a car specially remodeled for the purpose of flight, a mini-submarine that a refugee used to pull himself through the Baltic Sea, two hot-air balloons, and homemade motorized kites.

The history of Checkpoint Charlie, named after the letter C in the international phonetic alphabet, and a place of American-Soviet confrontation during the Cold War is also documented.

Recommendation: As of the summer of 2006, the privately financed Museum of East Germany opposite the Berlin Cathedral hosts an exhibition on daily life in communist East Germany. The donated objects on display offer insight into life in East Germany according to the motto "see, feel, hear and experience". The terrors of the regime and secret police surveillance are also represented here.

We also recommend a visit to the Berlin Wall memorial and documentation center on Bernauer-/Ackerstrasse. This was the spot where many escape attempts took place. A reconstruction of the wall and of its security installation was erected in 1998, which visitors can view through slits.

Isetta, 1964: kleinstes Fluchtauto
Isetta, 1964: smallest flight car

Das Jüdische Museum Berlin
Zwei Jahrtausende deutsch-jüdische Geschichte in beeindruckender Architektur des 18. und 20. Jahrhunderts

Jüdisches Museum Berlin
Lindenstraße 9–14, 10969 Berlin
Info-Telefon: (030) 25 99 33 00
www.jmberlin.de

barrierefrei

U-Bahn: *Hallesches Tor, Kochstraße*
Bus: *Jüdisches Museum*
Parkmöglichkeiten vor dem Museum

Im barocken Kollegien- und späteren Kammergerichtsgebäude von 1735 und im völlig neuartigen Bau von Daniel Libeskind mit seinen symbolischen Bezügen wird der Besucher durch zwei Jahrtausende deutsch-jüdischer Geschichte geleitet.

Das Jüdische Museum Berlin hat eine lange Vorgeschichte. Schon 1933 gab es in der Oranienburger Straße ein Jüdisches Museum. Dieses wurde 1938 von der Gestapo geschlossen, seine Bestände konfisziert. In der Nachkriegszeit erfolgten in West-Berlin immer wieder Aufrufe zur Neugründung eines Jüdischen Museums. Schließlich kam es 1978 innerhalb des Berlin-Museums zur Gründung einer jüdischen Abteilung. Für sie wurde ein Erweiterungsbau geplant, Daniel Libeskind gewann 1989 den entsprechenden Wettbewerb mit seinem außergewöhnlichen Entwurf. Seit 1999 hat das Museum einen autonomen Status als Stiftung und ist seit 2001 eine Bundeseinrichtung.

Das Museum wurde als größtes seiner Art in Europa im September 2001 eröffnet und entwickelte sich aufgrund seiner Architektur und seines Konzepts schnell zu einem Besuchermagnet Berlins (seit der Eröffnung sind 2,5 Millionen Besucher gezählt worden). Der Besuchereingang, Räume für Sonderausstellungen und Konzerte, der Museumsshop und das Museumsrestaurant befinden sich im prachtvollen Altbau, der unterirdisch mit dem Neubau verbunden ist. Der Libeskind-Bau erhebt sich über einem zickzackartig gewundenen, vielfach gebrochenen Grundriss, an einen zerrissenen Davidstern erinnernd. Er wird von einer geraden Linie durchschnitten, einem sich vom Untergeschoss bis zum Dach erstreckenden Leerraum („the void") – ein Aufruf, sich den Verlust durch die Ausrottung des europäischen Judentums zu vergegenwärtigen. Im Untergeschoss gibt es mehrere symbolische Achsen.

Ausstellungsobjekt Warenregal mit Handelsgütern des Mittelalters
Exhibit of trade goods from the Middle Ages

Die Achse der Kontinuität führt zu den Ausstellungsräumen. Die Achse des Exils führt aus dem Gebäude ins Freie, in den „Garten des Exils". Dort wird in einem Feld aus 49 schräg gestellten Betonstelen die aus den Fugen geratene Welt jüdischer Exilanten spürbar; die aus den Stelen wachsenden Ölweiden stehen in der jüdischen Tradition für Hoffnung und Frieden. Die dritte Achse ist eine Sackgasse, die in der Enge des fensterlosen Holocaust-Turms endet.

Die Ausstellung „Zwei Jahrtausende Deutsch-Jüdische Geschichte" spannt mit dreizehn Epochenbildern über zwei Ebenen anhand von historischen Objekten, Fotos, Filmen, Dokumenten, Kunst- und Alltagsgegenständen und zahlreichen multimedialen Anwendungen den Bogen von der ersten historischen Quelle Kaiser Konstantins aus dem Jahr 321 über die mittelalterliche Welt der Aschkenas, der in Deutschland lebenden Juden, erste antisemitische Strömungen, die jüdische Emanzipation bis zur Vertreibung und Vernichtung und zur Gegenwart jüdischen Lebens nach 1945. Ein Höhepunkt der multimedialen Präsentationen ist die im Rafael Roth Learning Center gezeigte virtuelle Darstellung der jüdischen Gemeinde im mittelalterlichen Worms. Die Synagoge, 1939 von den Nazis zerstört, schwebt im Verlauf der Präsentation dreidimensional in den Raum.

Zur Charakteristik des Museums zählen neben der außergewöhnlichen Architektur, der durchgängig persönlich-biographischen Orientierung und der multimedialen und interaktiven Aufbereitung die freundlich-engagierten Mitarbeiter, deren zahlreiche Führungen unvermeidlich auch der Einzelbesucher mitverfolgt - ein Gewinn.

Tipp: Als Ergänzung zum Jüdischen Museum empfiehlt sich der Besuch des „Orts der Information" am Denkmal für die Ermordeten Juden Europas (Cora-Berliner-Straße 1, 10117 Berlin, Info-Telefon (030) 26 39 43 36). Das Konzept dieses Dokumentationszentrums, den Millionen Opfern ein Gesicht zu geben, wird mit dem Aufzeichnen jüdischer Familienschicksale und der Präsentation der Opfernamen (in Verbindung mit der Datenbank der israelischen Gedenkstätte Yad Vashem) realisiert.

The Jewish Museum Berlin

2000 Years of German-Jewish History Housed in Architectural Gems of the 18th and the 20th Century

Jewish Museum Berlin
Lindenstraße 9-14, 10969 Berlin
Info telephone: (030) 25 99 33 00
www.jmberlin.de

handicapped accessible

Underground: *Hallesches Tor, Kochstraße*
Bus: *Jüdisches Museum*
parking available around the museum

The museum is located in a Baroque former college and later courthouse, built in 1734, and in the magnificent, innovative new building designed by Daniel Libeskind. The new building itself is rife with symbolic architectural components. With documents, images and artifacts, the museum presents a comprehensive look at two millennia of German-Jewish history.

Berlin's Jewish Museum has a long past history. There was a Jewish Museum in Berlin as early as 1933, but it was closed by the Gestapo in 1938 and its contents confiscated. After the war, numerous public voices called for the establishment of a new Jewish museum in West Berlin. Finally in 1978, the Berlin Museum established a Jewish section and in 1988, an architectural competition was launched for an annex building. Daniel Libeskind won with his extraordinary design. In 1999 the Jewish Museum attained independent non-profit status and since 2001 it has been run as a federal institution.

The Jewish Museum Berlin opened its doors in September 2001 as the largest of its kind in Europe. Its breathtaking architecture and exhibition concept soon made it one of Berlin's most popular attractions (2.5 million visitors to date). The magnificent old building holds the main entrance foyer, rooms for special exhibitions and concerts, the museum shop and the restaurant. An underground corridor connects it with the new building. The zigzag Libeskind building has a ground plan that is reminiscent of a torn Star of David. Empty spaces that stretch from the basement all the way up through the entire museum ("the voids") represent the loss to Europe through the eradication of its Jews. The building's basement has several corridors, each running on a symbolic axis. The axis of continuity leads to the exhibition rooms. The axis of exile leads out of the building to the garden of exile, where 49 slanting concrete pillars represent the fractured world of the Jewish exiles. The oleaster growing from the tops of the pillars stands for hope and peace. A third axis dead-ends in the confines of the windowless Holocaust tower.

The museum's permanent exhibition extends over two levels and invites visitors to tour "2,000 years of German-Jewish history" presented in historical artifacts, photos, films, documents, art, utilitarian objects and multimedia stations. Its depictions of 13 epochs begins with the first historical sources from the reign of Emperor Constantine I from A. D. 321, and covers the Middle Ages, early anti-Semitism, the Jewish emancipation, expulsion and extermination and Jewish life after 1945. One highlight of the multi-media installations is shown in the Rafael Roth Learning Center. It is a virtual presentation of the Jewish community in the medieval city of Worms. The synagogue, which was destroyed by the Nazis in 1938, floats in three-dimensional space in the exhibition room.

The museum is extraordinary not only because of its architecture, its personal-biographical approach and its interactive displays, but also because of its committed and friendly staff. Even the individual visitor will be captivated eavesdropping on the numerous guided tours. And it's well worth it.

Recommendation: In addition to the Jewish Museum, we recommend a visit to the Memorial to the Murdered Jews of Europe and its information center (Cora-Berliner-Strasse 1, 10117 Berlin, info telephone: (030) 26 39 43 36). The documentation center was established to give faces to the millions of Jewish victims. Individual destinies of Jewish families are depicted. The names of the victims are presented, using the database of Yad Vashem among other sources.

Libeskind-Bau mit Garten des Exils
Libeskind building with the Garden of Exile

Berlinische Galerie – Landesmuseum für Moderne Kunst, Fotografie und Architektur
Kunst aus Berlin von 1870 bis heute

Berlinische Galerie –
Landesmuseum für Moderne Kunst,
Fotografie und Architektur
Alte Jakobstraße 124–128, 10969 Berlin
Info-Telefon: (030) 78 90 26 00
www.berlinischegalerie.de

barrierefrei

U-Bahn: *Kochstraße, Hallesches Tor, Moritzplatz*
Bus: *Jüdisches Museum*

Die Berlinische Galerie ist eines der jüngsten, experimentierfreudigsten und vielgestaltigsten Museen der Hauptstadt. Sie sammelt, erforscht und präsentiert in Berlin entstandene Bildende Kunst (Malerei, Grafik, Skulptur, Multimedia), künstlerische Fotografie, Architektur, Stadtplanung und Künstlernachlässe von 1870 bis heute.

Nach 30 Jahren ohne eigenes Haus bezog das Landesmuseum, das 1975 als privater Verein engagierter Bürger in Westberlin gegründet wurde, im Jahre 2004 ein umgebautes Glaslager in unmittelbarer Nachbarschaft zum Jüdischen Museum.

Verortet zwischen Kiez und Metropole bietet das Museum eine Auswahl seiner international renommierten Sammlung aus 600.000 Objekten auf 4.600 Quadratmetern.

Die Dauerausstellung zeigt die „alten" Secessionisten und die Jungen Wilden, Dada und Fluxus, Expressionismus und Neue Sachlichkeit, die osteuropäische Avantgarde der 1920er Jahre, Berlin unterm Hakenkreuz, Stadt und Welt unter den Trümmern des Krieges, DDR-Berlin und Westberlin sowie Berlin vereint.

Die ständige Sammlung wird flankiert durch Wechselausstellungen aller Genres, die Reihe „jetzt | now" mit aktuellen Arbeiten der internationalen Künstlerschaft Berlins und Aktivitäten zur Förderung des künstlerischen Nachwuchses.

Berlinische Galerie – State Museum of Modern Art, Photography and Architecture
Berlin Arts from 1870 to the Present

Berlinische Galerie –
State Museum of Modern Art,
Photography and Architecture
Alte Jakobstraße 124–128, 10969 Berlin
Info telephone: (030) 78 90 26 00
www.berlinischegalerie.de

handicapped accessible

Underground: *Kochstraße, Hallesches Tor, Moritzplatz*
Bus: *Jüdisches Museum*

The Berlinische Galerie is one of the capital's newest, most experimental and varied museums. The museum collects, researches and exhibits art created in Berlin, including fine art (painting, graphic art, sculpture, multimedia pieces), photography, architecture, urban planning and artists' estates. The collection covers the period from 1870 to the present day.

The museum was founded in 1975 as a private organization by committed residents in West Berlin. After nearly 30 years without a building of its own, the Berlin Gallery re-opened in October 2004 in a completely refurbished glass warehouse, just 150 meters from the Jewish Museum Berlin.

It now occupies 4,600 square meters of exhibition space, where it displays selections from its internationally renowned collection of 600,000 pieces.

The permanent exhibition covers the "old" secessionists and the young "wild ones", Dada and Fluxus, Expressionism and New Functionalism, the Eastern European avant-garde of the 1920s, Berlin under the Nazis, the city and world under the ruins of war, communist East Berlin, West Berlin and the united Berlin.

The permanent exhibition is flanked by special exhibitions from all genres, the "jetzt | now" series of current work by Berlin's international artists' community, and events to encourage up-and-coming new artists.

Das Märkische Museum
Die Geschichte Berlins in einem eindruckvollen Gebäude der Jahrhundertwende

Märkisches Museum
Am Köllnischen Park 5, 10179 Berlin
Info-Telefon: (030) 24 00 21 62
www.stadtmuseum.de

bedingt barrierefrei

U-Bahn: *Märkisches Museum, Jannowitzbrücke*
S-Bahn: *Jannowitzbrücke*
Parkmöglichkeiten am Museum

Das Märkische Museum dokumentiert als Teil der Stiftung Stadtmuseum Berlin die Geschichte und Kulturentwicklung Berlins vom Mittelalter bis zur Gegenwart.

Das Märkische Museum ist heute das Stammhaus der Stiftung Stadtmuseum Berlin – Landesmuseum für Kultur und Geschichte Berlins, zu der unter anderem auch das Knoblauchhaus, das Ephraim-Palais und die Nikolaikirche gehören, sehenswerte Gebäude im Nikolaiviertel, in denen neben ständigen Sammlungen Sonderausstellungen gezeigt werden. Der 1899 bis 1908 nach Plänen von Ludwig Hoffmann errichtete historische Gebäudekomplex des Märkischen Museums ist geprägt von märkischen Architekturvorbildern der Gotik und Renaissance. Vor dem Haupteingang des Museums steht eine Nachbildung des Brandenburger Rolands von 1474.

Die Dauerpräsentation „... schaut auf diese Stadt! – Die Geschichte Berlins im Märkischen Museum" bietet in historischen Rundgängen Einblick in die Geschichte Berlins – vom bronzezeitlichen Hortfund bis zum Plakat der Nachkriegszeit. Die Ausstellung hat unter anderem folgende Themenschwerpunkte: Topographie des Stadtraums, Handwerk und Industrie, Kommunalgeschichte, Berlin als königliche Residenz, die Berlinerinnen und Berliner, das Kaiserliche Berlin und Berlin im Zwanzigsten Jahrhundert.

Besonderheiten des Museums sind die stimmungsvoll rekonstruierten historischen Räume, zum Beispiel die „Gotische Kapelle", in der mittelalterliche Sakralplastik gezeigt wird. Die Große Halle, der Innungssaal und die Waffenhalle lassen auch heute noch den Stolz der Gründer des Museums auf die Vergangenheit Berlins erkennen. Auch das Kaiserpanorama, eine Apparatur, durch die dreidimensionale Fotografien von Altberlin betrachtet werden können, und die historischen Automatophone, mechanische Musikinstrumente, die sonntags um 15.00 Uhr den Besuchern vorgeführt werden, sind Attraktionen des Museums, dessen engagiertes Personal gerne die Exponate erläutert.

The Märkische Museum
Berlin History in an Impressive Turn of the Century-Building

Märkisches Museum
Am Köllnischen Park 5, 10179 Berlin
Info telephone: (030) 24 00 21 62
www.stadtmuseum.de

limited handicapped accessibility

Underground: *Märkisches Museum, Jannowitzbrücke*
Railway: *Jannowitzbrücke*
parking available near the museum

The Märkisches Museum is part of Berlin's city museum foundation. It documents the history and culture of Berlin from the Middle Ages to the present day.

The museum is the central institution of the Foundation for Berlin City Museums | State Museum for the Art and History of Berlin, which also administers the Knoblauch House, the Ephraim Palace, the Nikolai Church, historical buildings in the Nikolai quarter. The museum has both a permanent collection as well as mounting special exhibitions. The Märkisches Museum was built by Ludwig Hoffmann between 1899 and 1908. It is an architectural pastiche comprising examples of Gothic and Renaissance architecture from Mark Brandenburg. A copy of the Brandenburg Roland statue of 1474 stands in front of the main entrance to the building.

The permanent exhibition is called "Look at this City - the History of Berlin in the Märkisches Museum". A tour provides a look at Berlin's history from Bronze Age treasures to post-war posters. The exhibition is divided into thematic segments like topography of the city, trade and industry, local history, Berlin as royal residence, the Berliners, imperial Berlin and Berlin in the 20th century.

Some of the special attractions are the atmospheric re-constructions of historic rooms, such as the "Gothic Chapel", which holds a collection of medieval church sculpture. Even today, the great hall, the trade hall and the weapons hall are evidence of the museum founder's pride in Berlin's history.

Additional attractions include the Imperial Panorama, an apparatus for viewing three-dimensional photographs of old Berlin and the historical automatophones, mechanical musical instruments that are demonstrated for visitors Sundays at 3 p.m.

Das Museum für Fotografie
Helmut Newton Stiftung

Museum für Fotografie
Jebensstraße 2, 10623 Berlin
Info-Telefon: (030) 31 86 48 25
www.helmut-newton-stiftung.org

barrierefrei

U- und S-Bahn, Bus: *Bahnhof Zoologischer Garten*
Parkmöglichkeiten vor dem Museum

Das neueste Museum der Staatlichen Museen zu Berlin zeigt neben einer ständigen Ausstellung persönlicher Gegenstände, Bücher und Plakate von Helmut Newton eine wechselnde Auswahl aus seinem fotografischen Werk. Im noch nicht wieder vollständig ausgebauten dritten Geschoss des Museums für Fotografie werden Sonderausstellungen zu weiteren zeitgenössischen Fotografen gezeigt.

Im Sommer 2004 eröffnete im historischen Casino-Gebäude der Landwehr am Bahnhof Zoologischer Garten das Museum für Fotografie – Helmut Newton Stiftung. Die Eröffnungsausstellungen „Us and Them" und „Sex and Landscapes", eine persönlich geprägte Auswahl aus dem umfassenden Werk des bedeutenden, aus Berlin stammenden Fotografen Helmut Newton, wurde innerhalb eines Jahres von 200.000 Besuchern gesehen. Sie ist inzwischen durch eine Auswahl aus den Auftragsarbeiten Newtons für die Tagespresse und Zeitschriften abgelöst worden („Yellow Press" und „Playboy Projections"), weitere Auswahl-Ausstellungen werden folgen.

Die ständige Ausstellung „Private Property" im Erdgeschoss zeigt persönliche Gegenstände Helmut Newtons wie seine Kameraausrüstung, Teile seiner Bibliothek und des Büros in Monte Carlo, sein Auto, Notizbücher, knapp 100 Plakate seiner Ausstellungen von 1975 bis heute sowie zahlreiche Publikationen zum fotografischen Werk. Die enge Beziehung des Fotografen zu seiner Heimatstadt Berlin, die er 1938 verlassen musste, wird durch Originalfotografien aus seiner Kindheit und Jugend illustriert. Im zweiten Geschoss ist in großen Sälen die Wechselausstellung mit Video-Raum untergebracht. Durch filmische Dokumente wird das Entstehen der Newtonschen Bildwelten veranschaulicht.

Das Museum hat durch den besonderen Charakter des historischen Gebäudes, auch durch die Art der Präsentation der überwiegend großformatigen Fotografien, einen ganz besonderen Reiz. Ein „Helmut Newton Shop", ein gut sortierter Buchladen für Fotografie und ein Museums-Café runden das Angebot ab.

Außenansicht des Museums für Fotografie
Exterior view of Museum for Photography

The Museum for Photography
Helmut Newton Foundation

Museum for Photography
Jebensstraße 2, 10623 Berlin
Info telephone: (030) 31 86 48 25
www.helmut-newton-stiftung.org

handicapped accessible

Underground, Railway and Bus: *Bahnhof Zoologischer Garten*
paid parking available

The newest museum in the Berlin State Museums groups has a permanent exhibition of Helmut Newton's personal effects, books and posters, and changing selections of Newton's photographs. The third floor of the building houses special exhibitions of contemporary photography.

The museum opened in the summer of 2004 in the historical Landwehr Casino building near Zoologischer Garten station. The opening shows "Us and Them" and "Sex and Landscapes", a selection of personal photos taken by Berlin's most famous photographer, Helmut Newton, attracted 200,000 visitors in the first year. That was followed by exhibitions of Newton's work for magazines and newspapers ("Yellow Press" und "Playboy Projections"), with additional exhibitions to follow.

The ground floor holds a permanent display, "Private Property", of Helmut Newton's personal effects such as his camera equipment, sections of his library and office in Monte Carlo, his car, notebooks and almost 100 posters of his exhibitions from 1975 to the present, as well as numerous photographic publications. Original photographs from Newton's childhood and youth illustrate the photographer's close relationship to Berlin, which he was forced to leave in 1938.

Spacious halls on the second floor of the building offer changing selections of Newton's work. A video presentation gives a behind the scenes look at how Newton's photographic world was created.

The special character of the historic building, as well as the way in which the mostly large blow-ups of the photographs are presented, combined with a "Helmut Newton" shop, a well-stocked photography bookshop and a cozy café make this museum well worth a visit.

Das Bauhaus-Archiv Berlin
Museum für Gestaltung

Bauhaus-Archiv Berlin
Klingelhöferstraße 14, 10785 Berlin
Info-Telefon: (030) 25 40 02 78
www.bauhaus.de

barrierefrei

U-Bahn: *Nollendorfplatz*
Bus: *Nordische Botschaften/Adenauer-Stiftung*
Parkmöglichkeiten am Museum

Das Bauhaus-Archiv Berlin zeigt in seiner ständigen Ausstellung einen Querschnitt aus dem gesamten Spektrum seiner weltweit umfangreichsten Sammlung zum Bauhaus: Möbel, Metallobjekte, Keramik, Textilkunst, Fotografie, Architekturpläne und -modelle, Malerei und Grafik.

Das Bauhaus (1919 bis 1933) war die bedeutendste Schule für Design, Architektur und Kunst im 20. Jahrhundert, es beeinflusst die Gestaltung bis heute. Das Bauhaus-Archiv Berlin wurde 1960 gegründet und umfasst zahlreiche Nachlasse ehemaliger Bauhaus-Künstler. In seiner Sammlung sind Werke von Walter Gropius, Paul Klee, Lyonel Feininger, Wassily Kandinsky, Oskar Schlemmer, László Maholy-Nagy und Ludwig Mies van der Rohe vertreten.

Das Gebäude des Bauhaus-Archivs Berlin ist von 1976 bis 1978 nach einem Entwurf des 1969 verstorbenen Walter Gropius errichtet worden. Es besteht aus zwei Trakten, deren nach Norden ausgerichtete Oberlicht-Dächer das Gebäude prägen.

In der ständigen Ausstellung im Untergeschoss wird eine beeindruckende Auswahl aus allen Bereichen und Werkstätten des Bauhauses gezeigt. Schwerpunktbereiche sind Möbel und andere Gebrauchsgegenstände, Fotografie und Architektur. Einzelnen Künstlern gewidmete Sonderausstellungen und ein „Bauhausshop" mit Neuauflagen von Bauhaus-Klassikern zum Verkauf ergänzen das Museums-Angebot.

The Bauhaus Archives Berlin
Museum of Design

Bauhaus Archives Berlin
Klingelhöferstraße 14, 10785 Berlin
Info telephone: (030) 25 40 02 78
www.bauhaus.de

handicapped accessible

Underground: *Nollendorfplatz*
Bus: *Nordische Botschaften/Adenauer-Stiftung*
parking lot at museum

The permanent exhibition of the Bauhaus Archives Berlin is a selection from what is the world's largest collection of Bauhaus related objects in the world. It includes furniture, metal objects, weaving, ceramics, photography, architecture, painting and graphic works.

Bauhaus (from 1919 to1933) was arguably the twentieth century's most important school of design, architecture and art. Its tenets and products continue to influence design right up to the present day. The Bauhaus Archives Berlin were founded in 1960. The heart of the collection are the estates of several Bauhaus artists. This includes work by Walter Gropius, Paul Klee, Lyonel Feininger, Wassily Kandinsky, Oskar Schlemmer, László Moholy-Nagy and Ludwig Mies van der Rohe.

The building housing the Bauhaus Archives Berlin was constructed between 1976 and 1978 on the basis of a design by Walter Gropius, who died in 1969. The building comprises two wings. Its appearance is marked by its north-facing skylights.

The permanent exhibition in the basement shows an impressive selection from the various Bauhaus schools and workshops. The focus is on furniture and other practical objects, photography and architecture. Special exhibitions dedicated to individual artists and a Bauhaus shop that sells new versions of classic Bauhaus objects as well as other modern design items round out the museum's offering.

Modell des Bauhauses in Dessau
Model of the Bauhaus in Dessau

Ausstellung über den Unterricht von Oskar Schlemmer am Bauhaus
Exhibition on Oskar Schlemmer's classes at Bauhaus

Die Museen am Schloss Charlottenburg

Das Schloss Charlottenburg ist als Ensemble von Schloss und Parkanlage (Barockgarten, englischer Landschaftspark, Mausoleum der Königin Luise, Schinkel-Pavillon und Belvedere) zurecht eine der Hauptattraktionen Berlins. Der besondere Charakter dieser historischen Schlossanlage und die Vielfalt des Angebots für den Besucher (Teile der reich ausgestatteten Räume sind nur im Rahmen von Führungen zu besuchen) überschreiten den Rahmen dieses Museumsführers. Vorgestellt werden sollen hier die Museen in unmittelbarer Nähe des Schlosses, die Charlottenburg zu einem Zentrum der Sammler-Museen in Berlin gemacht haben.

1983 wurde in einem zum Charlottenburger Schlossensemble gehörenden ehemaligen Kasernengebäude das Bröhan-Museum als Landesmuseum für Jugendstil, Art Déco und Funktionalismus eröffnet. 1996 folgte im westlichen Stüler-Bau das Museum Berggruen. Auch der weitere kuppelgekrönte Stüler-Bau (östlich gegenüber gelegen, hier befand sich lange das Ägyptische Museum mit der Nofretete) wird nach einer Grundsanierung 2007/2008 ein Sammler-Museum aufnehmen. Die Privatsammlung Scharf-Gerstenberg wird dort mit Meisterwerken des Surrealismus und französischer Kunst seit 1900 zu sehen sein.

17 Museum Berggruen

18 Bröhan-Museum

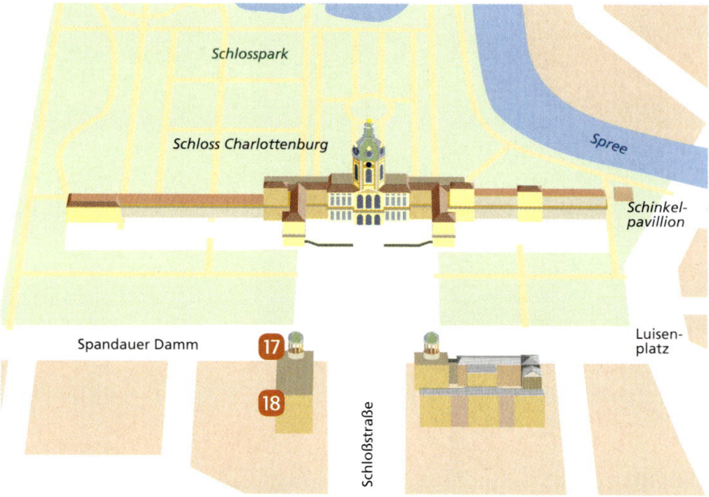

The Museums near Charlottenburg Palace

Charlottenburg Palace is an ensemble of palace and gardens (Baroque style gardens, English landscaped gardens, a mausoleum of the Queen Luise, the Schinkel pavilion and the Belvedere) that is one of the main attractions of Berlin. The special character of this historical site and the variety of attractions for the visitor (access to some parts of the palace only with a guided tour) are beyond the scope of this guide. However, we would like to mention some of smaller collections nearby that have made Charlottenburg a center of museum collections in Berlin.

The Bröhan State Museum for Art Nouveau, Art Deco and Functionalism was opened in 1983 in a former palace barracks. It bears the name of Karl Bröhan, who donated his private collection, including fine arts and applied art, to the city of Berlin. The Berggruen Museum opened in 1996 in the western outbuilding designed by Stüler. The other domed Stüler building opposite the palace on the east, which long housed the Egyptian Museum, will also be home to a private collection. After a thorough restoration of the building, the Scharf-Gerstenberg collection of French paintings and graphic arts of the 20th century will open there in 2007/2008.

17 Museum Berggruen

18 Bröhan Museum

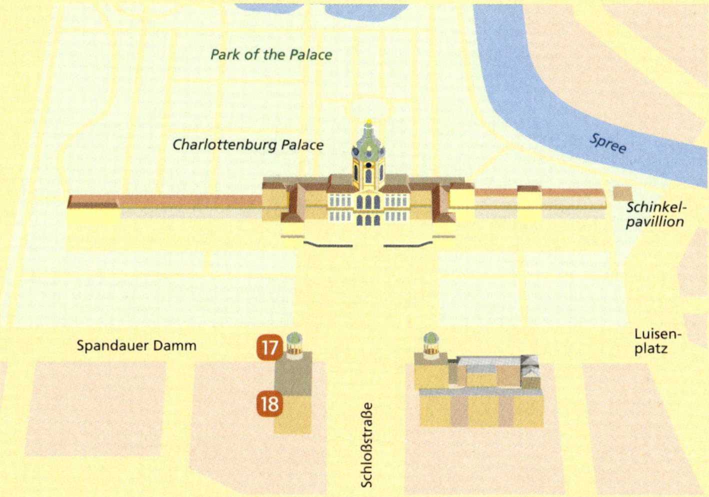

Das Museum Berggruen
Picasso und seine Zeit

Museum Berggruen
Schlossstraße 1, 14059 Berlin
Info-Telefon: (030) 32 69 58 15
www.smb.spk-berlin.de

barrierefrei

U-Bahn: *Sophie-Charlotte-Platz, Richard-Wagner-Platz*
Bus: *Schloss Charlottenburg*
Parkmöglichkeiten in der Nähe des Museums

Das Museum zeigt die Sammlung von Heinz Berggruen: Werke vor allem von Pablo Picasso, Paul Klee, Alberto Giacometti und Henri Matisse.

Der Kunsthändler Heinz Berggruen, der 1936 Berlin aufgrund der nationalsozialistischen Herrschaft verlassen musste, hat in über 30 Jahren eine beachtliche Sammlung von Werken der Klassischen Moderne zusammengetragen. Picasso, der mit Heinz Berggruen befreundet war, steht im Zentrum der Sammlung, die Berggruen den Staatlichen Museen zu Berlin übereignet hat. Neben 85 Gemälden, Skulpturen, Gouachen und Zeichnungen, die einen Überblick über das vielfältige Oeuvre Picassos bieten, bilden 55 Werke von Paul Klee den zweiten Schwerpunkt der Sammlung. Einen dritten Schwerpunkt ergeben 15 Gemälde, Zeichnungen, Papierschnitte und Plastiken von Henri Matisse. Dieser wird ergänzt durch Gemälde von Braque sowie Plastiken von Laurens und Giacometti.

Im Erdgeschoss des Museums, dessen zentrale Treppenanlage den Blick bis zur Kuppel freigibt, sind die Arbeiten von Matisse und Frühwerke von Picasso sowie einige Objekte afrikanischer Kunst zu betrachten. Das erste Obergeschoss des Museums ist ebenfalls Picasso sowie Braque und Laurens gewidmet. Im zweiten Obergeschoss beeindrucken die Werke von Klee und Giacometti.

Museum
Berggruen

The Museum Berggruen
Picasso and his Era

Museum Berggruen
Schlossstraße 1, 14059 Berlin
Info telephone: (030) 32 69 58 15
www.smb.spk-berlin.de

handicapped accessible

Underground: *Sophie-Charlotte-Platz, Richard-Wagner-Platz*
Bus: *Schloss Charlottenburg*
parking available near museum

This museum exhibits the collection of Heinz Berggruen, primarily works by Pablo Picasso, Paul Klee, Alberto Giacometti and Henri Matisse.

In the course of 30 years, art dealer Heinz Berggruen, who was forced to leave Berlin in 1936 during the Nazi regime, assembled an impressive collection of classic modern art. Berggruen was a personal friend of Picasso, and it is the French artist's work that forms the core of the collection, which Berggruen donated to Berlin and its State Museums.

85 paintings, sculptures, gouache watercolors and drawings provide a cross section of the diversity of Picasso's art. The collection also boasts 55 works by Paul Klee and 15 paintings, sculptures, papercuts and drawings by Henri Matisse. You can also see paintings by Georges Braque and sculptures by Henri Laurens and Alberto Giacometti.

On the ground floor of this exceptional domed building, you'll find the works of Matisse, early works of Picasso and a small selection of African Art. The next floor up is also dedicated to Picasso, as well as Braque and Laurens. On the top floor you'll find the artworks of Klee and Giacometti.

Blick in die Rotunde mit Alberto Giacometti,
Großer Stehender Akt/Stehende Frau III, Bronze, 1960
View into rotunda with Albeto Giaccometti sculpture,
Large Standing Nude/Standing Woman III, Bronze, 1960

Das Bröhan-Museum
Landesmuseum für Jugendstil, Art Déco und Funktionalismus (1889 bis 1939)

Bröhan-Museum
Schlossstraße 1a, 14059 Berlin
Info-Telefon: (030) 32 69 06 22
www.broehan-museum.de

barrierefrei

U-Bahn: *Sophie-Charlotte-Platz, Richard-Wagner-Platz*
Bus: *Schloss Carlottenburg*
Parkmöglichkeiten in der Nähe des Museums

Das Bröhan-Museum zeigt Porzellan, Keramik, Metall und Glas als Ensemble mit Möbeln, Teppichen, Lampen und Gemälden aus Jugendstil, Art Déco und Funktionalismus.

Das Museum trägt den Namen des Sammlers Karl H. Bröhan, der 1981 seine Privatsammlung - Objekte der bildenden und angewandten Kunst vom Jugendstil bis zum Funktionalismus - der Stadt Berlin schenkte.

„Der Hafen", Walter Leistikow, Öl/Leinwand, um 1895
„The Harbor", Walter Leistikow, oil on canvas, ca. 1895

„Spiegel mit Frauenkopf", Franz Hagenauer, Werkstätten Hagenauer, Wien, um 1930
„Mirrow with Lady's Head", Franz Hagenauer, Workshop Hagenauer, Vienna, ca. 1930

Ungewöhnlich ist die Präsentation der Exponate als Raumkunstensembles: Kunstobjekte und Gebrauchsgegenstände aus Porzellan, Metall, Glas und Keramik werden in Kombinationen mit Möbeln, Teppichen, Lampen und Gemälden des jeweiligen Stils ausgestellt.

Im Erdgeschoss werden Raumensembles mit französischen Möbeln des Art Nouveaus und Art Décos, Einzelstücke von deutschen Künstlern wie Richard Riemerschmid und Bruno Paul, Porzellan aus deutschen, französischen und skandinavischen Manufakturen, Jugendstil-Glas und eine Keramiksammlung gezeigt. Auch eine Auswahl aus der umfangreichen Gemäldesammlung der Berliner Secession (Hagemeister, Baluschek, Jaeckel und Leistikow) ist zu sehen.

Das erste Obergeschoss ist für hochkarätige Sonderausstellungen aus dem Sammlungsgebiet des Museums reserviert. Im dritten Obergeschoss werden in einem großen Ausstellungsraum mit umlaufender Galerie Luxus- und Gebrauchsobjekte gezeigt. Zwei kleinere Kabinette sind dem belgischen Jugendstilkünstler Henry van de Velde und dem Wiener Secessionskünstler Josef Hoffmann gewidmet.

The Bröhan Museum
State Museum of Art Nouveau, Art Deco and Functionalism (from 1889 to 1939)

Bröhan Museum
Schlossstraße 1a, 14059 Berlin
Info telephone: (030) 32 69 06 22
www.broehan-museum.de

handicapped accessible

Underground: *Sophie-Charlotte-Platz, Richard-Wagner-Platz*
Bus: *Schloss Charlottenburg*
parking available near museum

The museum displays porcelain, ceramics, metal and glass in ensemble settings with furniture, carpets, lamps and paintings from the Art Nouveau, Art Deco and Functionalism epochs.

The museum bears the name of collector Karl H. Bröhan, who donated his private collection - objects of fine and applied art from Art Nouveau to Functionalism - to the city of Berlin in 1981.

The room ensembles on the ground floor display French Art Nouveau and Art Deco furniture, selected pieces by German artists such as Richard Riemerschmid and Bruno Paul, porcelain by German, French and Scandinavian manufacturers, Art Nouveau glass work and a ceramics collection. One room is dedicated to a selection of works by the artists of Berlin's New Secession (Baluschek, Hagemeister, Jaeckel and Leistikow).

The first upper floor is reserved for special exhibitions relating to the areas covered by the museum's collections. The next floor is occupied by a large exhibition hall with a surrounding gallery displaying luxury and functional art objects. Two other rooms are dedicated to Belgian Art Nouveau artist Henry van der Velde, and Josef Hoffmann, an artist of the Vienna Secession.

Die Museen Dahlem
Weltkultur im Weltformat

Museen Dahlem
Lansstraße 8, 14195 Berlin
Info-Telefon: (030) 83 01 438 / (030) 83 010
www.smb.spk-berlin.de

barrierefrei

U-Bahn: *Dahlem Dorf*
Parkmöglichkeiten vor dem Museum

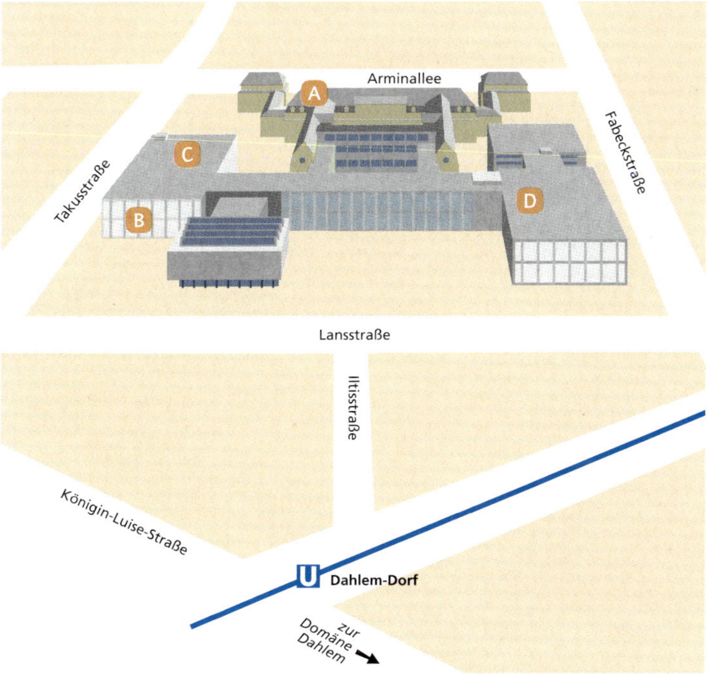

- A Museum Europäischer Kulturen
- B Museum für Indische Kunst
- C Museum für Ostasiatische Kunst
- D Ethnologisches Museum

Die Staatlichen Museen zu Berlin sind in Dahlem mit vier Museen vertreten. Schwerpunkt sind die außereuropäischen Sammlungen des Ethnologischen Museums, des Museums für Indische Kunst und des Museums für Ostasiatische Kunst. Seit 2005 ist im Altbau des Museumskomplexes das Museum für Europäische Kulturen integriert. Höhepunkte der Museen in Dahlem sind die neue Afrika-Präsentation und die größte Amerika-Sammlung außerhalb des amerikanischen Kontinents im Ethnologischen Museum. Auch die weltweit einzigartige Rekonstruktion einer buddhistischen Kulthöhle mit originalen Wandmalereien im Museum für Indische Kunst gehört zu den Höhepunkten des Museumszentrums in Dahlem.

Das **Ethnologische Museum** geht auf die 1805 erstmals erwähnte „Sammlung von außereuropäischen Seltenheiten" als Teil der Kunstkammer im Berliner Schloss zurück. Als Königliches Museum für Völkerkunde bekam es 1886 in Nähe des heutigen Martin-Gropius-Baus ein eigenes Haus. Der Museumsbau und Teile der Sammlung gingen im Krieg verloren. Heute gehört das Ethologische Museum weltweit zu den größten und bedeutendsten Häusern seiner Art. 500.000 Kulturzeugnisse aus allen Erdteilen, ethnografische Filme, ein Phonogrammarchiv, das Teil des UNESCO-Welterbes ist, und 300.000 Fotodokumente sind Bestandteile der Sammlung. Zu den Einrichtungen des Museums gehören ein Junior- und ein Blindenmuseum.

Die Ausstellung **Amerikanische Archäologie** präsentiert die Vielfalt der vorspanischen Kulturen Meso-, Zentral- und Südamerikas, von 2000 v. Chr. bis zur ersten Hälfte des 16. Jahrhunderts. Neben einmaligen Reliefstelen aus Guatemala sind unter anderem bemalte Tongefäße der Maya, aztekische Götterfiguren aus Stein und in einer „Goldkammer" ein Ensemble von Goldobjekten aus Mittelamerika, Kolumbien und Peru zu sehen.

Zu den Höhepunkten des Museums gehört die berühmte, 1999 neu präsentierte **Nordamerika-Sammlung**. Eine Auswahl bedeutender Kunstgegenstände informiert in fünf regionalen Abschnitten - Prärien und Plains, Südwesten, Kalifornien, Nordwestküste, Arktis - über die Vielfalt indianischer Kulturen in Nordamerika. Zu den Prunkstücken gehören unter anderem bemalte Bisonroben, die Prinz Maximilian zu Wied 1834 von seiner Reise nach Nordamerika mitbrachte. Doch endet die Ausstellung nicht in der Vergangenheit, sondern vermittelt auch die aktuelle Situation der Indianer Nordamerikas.

Auch die **Südsee-Abteilung** beeindruckt durch die Vielzahl der Objekte aus Ozeanien und Australien, vor allem aber durch die über zwei Stockwerke reichende Präsentation von Originalhäusern und neun Originalbooten

Ngil-Maske, Holz, Kalkfarbe, 19. Jahrhundert
Ngil mask, wood, whitewash, 19th century

aus der Südsee. Ein großes Doppelrumpfboot von den Tonga-Inseln kann sogar betreten werden. Film- und Tondokumente und eine effektvolle Präsentation der Ausstellungsobjekte lassen den Besucher eintauchen in die Kultur der Südsee.

Die Mitte 2005 neugestaltete Ausstellung zur **Kunst Afrikas** präsentiert eine hochkarätige Sammlung von 180 Meisterwerken aus fünf Jahrhunderten. Sie gliedert sich in vier große Bereiche: 1. Aspekte der Kunstgeschichte Afrikas, 2. Figurale Plastik, 3. Performance, 4. Design. Aufgrund der neuen Ausstellungskonzeption, bestimmt von abgedunkelten Räumen und optimal ausgeleuchteten Objekten, können die Kunstwerke von sich aus wirken. Zu sehen sind Bronzearbeiten aus Benin, Musikinstrumente und Masken aus Kamerun, Zauber- und Ahnenfiguren sowie künstlerisch gestaltete Gebrauchsgegenstände. Ethnologische Filmaufnahmen veranschaulichen die rituelle Bedeutung vieler Kunstgegenstände. Die mehr als 75.000 Objekte umfassende Sammlung des Museums gehört zu den größten Afrika-Sammlungen weltweit.

Die besondere Art der Ausstellungsgestaltung und die Wirkung der vor allem sakralen Ausstellungsobjekte machen den Besuch des Museums für **Indische Kunst** zum Erlebnis. Die Rekonstruktion einer buddhistischen Kulthöhle mit ihren originalen Wandmalereien, die zahlreichen Buddhafiguren und hinduistischen Kunstobjekte vermitteln dem Besucher eine ganz besondere Stimmung.

Das Museum für **Ostasiatische Kunst** geht auf die 1906 erfolgte Gründung als Königlich-Preußisches Museum zurück. Es hatte ab 1924 im heutigen Martin-Gropius-Bau eigene Räume. Von allen staatlichen Berliner Museen hatte dieses Museum im II. Weltkrieg die höchsten Verluste zu verzeichnen. Die ab 1952 im Pergamonmuseum und ab 1970 in Dahlem gezeigten Bestände wurden 1992 zusammengeführt. Die Neupräsentation von 2000 stellt in umfassender Weise das Spektrum der Kunst Chinas, Japans und Koreas in jeweils eigenen Galerien aus. Im vierteljährlichen Wechsel werden besonders lichtempfindliche Objekte der Bild- und Schreibkunst gezeigt. Zu den Höhepunkten des Museums zählt die Sammlung japanischer Malerei und ostasiatischer Lackkunst des Sammlers Klaus F. Naumann. Der japanische Teeraum ist Ausstellungsobjekt, dient aber auch der Teezeremonie.

Im Eingangsbereich des Museumskomplexes an der Lansstraße befindet sich ein sehr gut sortierter Buchladen zu allen Ausstellungsbereichen.

The Dahlem Museums
World Art and Culture

Dahlem Museums
Lansstraße 8, 14195 Berlin
Info telephone: (030) 83 01 438 / (030) 83 010
www.smb.spk-berlin.de

handicapped accessible

Underground: *Dahlem Dorf*
parking available around the museum

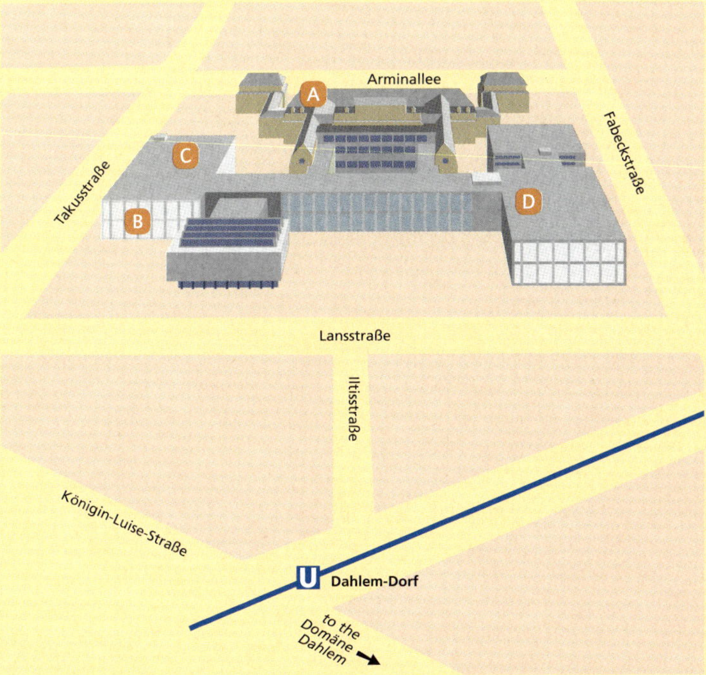

A Museum of European Cultures
B Museum of Indian Art
C Museum für East Asian Art
D Ethnological Museum

The State Museums of Berlin are represented in Dahlem by four museums: the Museum of Ethnology, the Museum of Indian Art, and the Museum of East-Asian Art all present non-European art. In 2005, the Museum of European Cultures was integrated into the museum complex. Highlights of Dahlem's museum center include the Museum of Ethnology's new African exhibition and the largest collection of American art outside the Americas, as well as the reconstruction of a Buddhist worship cave with original wall paintings in the Museum of Indian Art.

The first mention of the **Museum of Ethnology** in 1805 refers to its "collection of non-European curiosities" as part of the Royal Prussian art collection housed in the Palace of Berlin. In 1886, the collection got its own building near the site of today's Martin Gropius Building. The building and parts of the collection were destroyed during World War II. Today, Berlin's Museum of Ethnology is among the largest and most important museums of its kind in the world, with about 500,000 objects representing cultures from all over the world. It also has a collection of ethnological films, 300,000 photographs and an archive of sound recordings that is part of the UNESCO world heritage. The museum includes a Junior Museum and a Museum for the Blind.

The department of **American archaeology** presents a full range of pre-Columbian cultures in Central and South America, from 2000 B. C. to the early 16th century. In addition to precious carved stelas from Guatemala, the exhibits include Mayan painted clay pots and Aztec stone God figurines. There is a separate room displaying gold artifacts from Central America, Colombia and Peru.

The museum's renowned **North America collection** was reworked and went back on display in 1999. A selection of typical objects gives the visitor insight into the diversity of native cultures in North America. The exhibition is divided into five geographic sections – the plains, the southwest, California, the northwest coast, and the Arctic. Among the real treasures of the collection are the painted bison robes that Prince Maximilian of Wied brought back form his travels to North America in 1834. However, the exhibition doesn't restrict itself to the past. There is also information on the current situation of Native Americans.

The **South Pacific exhibition** is impressive in the quality and quantity of artifacts from Oceania and Australia. But a special highlight is the two-story display of original houses and nine original boats from the South Seas. Visitors can actually climb aboard the large twin-hulled boat from Tonga. Film and sound recordings further enhance the display, allowing the visitor to immerse himself in South Sea culture.

The **Africa section** was redesigned in 2005. It presents 180 masterpieces covering five centuries of African art and culture. It is structured in four sections: aspects of African art history, figurative sculpture, performance and design. The new exhibition design is marked by dim rooms and effectively lighted displays, allowing the artworks to unfold to full effect. Among the exhibits are bronze work from Benin, music instruments and masks from Cameroon, and magical and ancestral figures, as well as decorated utility objects. Ethnological film footage illustrates the ritual significance of the art objects. The 75,000 objects in the museum's collection make it one of the largest collections of African art in the world.

Visiting the Museum of **Indian Art** is a very special experience. The exhibition is of primarily religious artifacts, including Hindu art, Buddha statues and a unique reconstruction of a Buddhist worship cave with original wall paintings.

The Museum of **East Asian Art** traces its history to the Royal Prussian Museum founded in 1906. It was granted its own space in 1924 in the Martin Gropius building. This museum suffered the heaviest losses of all the Berlin museums in World War II. The museum collections shown in the Pergamon Museum beginning in 1952 and in Dahlem beginning in 1970 were merged in 1992. The redesigned permanent exhibition went on display in 2000 with exhibits of the art and cultures of China, Japan and Korea, each in its own hall. Particularly light-sensitive paintings and calligraphy are shown in three-month rotations. One of the highlights of the museum is a collection of Japanese paintings and East Asian lacquer objects. A Japanese tearoom is part of the exhibition, and is also used to demonstrate a Japanese tea ceremony.

The Dahlem Museum complex also houses a bookshop carrying a wide selection of books relating to all sections of the museums.

Kopf eines Buddha, Holz, bemalt und vergoldet, 5./6. Jahrhundert
Head of Buddha, painted and gilded wood, 5th/6th century

Weitere Museen, Schlösser und Sammlungen in Berlin und Potsdam

Additional Museums, Palaces and Collections in Berlin and Potsdam

Berlin

Akademie der Künste *Arts Academy*
Pariser Platz 4, 10117 Berlin
Info-Telefon: (030) 20 05 71 000
www.adk.de

Alliierten Museum *Allied Museum*
Clayallee 135, 14195 Berlin
Info-Telefon: (030) 81 81 990
www.alliiertenmuseum.de

Anne Frank Zentrum Berlin e.V. *Anne Frank Center*
Rosenthaler Straße 39, 10178 Berlin
Info-Telefon: (030) 30 87 29 88
www.annefrank.de

Berliner U-Bahn-Museum *Berlin Subway Museum*
Rossitter Platz 1, 14053 Berlin
Info-Telefon: (030) 25 62 71 71
www.ag-berliner-u-bahn.de

Botanischer Garten und Museum *Botanical Garden and Museum*
Königin-Luise-Straße 6–8, 14195 Berlin
Info-Telefon: (030) 83 85 01 00
www.botanischer-garten-berlin.de

Brücke-Museum
Bussardsteig 9, 14195 Berlin
Info-Telefon: (030) 83 12 029
www.bruecke-museum.de

Centrum Judaicum
Oranienburger Straße 28 - 30, 10117 Berlin
Info-Telefon: (030) 88 02 83 00
http://mysql.snafu.de/cjudaicum/index.html

DaimlerChrysler Contemporary
Alte Potsdamer Straße 5, Haus Huth, 10785 Berlin
Info-Telefon: (030) 25 94 14 20
www.sammlung.daimlerchrysler.com

Denkmal für die ermordeten Juden Europas
Memorial to the Murdered Jews of Europe
Cora-Berliner-Straße 1, 10117 Berlin
Info-Telefon: (030) 20 07 660
www.stiftung-denkmal.de

Deutsche Guggenheim Berlin
Unter den Linden 13 - 15, 10117 Berlin
Info-Telefon: (030) 20 20 930
www.deutsche-guggenheim-berlin.de

DDR Museum
Karl-Liebknecht-Straße 1, 10178 Berlin
Info-Telefon: (030) 84 71 23 731
www.ddr-museum.de
Geschichte eines vergangenen Staates - zum Erleben und Anfassen: Alltagsleben in der DDR steht im Mittelpunkt des DDR Museums. Auf interaktive Art und Weise wird der Besucher mitgenommen in eine vergangene Welt: Wie fühlt es sich an, hinter dem Steuer eines Trabis zu sitzen? Wie wirkt die Überwachung durch den Staat? Wie tanzt man den Lipsi und ist ein DDR-Wohnzimmer bequem?
The history of a country that no longer exists. The Museum of the German Democratic Republic is all about life in the former East Germany. Using interactive tools, the visitor gets a real sense of what life was like under communist rule. You can sit behind the wheel of the legendary "Trabi", the Trabant car. You can feel what it's like to be the object of government surveillance. How do you dance the lipsi and exactly how comfortable (or uncomfortable) was an East German apartment?

Dokumentationszentrum Berliner Mauer
Berlin Wall Documentation Center
Bernauer Straße 111, 13355 Berlin
Info-Telefon: (030) 46 41 030
www.berliner-mauer-dokumentationszentrum.de

Feuerwehrmuseum Berlin *Fire Fighting Museum*
Berliner Straße 16, 13507 Berlin
Info-Telefon: (030) 38 71 09 33
www.berliner-feuerwehr.de/museum.html

Friedrichswerdersche Kirche
Werderscher Markt, 10117 Berlin
Info-Telefon: (030) 20 81 323
www.smb.spk-berlin.de

Gedenkstätte Deutscher Widerstand *German Resistance Memorial Center*
Stauffenbergstraße 13–14, 10785 Berlin
Info-Telefon: (030) 26 99 50 00
www.gdw-berlin.de

Georg-Kolbe-Museum
Sensburger Allee 25, 14055 Berlin
Info-Telefon: (030) 30 42 144
www.georg-kolbe-museum.de

Gründerzeitmuseum im Gutshaus Mahlsdorf
Hultschiner Damm 333, 12623 Berlin
Info-Telefon: (030) 56 78 329
www.gruenderzeitmuseum.de

Hanfmuseum *Hemp Museum*
Mühlendamm 5, 10178 Berlin
Info-Telefon: (030) 24 24 827
www.hanfmuseum.de

Haus der Kulturen der Welt *House of World Cultures*
John-Foster-Dulles-Allee 10, 10557 Berlin
Info-Telefon: (030) 39 78 70
www.hkw.de

Heinrich-Zille-Museum
Propststraße 11, 10178 Berlin
Info-Telefon: (030) 24 63 25 00
www.heinrich-zille-museum.de

Jagdschloss Grunewald *Grunewald Hunting Lodge*
Hüttenweg 100, 14193 Berlin
Info-Telefon: (030) 81 33 597
www.spsg.de

Käthe-Kollwitz-Museum Berlin
Fasanenstraße 24, 10719 Berlin
Info-Telefon: (030) 88 25 210
www.kaethe-kollwitz.de

Keramik-Museum Berlin *Ceramics Museum Berlin*
Schustehrusstraße 13, 10585 Berlin
Info-Telefon: (030) 90 29 12 948
www.keramik-museum-berlin.de

Kupferstichkabinett *Museum of Prints and Drawings*
Matthäikirchplatz 8, 10785 Berlin
Info-Telefon: (030) 26 62 002
www.smp.spk-berlin.de

Labyrinth Kindermuseum Berlin *Labyrinth Children's Museum Berlin*
Osloer Straße 12, 13359 Berlin
Info-Telefon: (030) 49 30 89 01
www.kindermuseum-labyrinth.de

Liebermann-Villa am Wannsee
Colomierstraße 3, 14109 Berlin
Info-Telefon: (030) 80 58 38 30
www.max-liebermann.de

MACHmit! Museum für Kinder *MACHmit! Children's Museum*
Senefelderstr. 5, 10437 Berlin
Info-Telefon: (030) 74 77 82 00
www.machmitmuseum.de

Martin-Gropius-Bau *Martin Gropius Building*
Niederkirchnerstraße 7, 10963 Berlin
Info-Telefon: (030) 25 48 60
www.berlinerfestspiele.de/gropiusbau/

Mies van der Rohe-Haus *Mies van der Rohe House*
Oberseestraße 60, 13053 Berlin
Info-Telefon: (030) 97 00 06 18
www.miesvanderrohehaus.de

Museum der Dinge *Museum of Industrial Production*
Niederkirchnerstraße 7, 10963 Berlin
Info-Telefon: (030) 25 48 69 00
www.werkbundarchiv-berlin.de

Schlossmuseum & Hotel-Restaurant am Schloss Wolfshagen

Das am Ufer der Stepenitz in Wolfshagen gelegene bedeutendste Barockschloss der Prignitz birgt heute ein Museum mit liebevoll restaurierten historischen Wohnräumen zur Wohnkultur des preußischen Landadels sowie die größte europäische Sammlung unterglasurblaugemalten Porzellans. Zum Schloss Wolfshagen gehört ein idyllisches Hotel mit Restaurant auf dem alten Gutshof.

Foelsch & Fanselow
Betreibergesellschaft GbR
Putlitzer Straße 16
19348 Wolfshagen / Prignitz
Telefon (038789) 900 54
Fax (038789) 90 00 34
info@hotel-wolfshagen.de
www.hotel-wolfshagen.de

Today the foremost baroque manor house in the Prignitz is home to a museum. Here the domestic lifestyle of the Prussian landed gentry is represented in a series of traditionally restored rooms. The museum also houses the largest collection of underglaze-blue painted porcelain in Europe. Situated in the grounds of the manor, the former farm buildings have been converted into a charming hotel and restaurant.

Museum für
Kommunikation
Berlin

FOLLOW ME...

Begegnen Sie drei charmanten Robotern.
Entdecken Sie die Geheimnisse unserer Schatzkammer.
Lassen Sie sich ein auf die Welt der Kommunikation.

Öffnungszeiten
Dienstag bis Freitag 9 – 17 Uhr
Samstag, Sonntag und Feiertag 11 – 19 Uhr

Museum für Kommunikation Berlin
Leipziger Straße 16
D-10117 Berlin-Mitte
Telefon +49 (0)30 202 94 0
Telfax +49 (0)30 202 94 111
E-Mail mk.berlin@mspt.de
www.museumsstiftung.de

Ein Museum der Museumsstiftung Post und Telekommunikation
Getragen von der Deutschen Post und der Deutschen Telekom

Museum für Kommunikation Berlin *Museum of Communication Berlin*
Leipziger Straße 16, 10117 Berlin
Info-Telefon: (030) 20 29 40
www.museumsstiftung.de/berlin

Museum für Naturkunde *Natural History Museum*
Invalidenstraße 43, 10115 Berlin
Info-Telefon: (030) 20 93 85 91
www.museum.hu-berlin.de

Museum für Vor- und Frühgeschichte *Museum for Pre- and Early History*
Schloss Charlottenburg, Langhausbau, 14059 Berlin
Info-Telefon: (030) 32 67 48 40
www.smb.spk-berlin.de

Museum im Wasserwerk *Waterworks Museum*
Müggelseedamm 307, 12587 Berlin
Info-Telefon: (030) 86 44 76 95
www.museum-im-wasserwerk.de

Musikinstrumenten-Museum *Musical Instrument Museum*
Tiergartenstraße 1, Eingang: Ben-Gurion-Straße, 10785 Berlin
Info-Telefon: (030) 25 48 11 39
www.sim.spk-berlin.de

Neue Nationalgalerie *New National Gallery*
Potsdamer Straße 50, 10785 Berlin
Info-Telefon: (030) 26 62 651
www.neue-nationalgalerie.de

Sammlung industrielle Gestaltung, Kulturbrauerei *Industrial Design Collection*
Schönhauser Allee 36–39, Eingang: Knaackstraße 97, 10435 Berlin
Info-Telefon: (030) 44 31 78 68
www.kulturbrauerei-berlin.de

Schloss Britz *Britz Palace*
Alt-Britz 73, 12359 Berlin
Info-Telefon: (030) 60 97 92 30
www.schloss-britz.de

Schloss Charlottenburg *Charlottenburg Palace*
Luisenplatz, 14059 Berlin
Info-Telefon: (030) 32 09 11
www.schlosscharlottenburg.de

Schloss und Landschaftsgarten Glienicke *Glienicke Palace and Park*
Königstraße 36, 14109 Berlin
Info-Telefon: (030) 80 53 041
www.spsg.de

Schloss und Landschaftsgarten Pfaueninsel *Peacock Island Palace and Park*
14109 Berlin
Info-Telefon: (030) 80 58 6830
www.spsg.de

Schwules Museum Berlin *Gay Museum*
Mehringdamm 61, Gartenhaus, 10961 Berlin
Info-Telefon: (030) 69 59 90 50
www.schwulesmuseum.de

Topographie des Terrors *Topography of Terror*
Niederkirchnerstraße 8, 10963 Berlin
Info-Telefon: (030) 25 48 67 03
www.topographie.de

Villa Oppenheim
Schlossstraße 55, 14059 Berlin
Info-Telefon: (030) 90 29 24 151
www.villaoppenheim.de

Zitadelle Spandau *Spandau Citadel*
Am Juliusturm, 13599 Berlin
Info-Telefon: (030) 35 49 44 200
www.zitadelle-spandau.net

Zucker-Museum *Museum of Sugar*
Amrumer Straße 32, 13353 Berlin
Info-Telefon: (030) 31 42 75 74
www.dtmb.de/Zucker-Museum

Potsdam

Albert-Einstein-Haus Caputh
Waldstraße, 14548 Caputh
Info-Telefon: (0331) 27 17 80
www.sommeridyll-caputh.de

Filmmuseum Potsdam
Marstall/Breite Straße 1A, 14467 Potsdam
Info-Telefon: (0331) 27 18 12
www.filmmuseum-potsdam.de

Haus der Brandenburgisch-Preußischen Geschichte
House of Brandenburg Prussian History
Kutschstall/Am Neuen Markt, 14467 Potsdam
Info-Telefon: (0331) 62 08 550
www.hbpg.de

Museum Alexandrowka
Russische Kolonie 2, 14469 Potsdam
Info-Telefon: (0331) 81 70 203
www.alexandrowka.de/museum.html

Potsdamer Schlösser und Parkanlagen
Palaces and Parks in Potsdam
Info-Telefon: (0331) 96 94 0
www.spsg.de

Auskunft für Behinderte
über die Berliner Häuser beim Beschäftigungswerk
des Berliner Behindertenverbandes e.V.
Info-Telefon: (030) 54 58 700
www.bbv.ev.de

über die Potsdamer Schlösser beim Besucherzentrum Sanssouci
Info-Telefon: (0331) 96 94 317

Information on handicapped accessibility
for Berlin museums and palaces please call the Berlin Association for the Handicapped
Info telephone: (030) 54 58 700
www.bbv.ev.de

for Potsdam's palaces at the Visitors' Center of Sanssouci
Info telephone: (0331) 96 94 317

Autor

Jörg Raach, Dr. phil., Dipl.-Päd., geboren 1950, tätig in der Erwachsenenbildung und Öffentlichkeitsarbeit, seit 2004 Autor und Journalist, Kontakt für Gruppenführungen über info@berliner-kulturbrief.de

Author

Jörg Raach, Ph. D, was born in 1950. He has worked in adult education and public relations, and became a writer and journalist in 2004. Contact for group tours: info@berliner-kulturbrief.de

Bildnachweis

Picture Credits

Martin Adam S. 94 f., Bauhaus-Archiv Berlin 1976–78 S. 87, Bauhaus-Archiv Berlin 1976–78, Hartwig Klappert S. 84, Berlinische Galerie, Christoph Rehbach S. 76, Bildarchiv Preußischer Kulturbesitz, Jens Ziehe S. 93, bpk, Ethnologisches Museum, Staatliche Museen zu Berlin, Martin Franken S. 98, bpk, Dietmar Katz S. 21, bpk, Gerhard Murza S. 22, bpk, Museum für Indische Kunst, Staatliche Museen zu Berlin, Iris Papadopoulos S. 103, bpk, Florian Profitlich S. 27, 52, bpk, Skulpturensammlung und Museum für Byzantinische Kunst, Staatliche Museen zu Berlin, A. Voigt S. 28, bpk, Vorderasiatisches Museum, Staatliche Museen zu Berlin, Klaus Göken S. 25, bpk, Jens Ziehe S. 40, 43, Deutsches Historisches Museum S. 39, Deutsches Historisches Museum, U. Schwarz S. 36 f., Deutsches Technikmuseum Berlin, Clemens Kirchner S. 62 f., Deutsches Technikmuseum Berlin, Jörg F. Müller S. 60, Filmmuseum Berlin, Hans Scherhaufer S. 55, 57, 59, Jürgen Flüss S. 91, Jüdisches Museum Berlin, Jens Ziehe S. 70, 72, 74, Rücktitel links, Kontur S. 2–3, 13, 15, 45 f., 88 f., 97, 101, Mauermuseum - Museum Haus am Checkpoint Charlie S. 67, 69, Pressebüro M. D. Schneider S. 117, Stefan Müller S. 81 f., Staatliche Museen zu Berlin Titel, S. 16, 18, 20, 29, 31, 34, 42, 47, 50, 54, Rücktitel rechts, Stiftung Stadtmuseum Berlin, Märkisches Museum, Christina Sieber S. 78 f.

Impressum

Herausgegeben in Zusammenarbeit mit den Staatlichen Museen zu Berlin
Das Buch wurde unterstützt von tonwelt professional media GmbH, Gürsan Acar.

L&H Verlag Berlin
Einsteinufer 63a, 10587 Berlin
Telefon (030) 34 70 95 15
Fax (030) 34 70 95 16
LH-Verlag@tsredaktion.de
www.LH-Verlag.de

Autor: Dr. Jörg Raach, Berlin

Beratung: Staatliche Museen zu Berlin, Christoffer Richartz

Redaktion: Staatliche Museen zu Berlin und
Wolfgang Henkel, Sandra Kalcher, Thies Schröder,
L&H Verlag Berlin

Übersetzung: Rebecca M. Stuart, Berlin / tonwelt professional media GmbH

Fotos: Siehe Bildnachweis auf Seite 117

Gestaltung, Karten und 3D-Grafiken: kontur, Berlin

Produktion: Druckhaus Berlin-Mitte GmbH, Berlin

Bibliografische Information der Deutschen Bibliothek
Die Deutsche Bibliothek verzeichnet diese Publikation in der Deutschen Nationalbibliografie. Detaillierte bibliografische Daten sind im Internet über http://dnb.ddb.de abrufbar.

ISBN 10 3-939629-02-2
ISBN 13 978-3-939629-02-3

1. Auflage 2007

Imprint

Published in cooperation with State Museums of Berlin
This book received from tonwelt professional media GmbH, Gürsan Acar.

Published by
L&H Verlag Berlin
Einsteinufer 63a, 10587 Berlin
Telefon +49 (0)30 34 70 95 15
Fax +49 (0)30 34 70 95 16
LH-Verlag@tsredaktion.de
www.LH-Verlag.de

Author: Dr. Jörg Raach, Berlin

Consultation: State Museums of Berlin, Christoffer Richartz

Editors: State Museums of Berlin and
Wolfgang Henkel, Sandra Kalcher, Thies Schröder,
L&H Verlag Berlin

Translation: Rebecca M. Stuart, Berlin / tonwelt professional media GmbH

Picture: See picture credits on page 117

Design, maps and 3D-Illustrations: kontur, Berlin

Production: Druckhaus Berlin-Mitte GmbH, Berlin

Bibliographical information, German National Library
This publication is registered with the German National Library. Detailed information can be accessed on the library's web site at: http://dnb.ddb.de.

ISBN 10 3-939629-02-2
ISBN 13 978-3-939629-02-3

1st printing 2007

Industriekultur in Berlin

Von Dr. Jörg Raach, Berlin
Herausgegeben vom Landesdenkmalamt Berlin
Hardcover
Mit vielen Farbfotos
Erscheinungsdatum: Februar 2007
ISBN 10: 3-939629-00-6
ISBN 13: 978-3-939629-00-9
ca. 170 Seiten, ca. 24,80 Euro

Nirgends gibt es so viele kulturelle Ausdrucksformen der Industrialisierung wie in Berlin. Keine andere Stadt kann auf so viele Zeugnisse des Industriezeitalters verweisen. Auch deshalb ist es so wichtig, dass dieses neue Buch zur Industriekultur in Berlin jetzt erscheint und damit eine Lücke im Angebot der Berlin-Bücher schließt.

Dieses Buch stellt die wichtigsten Fabrik- und Technikbauten in Text und Foto vor. So wird Geschichte lebendig und transparent – bis hin zur heutigen Nutzung dieser Bauten. Die vom Landesdenkmalamt Berlin und dem Autor Dr. Jörg Raach ausgewählten Objekte sind sowohl geschichtlich als auch architektonisch bedeutend und überliefern authentisch das Industriezeitalter.

Adler, Otter, Orchideen

Von Jörg Götting-Frosinski, Potsdam
Herausgegeben in Zusammenarbeit mit dem Landesumweltamt Brandenburg
Hardcover
Mit vielen Farbfotos und Karten
Erscheinungsdatum: Anfang Dezember 2006
ISBN 10: 3-938608-03-X
ISBN 13: 978-3-938608-03-6
300 Seiten, 16,80 Euro

100 Millionen Tagesausflügler verzeichnet Brandenburg: Sie wollen die zumeist unverbauten Landschaften erleben und neu entdecken. Dieser neue Führer lädt ein in 15 Großschutzgebiete als Modellregionen der ländlichen Entwicklung. In seinem Vorwort weist Prof. Dr. Freude als Leiter des Umweltamtes Brandenburg darauf hin, dass diese Naturausstattung in Deutschland und Europa einzigartig ist!

FOLIO SCIENCE-FICTION

Philippe Testa

L'OBSCUR

Gallimard

Né en 1966, Philippe Testa vit et travaille à Lausanne. Il est l'auteur de plusieurs romans explorant les désenchantements contemporains, dont *Sonny*, lauréat du prix du Roman des Romands 2010-2011. En parallèle de sa carrière d'écrivain, il enseigne dans un collège lausannois.

Pour Nathalie
Sur-hiérarchiser, clef du succès

Pour Mona et Agathe
Is this the end?

Toutes les créatures naissent isolées et sans aucun besoin les unes des autres : laissez les hommes dans l'état naturel, ne les civilisez point, et chacun trouvera sa nourriture, sa subsistance, sans avoir besoin de son semblable.

DONATIEN ALPHONSE FRANÇOIS DE SADE,
Histoire de Juliette ou les prospérités du vice,
Ire partie.

Eat meat feed death,
Eat shit meet death.

Slogan du XXIe siècle.

1

Je mène une vie très conforme, sans surprises et sans remous, même si – les news-break ne parlent que de ça – le monde semble de plus en plus agité. Les jours se ressemblent et ne laissent pas de traces, à peine l'attente du prochain day off. Ce sont les seuls moments où je peux sortir et m'arracher à l'immobilité qu'imposent mon job, le Global Screen, les stimulateurs, les socials. Le manque de mouvement transforme l'existence en une purée lisse, cireuse et indigeste. Bien sûr, les habitudes permettent un gain de temps et d'énergie en éloignant certaines questions inutiles. Elles évitent aussi certaines angoisses. Au cœur de la répétition se trouve une certaine forme d'apaisement et donc de stabilité émotionnelle. J'évolue en tout cas dans un univers bien défini : je me lève tous les matins à la même heure, j'effectue les mêmes trajets, je fais les courses dans les mêmes foodcourts, j'achète les mêmes produits agrémentés à l'occasion d'hydropos ou d'une de ces nouveautés que l'industrie agralim met sur le marché pour amener un peu de fantaisie dans nos existences de consommateur.

Pendant mes days off, je descends souvent au bord du lac Léman. La distance importe peu quand on veut aérer son quotidien. L'essentiel est de marcher. En avançant au rythme de ses pas, on effectue autant de voyages infimes, mais permettant une excellente oxygénation de la pensée. Évidemment, marcher est aussi très répétitif. C'est même une activité particulièrement monotone. Mais au moins on a une certaine impression de liberté. J'aime me promener au bord du lac, j'aime la surface toujours changeante de l'eau, l'espace vertical des montagnes. C'est un des seuls endroits où on peut profiter d'un peu de végétation, de fraîcheur et de ciel. En tout cas, j'éprouve souvent de vrais frissons, un plaisir difficile à définir, très physique, qui part de mon ventre, se répand dans mes membres et délivre ma tête. Dans ces moments, je me sens en phase avec l'instant, présent au monde, sensible à sa respiration. Je me rends compte à quel point nous vivons coupés du souffle de la nature ; nous sommes empêtrés dans un univers artificiel et toxique où tout est émoussé, y compris notre vie intérieure. Grâce aux médocs, nous évitons les flux et reflux de nos humeurs et nous sommes obligés d'avoir recours à des adjuvants pour nous souvenir que nous sommes vivants. Les socials ou les stimulateurs multi-sensoriels et leurs séquences d'émotions-types à downloader depuis le Global Screen ont fini par perturber notre sensibilité. Pour beaucoup, le bonheur se trouve dans les divertissements offerts par l'Unterhaltung Indus. Les gens se convainquent de la qualité des déjections dont ils sont gavés. Ils s'aveuglent, dans une quête effrénée de sensations et de sociabilité virtuelles, seules issues, désordonnées, chaotiques. Et certainement que le déni et la mauvaise foi maintiennent dans une ignorance qui peut paraître plaisante. On avale ce qu'on nous dit, on adhère à ce qui est proposé, on croit vivre des expériences inoubliables, on croit vivre tout court. De toute façon, je suis qui pour parler de ça ? Qu'est-ce que j'y connais ? Pas grand-chose, même si j'ai déjà été amoureux et que cette expérience m'a donné accès à un monde troublant, plus beau encore que tout ce que je peux éprouver pendant mes promenades. Avec Pia, j'ai vécu des moments infiniment doux : me réveiller à ses côtés, m'endormir près d'elle, rêver avec elle. Mais après sa requalification, Pia s'est mise à passer de plus en plus de temps sur les socials, ou à se laisser entraîner par les algorithmes des stimulateurs. Je n'ai rien pu faire pour la sortir de son apathie. Sans compter que de mon côté, rester immobile me donnait envie de me cogner la tête contre les murs. J'ai essayé de la convaincre d'essayer de retrouver un job, de faire quelque chose, de sortir, je lui ai dit que les médocs c'était bon pour ceux qui ne voulaient plus faire l'effort de bouger, que les socials ça nourrissait l'ego mais pas le cerveau. Ça a été peine perdue.

Depuis, je garde précieusement le souvenir de l'appel silencieux de ses bras et je me dis qu'un jour peut-être, mon chemin croisera celui d'une femme que je pourrai aimer et qui me rendra l'amour que j'aurai pour elle. J'attends en me demandant si je suis comme tout le monde. Ce questionnement n'a rien de nouveau. Pendant les stages de socialisation déjà, j'avais conscience d'une sorte de décalage. Je ne comprenais pas les centres d'intérêts des autres enfants, ni leurs jeux, au mieux inintéressants, le plus souvent stupides, pas plus que leur façon de communiquer. Sans compter que tout ce qu'on nous apprenait m'était incompréhensible : émofaces, autorégulation des sentiments et de leur expression, nécessité qu'elles soient toujours correctement interprétées par l'interlocuteur. J'avais l'impression d'orbiter en marge de mes camarades. J'étais à distance et je n'ai pas beaucoup avancé depuis. Cela n'a rien d'excessivement dérangeant, malgré ce flottement de bizarrerie, cette gaze d'irréalité persistante.

En tout cas, j'ai très rapidement appris à trouver des compensations, notamment grâce aux chiffres. Leur présence m'a toujours fait du bien ; visualiser des nombres et leur juxtaposition me calme. Ainsi, pour fuir l'ennui des apprentissages interactifs ou le stress des rapports avec les autres apprenants prépubères durant les stages, j'ai commencé à m'enfuir, discrètement, dans des séries mathématiques. Je regardais les nombres tomber, lentement, s'aligner proprement, se compléter parfaitement, dans leur détachement émotionnel, leur absence de jugement qui amenait une douceur désincarnée, l'apaisement, très loin de l'effervescence humaine.

Ce sont des années plus tard que j'ai fini par découvrir cette autre médication, plus efficace encore : la marche qui permet d'évacuer cette sorte de tension que je sens contenue en moi, qui grandit parfois jusqu'à envahir ma tête, cette apathie mêlée de dégoût, cette fatigue de soi qui peut virer parfois à l'obsession. Le mouvement chasse le marasme, le dilue sous des cieux étranges, l'évapore face à des panoramas changeants et parfois déroutants. En comparaison, la présence de mes semblables m'apparaît comme un défilé absurde. Je vois les gens, leur misère identique et dupliquée, éduqués à désirer la servitude, formatés à accepter les rivalités entretenues entre eux, cette course mimétique à la réussite. Ils sont poussés à s'activer vainement, à s'épuiser, laborieux, leurs existences à ras le sol, faites d'un besoin surstimulé de renouvellement, d'une recherche hyperactive d'émotions et de vécu, autant de paravents au vide.

Malgré tout, je sais que je ne suis pas si différent. Comme tout le monde, je vis dans un confort qui a fini par me confiner et m'empêtrer au cœur d'appareillages censés me soulager ; je suis incapable de m'en passer, même si je cultive secrètement un idéal de détachement. Je suis entouré de dispositifs bioniques tout en ayant l'esprit aspiré par un ailleurs aérien. Il y a là comme une réminiscence de l'âme ancestrale de nos ancêtres nomades, peut-être simplement l'intuition que la réponse à ce malaise que je ressens parfois se trouve dans la disponibilité de mon attention, dans une ouverture sur le monde et donc aussi sur moi-même. Laisser flotter son esprit et s'échapper… Je ne suis pas le seul à considérer les choses de cette façon. Il m'arrive de sentir une aspiration similaire chez certaines personnes, la même réceptivité. Tout le monde n'apprécie pas les socials ou les stimulateurs, tout le monde ne semble pas éprouver ce besoin constant d'être distrait qui s'est développé de façon exponentielle à mesure que s'enflait l'optimisation des conditions d'existence, tout le monde n'aime pas ce qui nous est proposé comme Unterhaltung. Je le sens bien : d'autres ont aussi quelques difficultés à vivre passivement une vie climatisée au cœur d'une standardisation émotionnelle cauchemardesque, dans une incitation à toujours désirer plus, avec tout ce que ça implique comme lassitude et mal-être tenaces traînés derrière soi.

J'en suis donc là, à passer la plupart de mes days off sur les quais d'Ouchy ou Montreux, au milieu de promeneurs qui comme moi préfèrent l'air du dehors. Le lac s'étend, surface irisée et proche, éblouissante. Réfléchie, la lumière du soleil fait flotter les pensées au loin. Des souvenirs s'épanouissent, corolles étranges, couleurs sauvages.

Généralement, c'est dans ces moments que mes rêves me reviennent en mémoire.

2

Moro m'a proposé qu'on se retrouve à la cafèt pour le lunch-break. Moro est le seul de mes coworkers avec qui je me sens suffisamment à l'aise pour parler sans avoir besoin de trop moduler mon langage émotionnel et d'utiliser les émofaces conventionnelles. Il me demande comment je vais, et ce que j'ai fait pendant mon dernier day off. Je réponds évasivement et lui renvoie la question, tout en connaissant la réponse : Moro profite de ses moments de loisir pour aménager en abri la cave de son home à Échallens. C'est certainement pour avoir plus de place qu'il a déménagé là-bas, même si ça signifie faire 35 kilomètres par jour. Ça fait un moment qu'il s'est mis en tête d'amasser des réserves et du matériel de survie qu'il fait venir des USA et de la République unifiée de Corée. Je ne me suis pas trompé : Moro est effectivement en train d'installer un purificateur d'eau dans sa cave.

— Tu sais que j'ai un peu de peine à comprendre tout ça, je lui fais remarquer.

Je n'ai pourtant pas grand-chose à lui dire,

puisque de mon côté, j'accumule aussi des choses, à commencer par de la nourriture lyophilisée. Je n'ai jamais parlé à personne de cette manie qui doit être le signe d'une certaine angoisse. C'est certainement une des choses qui me lient à Moro, même si pour le reste, on ne voit pas vraiment les choses de la même façon. Moro se raccroche par exemple à l'idée que si on veut s'en sortir, il faut s'en donner les moyens, d'où son obsession à tout mettre en œuvre pour compter au nombre des privilégiés.

Moro répond que l'avenir lui donnera raison. C'est peut-être le cas. Il m'arrive de me dire, par exemple pendant les black-out, que notre mode de vie est effectivement menacé. Bien entendu, la démarche de Moro est aussi motivée par une volonté de retour aux sources ; comme moi, il aspire à une vie plus simple, détachée du matérialisme ambiant. Nous avons eu une discussion orageuse à ce sujet un jour : Moro avait peu apprécié ma remarque sur le fait que selon moi, son désir s'exprimait paradoxalement à travers un amoncellement d'objets.

— J'en ai marre de la chaleur, maugrée Moro.

Ces récriminations reviennent elles aussi souvent. Une fois, je lui ai suggéré de partir s'établir dans une de ces mégapoles nouvelles qui poussent par grappes à travers les Nouveaux Territoires Boréaux, mais là aussi la conversation avait failli mal tourner, puisque Moro m'avait fait remarquer qu'il ne souhaitait pas devoir respirer du méthane.

— Pourquoi tu ne rejoins pas une communauté autogérée ? je demande.

Il y a une sorte de censure des news-break sur ce genre d'endroits, mais on sait qu'ils existent, en particulier dans des endroits retirés à l'écart des axes routiers, en France notamment, vu la tradition d'enclavement des régions périphériques de ce pays. D'habitude, le GS en fait mention quand un membre d'une de ces communautés, épuisé et dénutri, veut rejoindre la civilisation. Ce mode de vie collectif, solidaire et autarcique est aux antipodes du nôtre, d'où le silence des news-break et des socials. Pourtant, j'ai toujours soupçonné qu'il concerne plus de monde qu'on le dit et surtout qu'en matière d'épanouissement personnel, vivre ainsi a quelques avantages.

— Ce sont des néo-ruraux qui n'ont rien compris, me répond Moro. Et surtout, tu trouves que ça fait envie ?

Je préfère ne pas polémiquer et pioche dans ma dulse.

— Tu as vu ce qui s'est passé dans la banlieue de Tucson ? demande alors Moro.

Il m'explique que des illégaux qui bossaient dans une gated commune de seniors se sont révoltés parce qu'ils en avaient marre de la façon dont ils se faisaient exploiter. La dulse n'a aucun goût. Je saupoudre les algues d'exhausteurs.

— Ça a mal tourné, conclut Moro. Il y a eu des dizaines de blessés, et même plusieurs morts.

Il donne encore quelques détails, avant que je lui demande si c'est par crainte de ce genre d'événement qu'il stocke des objets. Moro a une moue difficile à interpréter. Après quelques secondes de silence, il fait observer que de toute façon, le confort auquel nous a habitués le mode de vie démocratox est exceptionnel par rapport aux conditions d'existence de nos ancêtres.

— Et donc ? je fais.

— La question, c'est de savoir si on veut ou non garder la maîtrise de son destin. Et moi, je veux avoir le choix.

— D'où tout ce matériel et ces équipements... Mais qui a dit que la technologie sauverait le monde ?

— Parce que tu ne crois pas que c'est la science et la technique qui peuvent nous aider à survivre ? Tu as une autre réponse ?

— Tu parlais de confort, je réponds. C'est important, mais peut-être que ça a aussi des inconvénients. À cause de ça, on est devenus esclaves de l'artificiel.

J'avale quelques algues et un morceau de steak de prots saveur légumes plein air et reprends :

— À force de toujours vouloir se soustraire aux boulots déplaisants, on ne fait qu'une chose : libérer du temps. Et tout ce temps nous angoisse. On ne sait plus quoi faire. Résultat : on s'agite et on met toute notre énergie à fuir...

Moro secoue la tête.

— Tu exagères. C'est n'importe quoi.

Je n'insiste pas. Moro n'est pas le premier à se montrer peu réceptif à ma vision des choses. Pourtant, je ne peux pas m'empêcher de dire encore :

— En fait, tout ça montre à quel point tu es individualiste.

— C'est peut-être le cas, il dit froidement, mais j'ai une famille, moi.

Je ne me laisse pas démonter :

— Certains estiment que mettre au monde une progéniture n'est pas forcément aussi altruiste qu'il y paraît. Il y a une composante narcissique évidente dans ce… processus.

J'ai eu une hésitation pour trouver le terme qui me paraissait le plus adéquat. Je n'ajoute pas – ce que je pense – que depuis l'interdiction des pets, les enfants ont parfois pris un rôle d'animal de compagnie :

— C'est moi, ou la bouffe est particulièrement dégueulasse aujourd'hui ? je demande après une autre bouchée.

Moro hausse les épaules.

— Je suis individualiste, mais tout le monde l'est.

Là-dessus, il a raison, même si je trouve assez détestable cette manie de percevoir l'individualisme comme une évidence, une conséquence logique et inévitable de la nature humaine, une fatalité inscrite.

L'après-midi, je parcours les socials pour en savoir plus sur les événements de Tucson. Une séquence me frappe particulièrement : elle montre un groupe de trois seniors en train de rosser un jeune homme. Celui-ci est à terre et essaye de se protéger des coups – de pieds, de cannes, de béquilles – qui pleuvent sur lui. Son visage est en sang.

Il s'avère par ailleurs qu'en Afrique du Sud, quelque chose de semblable s'est produit trois jours auparavant. Une gated commune, tour d'ivoire pour privilégiés où se terrent des personnes ayant les moyens de financer une milice privée chargée de tenir à distance les losers, les pauvres et autres rebuts a été la cible d'une attaque organisée. Des habitants des townships voisins ont pris d'assaut l'endroit comme une nuée de sauterelles. La montée en symétrie avec les gardes a été immédiate. Ces derniers ont ouvert le feu et malgré leurs pertes, les assaillants ont réussi à prendre le dessus. Les gardes ont été massacrés. Certains se sont retrouvés flottant dans les piscines, d'autres, mutilés et parfois partiellement démembrés, ont fini exposés aux grilles du lotissement. Les résidences ont été vandalisées, GS, extens et autres appareillages bioniques systématiquement pulvérisés, ce qui a fait dire à plusieurs commenteurs qu'au-delà de la revendication sociale, il y avait dans cette destruction d'objets, eux-mêmes expressions les plus ordinaires du monde contemporain, une véritable affirmation philosophique de refus de ce dernier. Comme toujours, certains n'hésitent pas à gloser sur une prétendue tendance à prendre ses distances d'avec cette pacotille, ces appendices individuels dont les mises sur le marché sont autant de cérémonies ritualisées, apogées communielles éphémères qui montrent en creux l'importance donnée à ces assemblages de composés inertes, le rôle quasi démiurgique dont on les investit. On fait dire tout et n'importe quoi aux événements, puisque lors du dernier black-out de Londres, les pillages semblent au contraire avoir montré l'attachement excessif des individus à ces mêmes objets. Tellement de gens continuent à se raccrocher à la certitude que la croissance et la nouveauté sont bénéfiques, sans se rendre compte qu'il ne s'agit que des moyens dérisoires d'échapper à l'ennui et de fuir la mort.

J'ai une pensée pour mes parents dans leur gated commune des environs de Nairobi. J'espère qu'une chose pareille ne leur arrivera pas. J'hésite à les appeler, mais je sais que mes craintes ne feraient que les agacer. Ils ont pris une décision, celle de s'expatrier pour jouir du soleil et d'un pouvoir d'achat accru. En tout cas, ils ne souhaitent pas que leurs enfants viennent déranger leur retraite avec des préoccupations sans intérêt. Formose et Opeleptica leur avaient parlé des risques, mais mes parents étaient restés sourds aux arguments de mon frère et de ma sœur. À l'époque, ils avaient expliqué qu'en restant, ils prenaient le risque de ne pouvoir payer les médocs dont ils auraient besoin. Ils avaient vu plusieurs de leurs amis devoir renoncer à des thérapies faute de moyens. Par ailleurs, mon père avait dit qu'il n'était pas pressé – au contraire – de faire du yoga tantrique avec un robonze dans un centre de prise en charge et d'Unterhaltung du quatrième âge. Peut-être aussi qu'ils sont partis au Kenya parce qu'ils se sentaient en droit de le faire après avoir pareillement contribué à la bonne santé de la démographie helvétique. Même si, comme beaucoup, ils avaient certainement été prolifiques par dépit. Autant se rabattre sur des enfants si on ne peut plus avoir de pets. Et une fois que les enfants de compagnie deviennent trop âgés et moins affectueux… Ma sœur a dû avoir les mêmes motivations. Pourquoi sinon faire un deuxième enfant ? Et quant à Formose… Lui doit plutôt voir son fils comme une façon de se projeter dans l'avenir. Ce qui dans le fond est le but premier d'une progéniture.

En partant au Kenya, mes parents n'avaient certainement pas réfléchi à ce que signifiait de s'enfermer dans des gated communes… Ni mon père ni ma mère n'avaient voulu admettre que ces endroits puissent éveiller des sentiments d'hostilité de la part des autochtones. Pourtant rien de plus provocant qu'une barrière électrifiée, pas grand-chose qui éveille autant le ressentiment des losers que d'être considérés comme une nuisance ou même une menace. Mais mes parents ne sont ni meilleurs, ni pires que la plupart des gens. Ils peinent à admettre que la violence puisse être l'expression de la rancœur, de la colère, de la frustration accumulées par des pans entiers de la société humaine et notamment les plus pauvres, ceux à qui aucun rêve n'est vraiment proposé, ceux qui n'ont aucune perspective, ni surtout de réelle utilité. Combien d'hommes en ont marre d'être ignorés et veulent rappeler leur existence ? Leur animosité est d'autant plus grande qu'ils se rendent compte que leur seule compensation n'a été – au mieux – que de l'Unterhaltung bas de gamme. L'aveuglement a été le trait dominant des trois derniers siècles, aveuglement quant à l'avenir qui se profilait et à la réalité du fonctionnement de la société, entre surexploitation des êtres et des milieux au profit des Winners et des Happy few, mais les choses ont l'air de changer. L'heure de gloire du bonheur matérialisé est peut-être derrière nous. Il ne fait plus briller le regard de tous les hommes et miroiter, au cœur de leurs existences, des champs infinis de béatitude.

Je ne peux souhaiter qu'une chose : que mes parents finissent leur vie paisiblement, et non tabassés à mort par des Kenyans à qui l'injustice sociale a fait perdre la tête.

3

Après plus d'une semaine de boulot non-stop, j'ai enfin droit à un day off. Je prends la navette en début de matinée pour retrouver les quais de Montreux. J'aime cette ville, entre autres à cause des anciens palaces de la fin du XIXe siècle. Ce ne sont plus que des façades, les bâtiments eux-mêmes ayant été transformés en apparts de haut standing et en boutiques de luxe de masse, mais ces coquilles vides conservent un peu de la magie de leur splendeur passée.

Déjà, les nuages se développent, condensant l'humidité, alourdissant l'atmosphère. Ils naissent de nulle part, ils se multiplient à partir de rien, ils se coagulent en masses indistinctes, ils se mêlent, tournoient et se défont lentement. En les regardant, j'ai l'impression que des souvenirs reviennent, d'autres lieux, d'autres temps, comme si les configurations aériennes avaient la capacité de stimuler ma mémoire. Regarder cette vapeur défiler, s'envoler et se laisser emporter. Le spectacle évade l'esprit. Des images du rêve que j'ai fait la nuit passée me reviennent : je me déplaçais dans ce que je savais être un palais à l'abandon. Je parcourais des couloirs cyclopéens, des pièces trop vastes et trop vides. Je pouvais presque sentir l'épaisseur et la densité écrasantes des murs. J'avais l'impression d'être prisonnier, malgré la présence de fenêtres ouvertes sur un ciel dont je peinais à voir la couleur. À un moment, je débouchais dans une nouvelle pièce et je me retrouvais face à un monceau de corps. Des squelettes entassés les uns sur les autres, emmêlés dans des étreintes immobilisées. Quelques lambeaux d'habits étaient encore accrochés aux os. Que s'était-il passé ? Qui étaient ces gens ? Que leur avait-on fait ? En repensant à ce rêve, j'ai toujours cette sensation d'oppression, de malaise, de tristesse, comme un goût aigre dans la bouche. Je rêve souvent d'endroits abandonnés, de ruines, de paysages vidés de toute présence humaine, végétation pétrifiée, étendues semées de pylônes tordus, routes éventrées, cieux désertés et gris d'une suie poisseuse, mers entières privées de la lumière du soleil.

Je vais jusqu'au château de Chillon, et à mon retour, les quais se sont remplis. Malgré la chaleur, des passants prennent l'air, se promènent, paradent, se montrent et se regardent. La plupart ont leurs glasses afin de visualiser la bio des gens qu'ils croisent, qui ils sont, ce qu'ils font, ce dont ils peuvent se prévaloir comme gloire passagère. On vient là pour voir et être vu en vrai, parallèlement à ce qu'on fait sur les socials. Les jeunes adultes sont les plus enclins à se livrer à ce jeu et déploient une énergie rare pour se faire remarquer. Ceux qui ont boosté leur masse musculaire me rappellent certains enfants durant les stages de socialisation, ceux en face desquels j'avais tendance à me voir comme une sorte d'avorton anémique, un être partiel, défectueux, dénué de grâce et de vigueur, à peine autorisé à vivre. À l'époque, leur force me faisait peur. Ils auraient facilement pu m'éliminer. Je n'avais pas encore conscience de la supériorité intrinsèque de l'intellect. Maintenant, j'y vois plus clair : leur insécurité pousse ces mâles à compenser et à capitaliser sur les deux seules choses à leur disposition, à savoir leur plastique et leur capacité à se persuader que leur bonheur est d'une qualité supérieure à celui d'autrui. D'où cette manie de capter, trier et uploader en temps réel les meilleures séquences, tout en gardant un œil sur ce que d'autres font ailleurs. Affirmer une certaine image au monde, dans une pantomime morbide de désirs artificiellement entretenus. Émerger de l'essaim humain, s'extraire de la multitude, de l'anonymat. Tout est bon pour forcer la reconnaissance d'autrui, ce qui est pour ces individus une pulsion centrale. Leur vanité a été stimulée jusqu'à la caricature, elle les a rongés et dévorés, avec comme résultat qu'ils ne font que repousser le moment où seuls les médocs pourront leur éviter un effondrement psychique.

Sur le quai de la gare de Montreux, alors que j'attends la navette pour Lausanne, je vois la notif de Formose. Il me demande quand je viens manger à la maison. Je n'ai jamais vraiment douté des sentiments de mon frère vis-à-vis de moi, mais j'ai toujours senti que comme les autres membres de la famille, il pense que je ne suis pas en phase avec la réalité. En tant qu'aîné, Formose veille à maintenir le contact avec moi. Opeleptica prend parfois aussi de mes news, mais nous ne savons jamais quoi nous dire. Nous ne nous sommes jamais très bien entendus. Je ne sais pas grand-chose de ce qu'elle vit, au point que je me dis parfois que nous sommes des étrangers l'un pour l'autre. C'est en partie ma faute, vu les difficultés que j'ai à interagir avec autrui. Mais je l'ai aussi toujours sentie distante vis-à-vis de moi. Quand elle me parle, la com reste cantonnée aux schémas préétablis et aux expressions conventionnelles ; nos rares interactions ressemblent à celles qu'auraient deux personnes sans réelle intimité. Elle coupe la plupart du temps l'image et préfère jouer avec la coloration de l'écran pour exprimer son ressenti. Rien n'a jamais été dit de façon explicite, mais je suis sûr que depuis le départ de nos parents, Formose et Opeleptica ont passé une sorte d'accord et se sont réparti le suivi de Marvel, ce jeune frère dont ils ne savent pas vraiment que faire. Et certainement qu'ils ont raison d'agir ainsi. Est-ce que je serais capable d'entretenir une relation avec eux, de faire cet effort ? En aurais-je envie ? Garder un lien avec mes semblables n'a jamais été mon fort.

Je décline l'invitation de mon frère, en prenant soin d'utiliser des formulations qui, je l'espère, ne sont pas trop creuses. En règle générale, je refuse, poliment, deux fois sur trois, et j'ai toujours eu l'impression qu'ainsi tout le monde est satisfait, à commencer par Nestorine, ma belle-sœur, que ma présence semble indisposer.

Étonnamment, Formose me propose qu'on se voie un jour de semaine pour un lunch-break. Je me demande soudain s'il a des choses à me dire.

Le soir, il est à nouveau question d'émeutes, cette fois-ci à Sao Paulo et à Djakarta. Une dizaine de morts en tout, une centaine de blessés et des explications quant aux causes de ces événements que les commenteurs peinent à exposer clairement. En fait, les mégalopoles sont devenues des poudrières, des creusets de tous les mécontentements, et pas seulement dans les pays émergés. La promiscuité et leur mise en compétition systématique ont poussé les hommes au point ultime de leur solitude et de leur aliénation. Quelle que soit leur taille, il y a à l'intérieur des mégapoles comme une palpitation de l'air ambiant, l'épidémie invisible d'une nervosité contagieuse, une agressivité toujours prête à éclater, conséquence des pressions accumulées au cœur de toutes ces existences coagulées. Entassés les uns sur les autres, obligés de se battre pour ne pas finir dans un spot de losers et d'inactifs, les hommes s'étouffent. Ils ne sont plus que de simples pantins, réduits à leur rôle même très minime d'acteurs économiques, et, dans un mouvement certainement inévitable, ils tournent leur violence vers d'autres. Le ressentiment se trouve par ailleurs décuplé par l'attitude de Leaders guidés au mieux par leur cupidité et leur amour du pouvoir, plus intéressés par leur image publique que par la prise en considération des réalités sociales, et qui comme tous les humains ont tendance à ignorer ce qui dépasse, à occulter ce qui les dérange. En tout cas, que ce soit à Sao Paulo ou à Djakarta, une fois encore ces dirigeants censés avoir une certaine vision d'ensemble et une capacité à prendre des décisions pour le bien commun n'ont fait qu'une chose : réagir au mécontentement de leurs concitoyens en utilisant tous les instruments en leur pouvoir en commençant par le plus efficace, les forces anti. D'où les victimes.

Une autre news-break tombe : des étudiants de Californie du Sud ont réussi à compacter des déchets plastique flottants pour en faire une île habitable. Ils revendiquent la propriété de cet îlot artificiel et affirment qu'ils ont l'intention de démontrer qu'il est possible d'y vivre en autarcie et que d'ailleurs, un important groupe agralim a l'intention de sponsoriser leur projet.

Sans transition, on évoque ensuite le droïde envoyé par l'Agence Spatiale Unifiée et qui devrait atterrir d'ici à quelques jours sur Mars. Ça fait plusieurs mois qu'on n'a plus de news de l'expédition martienne. Le contact a été coupé avec les trente-trois colons sans qu'on ait compris pourquoi. Impossible de le rétablir, si bien que l'ASU a décidé en dernier recours de lancer un droïde sur la planète rouge.

Cette nuit-là, je rêve que je suis en train de remonter une montre à gousset. Le petit bruit du ressort s'égrène dans le silence. Je devine la mécanique intérieure de cet objet d'un autre âge. D'où je me trouve, j'ai une vue plongeante sur la rue principale d'un village que je ne connais pas. Les maisons sont sombres et silencieuses. Les réverbères éteints sont courbés en avant, penchés comme des oiseaux morts. Il n'y a plus de courant électrique. Je l'ai connu pourtant, avant. Ces appareillages qui s'enclenchaient au son de la voix, cette lumière chaude qui éclairait les façades, ces illuminations artificielles, partout, crevant la nuit, lui imposant l'insomnie.

En face, au-dessus de la crête des Préalpes, le ciel commence à prendre une coloration malade, blafarde, annonciatrice du jour. Le gris va bientôt rosir.

En me réveillant le lendemain, je me demande pourquoi j'ai rêvé de cette montre. Elle était une relique d'un temps révolu, un vestige de l'époque mécanique. J'ai eu une impression de solitude, encore plus marquée que dans d'autres rêves. En même temps, et sans raison particulière, je repense aux gens sur les quais de Montreux ; peut-être parce qu'en s'activant pour donner suffisamment de consistance à leur personne via l'utilisation de compléments hormonaux, ils présagent le monde à venir, un monde où la lutte pour la survie individuelle sera tributaire de l'ingéniosité et de l'adaptabilité au milieu, mais surtout de la force physique.

4

Une nouvelle coupure de courant a lieu alors que je me trouve dans l'escalator urbain, le mardi suivant. La rampe s'arrête brusquement entre les stations Europe et RiMauBé. Plusieurs personnes chutent au milieu des cris et des exclamations. Les lumières clignotent, s'éteignent, avant que l'éclairage de secours s'enclenche. Malgré ça, la tension est palpable. La situation est relativement ordinaire, mais il y a toujours un risque que les choses dégénèrent. Les séquences du black-out de Londres me reviennent en tête. Contrairement aux précédents, il a duré plus d'une douzaine d'heures, et quand les dispositifs d'alim autonomes ont commencé à flancher les uns après les autres, les gens ont vite compris ce que ça signifiait par rapport aux systèmes de surveillance et de sécurité. Les fashion points d'Oxford Street et plus généralement les boutiques de luxe de masse et les mégasurfaces de bionique ont été pillés par des personnes de toutes les catégories sociales. Malgré les campagnes des Komités Anti-OStentation, malgré les critiques de certains commenteurs vis-à-vis du luxe de masse, l'envie de ressembler aux Winners, aux Happy few et aux Rich Kids est toujours un ressort puissant, menant la majorité des gens à consommer et à se conformer. Toujours cette fascination pour tout ce qui est plus coûteux et plus visible. Toujours ce manque de confiance en soi méthodiquement entretenu et, en conséquence, ce besoin se distinguer symboliquement. La course à l'apparence alors que l'Überklasse est la première à privilégier la discrétion. Mais c'est vrai que l'ostentation a toujours été une préoccupation de pauvres et de nouveaux riches.

Dans la luminosité spectrale de l'éclairage de secours, j'attends que le courant revienne. Quelqu'un crie :

— Avancez ! Il faut sortir !

Il y a un remue-ménage. La personne répète son ordre, d'autres répliquent qu'au contraire il faut attendre. Mais bientôt, je sens une pression derrière moi et suis pris dans le mouvement incontrôlable qui a gagné la foule. Quand j'émerge en plein air, je remarque que de nombreux passants sont arrêtés et consultent leur extens ou pianotent sur les branches de leurs glasses. L'absence de connexion coupe les gens du monde et les isole au milieu de la foule.

Je me dirige vers Sainf. Des personnes discutent, sur les pas de portes des foodcourts, des fashion points et des boutiques, tous ces endroits qui ressemblent à des carcasses vides sans leurs éclairages et leurs générateurs d'ambiances.

Sur la place, des sécus et quelques agents anti sont postés devant les vitrines des bijoutiers. Ils sont nerveux, comme s'ils attendaient quelque chose.

Je rejoins le bureau. Ne sont présents que les co-workers qui habitent à proximité du centre-ville. En cas de black-out, les autoroutes automatisées sont hors service et les axes secondaires sont pris d'assaut. Il s'avère, comme on l'apprendra au cours de la soirée, que de nombreux carambolages ont rendu complètement impraticables plusieurs routes.

La centrale éolo-solaire de notre immeuble ne permet de couvrir qu'une partie de nos besoins en électricité ; très peu de panneaux moléculaires sont utilisables. Et comme toujours avec cette inactivité forcée les mêmes questions se mettent à tourner en boucle. Que s'est-il passé ? Est-ce une simple panne ou un attentat ? Quand l'électricité sera-t-elle rétablie ? J'imagine Moro, bloqué quelque part, seul dans l'habitacle de sa voiture, en train de ruminer son pessimisme et son anxiété. Comme à chaque coupure de courant, les conjectures stériles cessent rapidement. Malgré le vitrage régulateur, les bruits du dehors nous parviennent, rassurants, preuves de la présence d'autres hommes dans les rues.

En fin de matinée, et vu que le black-out est anormalement long, nous finissons par nous réunir spontanément. Aucun de nos cadres sup n'est là. Le temps passe, l'inaction pèse ; sans la clim, la chaleur devient palpable et il faut peut-être prendre des décisions quant à la suite. Les avis s'échangent pendant quelques minutes sur l'opportunité ou non de rester enfermés dans ces box confinés que certains essayent, un peu vainement, de rendre plus humains en les garnissant d'hologrammes ou d'antiquités en plastique.

— On ne sait pas combien de temps ça va durer, disent ceux qui jugent plus judicieux d'attendre.

Les autres, dont moi, ne voyons pas ce que nous pouvons faire ; mieux vaut rentrer, quitte à revenir dès que le courant sera rétabli. Finalement, tout le monde s'éparpille sans qu'une décision ait été prise. Chacun fait comme bon lui semble. On est livrés à nous-mêmes, sans consignes et sans possibilités de faire notre job. Je réalise qu'aucun de mes co-workers n'a cherché à imposer un point de vue qui lui aurait permis, par la suite, de se faire remarquer et apprécier de nos boss. C'est étonnant. Il me semble avoir entendu que dans un groupe donné, quel qu'il soit, quelqu'un finit toujours par vouloir prendre une position dominante. En fait, on en a peut-être tous marre des rapports de force, marre de devoir tout le temps jouer des coudes entre nous en sachant très bien que ça n'a qu'un but : nous maintenir à nos places. On en a marre d'entendre sans arrêt parler d'autonomie, d'épanouissement, de plénitude perso-prof alors que dans les faits tout le monde a un statut et des privilèges différents, afin de décourager toute cohésion.

Dans la rue, les gens paraissent attentifs à ce qui les entoure. La plupart semblent avoir désactivé leurs implants audio et regardent autour d'eux, quitte à dévisager brièvement les autres passants.

Le ciel est immaculé, vide à l'exception de quelques skyfleas. Quand je prends conscience de l'absence d'avions, ça me paraît étrange. Plusieurs routes aériennes passent au-dessus de Tare lémanique. Il y a toujours une, voire plusieurs traces d'appareils tendues sur le bleu au milieu des cirrus. Or là, plus rien. Je me demande soudain qui est concerné par cette coupure de courant, si elle n'est pas plus étendue que mes co-workers et moi avons d'abord cru.

Je me dirige vers Montbenon. Depuis l'esplanade, et malgré les buildings, la vue s'ouvre du Jura aux Alpes. Je m'assieds en bordure d'un des carrés d'herbe artificielle. Le glissement des voitures me parvient. Tout paraît normal. Plus bas, près des fontaines de verre, quelques adolescents sont assis en cercle et chantent une de ces formules incantatoires destinées à modifier les perceptions sensorielles, et qui sont d'après ce que j'ai entendu aussi efficaces que les stimulateurs. Inactifs, certainement addicts aux médocs anti-traumas, ces représentants de la génération montante se livrent à un passe-temps qui les coupe du monde extérieur ou en tout cas brouille suffisamment leur rapport à la réalité. C'est peut-être comme ça qu'il faut affronter l'angoisse d'être en vie, en se détachant de tout ce qui nous épuise, en se calfeutrant afin de ne pas être trop directement confronté au réel. Je me demande s'ils parviennent à atteindre, même artificiellement, une certaine sérénité.

L'électricité revient dans la soirée. Je suis rentré chez moi. Mon tableau domotique se met en marche. J'allume le Global Screen. Plusieurs canaux sont encore inactifs, mais les premières news-break tombent : la coupure a été beaucoup plus importante que ce que j'avais pensé. Tout le sud de l'Allemagne a été concerné, ainsi que la Suisse occidentale et l'est de la France. Contrairement aux précédents black-out, dus à des surcharges de réseaux ou à des défaillances dans l'alim, en tout cas dus à différents facteurs que les ingénieurs étaient capables de comprendre à défaut d'expliquer de façon claire, celui-ci ne semble pas avoir de causes identifiables. Une chose est sûre : les comments des consultants spécialisés sont particulièrement nébuleux, avec néanmoins des références récurrentes à la conso globale.

Le soupçon d'un acte terroriste a été rapidement balayé : les mysticistes de l'écologie suprême seraient incapables de coordonner une action d'une telle ampleur. Et quant aux anarcho-djihadistes, leur capacité de nuisance s'est trouvée considérablement réduite grâce à l'élimination pure et simple des individus par le biais de sociétés spécialisées, ou l'utilisation de médocs idoines. La chimie s'est avérée être un excellent moyen d'éradiquer les comportements déviants de type terroriste. Resterait à s'occuper de l'empathie défaillante d'autres personnes tout aussi nocives, comme les boss et autres atrophiés relationnels qui occupent les postes à responsabilités, mais ça c'est une autre question. Naturellement, il existe aussi toute une galaxie de groupes contestataires à tendance complotisto-millénariste, mais là aussi, aucun n'a les moyens de disrupter l'approvisionnement en énergie d'une région aussi vaste.

Plus tard, il y a d'autres news : les trafics routier et ferroviaire ont été très fortement touchés. Plusieurs accidents graves ont été évités par miracle, mais il y a malgré tout eu des blessés et quelques victimes. Et comme je l'avais pressenti, les avions ont effectivement été détournés, pour une raison qui n'est pas détaillée. Enfin, et c'est peut-être la seule bonne news, on n'a pas assisté à une recrudescence significative de la criminalité durant le black-out : à peine un léger pic dans le nombre de cambriolages, et quelques boutiques pillées.

Le lendemain matin, quand j'arrive au bureau, c'est pour constater que Duraley, notre cadre sup qui habite dans ces nouvelles villes rurbaines à quelques kilomètres de Lausanne, est déjà là, sur place depuis six heures, comme je vais avoir l'occasion de l'entendre répéter tout au long de la journée :

— Faut vous bouger ! Moi je suis là depuis six heures ce matin !

Il a l'intention de récupérer – ou plutôt de faire rattraper – cette journée de relâche forcée. Il donne des instructions avec méticulosité. C'est quelqu'un de très prompt à exhiber les connaissances factuelles qu'il a accumulées au cours des années. Je me suis souvent dit que chez lui, la mémoire tenait lieu d'intelligence. Il fait partie de cette catégorie de cadres sup qui n'a pas conscience de ses limites ; il a une vision fausse et grandiose de lui-même, et à ce titre, il est parfait dans son rôle, très pratique pour détourner l'attention des workers et focaliser leur ressentiment.

— On doit impérativement optimiser nos optionalités, il répète souvent, sans avoir apparemment conscience de la désuétude des termes qu'il utilise.

L'ambiance est morose. Je surprends plusieurs regards de personnes qui ont l'air de regretter le chômage technique des dernières heures. Mais mes co-workers ont beau être démoralisés, ils n'en demeurent pas moins disciplinés. Ce ne sont pas des rebelles. Au pire, à l'instar de Moro, ils cachent quelque petit secret bien anodin, ils mènent en toute discrétion des activités tout juste illégales, comme downloader des programmes hackés de stimulateurs. Ni mes co-workers, ni moi-même ne pouvons prétendre être très avancés en regard des critères de réussite sociale, certainement par manque d'ambition et de volonté. Il en va tout autrement de nos cadres, très désireux de se battre, puisque poussés par un besoin maladif de compenser leur ego. Mais qu'est-ce qui est mieux ? Eux finissent souvent malades, physiquement ou psychiquement, leur organisme prématurément vieilli par les responsabilités et les sollicitations. En voyant mes co-workers obtempérer sagement, simuler jusqu'au bout en as de la mascarade, je me demande si Duraley est dupe. Il paraît satisfait. Il a le sentiment que ses troupes lui obéissent. Il est aux commandes d'un de ces navires des siècles passés et il maîtrise la situation, naviguant à vue entre les obstacles et gardant tout son sang-froid.

D'autres cadres nous rejoignent dans la matinée, amenant des news sur l'état désastreux des axes secondaires, engorgés par des véhicules accidentés, des carambolages et des bouchons monstres.

Les choses reviennent très vite à la normale, trop peut-être, comme si tout le monde ne souhaitait qu'effacer le plus rapidement possible le souvenir des événements de la veille.

Le soir, il est encore question du black-out. Toujours les mêmes explications fragmentaires et peu convaincantes, toujours les mêmes séquences de types alignés derrière autant de panneaux moléculaires, rivés à eux, manipulant algorithmes et codes. Tous ces gens rationnels, ingénieurs, bioniciens, techniciens aux connaissances extrêmement pointues, spécialistes en tout genre, semblent très affairés dans leur univers de chiffres et de schémas, mais on sent sur ces visages comme une crainte obscure devant quelque chose qui les dépasse, le mystère d'un dysfonctionnement inexplicable.

5

Mon frère a parfois tendance à m'agacer. Son enthousiasme forcé sonne faux. Formose est trop insistant alors qu'en même temps, son attitude positive ne respire pas la joie de vivre. Mon frère veut que tout aille bien, pour moi, pour tout le monde, et il a l'air de penser que le plus important c'est d'y croire, et d'œuvrer dans ce sens.

— Chacun est responsable de son bonheur, il a l'habitude de dire.

Une chose en particulier me crispe : sa manie de focaliser ses préoccupations sur mon job – c'est capital d'en avoir un – et la présence indispensable d'une compagne dans ma vie. Il insiste particulièrement sur ce point, me demandant souvent de lui parler des rares femmes avec qui je suis amené à avoir un contact professionnel. Mon frère voudrait m'entendre dire que je flirte avec une de mes co-workers. Rien ne lui ferait plus plaisir que de savoir que j'échange des séquences et des notifs avec une gestionnaire de datas, échanges dans lesquels se glisseraient de discrètes allusions sur la façon dont notre relation pourrait être amenée à évoluer. Formose voudrait que je vive le scénario de rendez-vous de plus en plus intimes, partant du principe qu'il n'existe pas d'autres variantes du bonheur. Et c'est ce qui m'a toujours fondamentalement dérangé chez lui, son incapacité à imaginer une autre forme de réussite que celle à laquelle il veut donner l'impression d'être lui-même parvenu. Pourtant, chaque fois que je suis chez lui, il me paraît évident que les relations qu'il entretient avec sa femme sont au mieux tout juste correctes et le plus souvent franchement tendues. De mon côté, je reconnais n'avoir jamais beaucoup apprécié Nestorine. Sa retenue est comme une carapace qui la maintient à distance. Elle ne me témoigne aucune affection, mais surtout, elle ne semble pas éprouver de véritables sentiments ni pour mon neveu, ni pour mon frère, si j'en juge à la façon qu'elle a d'interagir avec eux.

Nous venons à peine d'entrer nos choix dans le panneau de commandes du resto quand Formose me pose la traditionnelle question de savoir où j'en suis.

— Je ne suis peut-être pas fait pour être en couple, je suggère.

Ce n'est pas la première fois que j'énonce les choses ainsi. Mais rien n'y fait : pour mon frère le célibat est un échec. Il a peut-être raison. Je pense à Pia. Je sais qu'elle me manque, que j'attends de pouvoir à nouveau vivre des moments comme ceux auxquels elle m'a donné accès.

— Et au boulot, comment ça va ? me demande

Formose en entamant le plateau-repas qui vient de jaillir du panneau de commandes. Tu sais qu'on s'inquiète un peu pour toi…

Ça aussi, c'est un couplet connu, le « on » faisant référence à Opeleptica et à mon beau-frère. J'ai toujours cru comprendre que cette inquiétude concernait ma supposée inadaptation, même si rien n'a jamais été formulé aussi explicitement.

— Ma vie est tout ce qu'il y a de plus convenable, je dis avec le sentiment de ne faire que répéter les mêmes phrases creuses.

Une fois, j'ai eu le malheur d'avouer à mon frère que selon moi, la civilisation n'était qu'un immense dépotoir, une décharge à ciel ouvert envahie de toutes ces choses inutiles et laides dont on fait commerce pour remplir le vide des vies. Formose s'en était tout de suite pris à mon pessimisme qu'il jugeait caricatural, et depuis, je préfère faire preuve de plus de neutralité.

— Tu me l'as déjà dit.

Au moins il a entendu ça. L'écoute de mon frère est peut-être meilleure qu'il n'y paraît. Formose a l'air de réfléchir.

— Tu as bientôt quarante ans, il lâche enfin.

— Il n'y a écrit nulle part qu'à quarante ans, il faut avoir un job et une femme, d'autant plus que si c'est le cas, j'ai rempli la moitié du contrat. Et tout le monde ne peut pas en dire autant.

— Tu sais très bien ce que j'entends par là…

Ça ne sert à rien d'épiloguer. Même si je suis peu doué pour les rapports humains, j'ai appris à me plier aux règles de la com et notamment à respecter la sensibilité de mon interlocuteur.

— Et toi ? je demande.

Je m'attends à une réponse posée et positive, d'où un certain étonnement quand Formose m'avoue qu'il éprouve quelques craintes concernant les mois et années à venir. Je lui demande de quoi il parle.

— Les choses ne vont pas en s'améliorant…

Je crois d'abord qu'il fait allusion à son couple, à sa famille, mais il s'avère qu'il pense aux tensions sociales, aux catastrophes naturelles, au désespoir qu'on sent s'installer de plus en plus durablement un peu partout sur la planète. Surpris que mon frère se montre aussi critique, je me retrouve à lui dire – ce qui est vrai – qu'au moins la population mondiale commence à se stabiliser.

— Il est temps, fait Formose. À ce rythme, l'anthropophagie est peut-être la seule solution.

Je ne relève pas la provocation, même s'il a raison sur un point : la sous-nutrition touche, bon an mal an, entre deux et trois milliards d'êtres humains. L'apport des hydropos n'est pas suffisant pour compenser l'appauvrissement généralisé des terres agricoles contre lequel la science et les industriels sont sans solution.

— On nous parle toujours de ceux qui peuvent bénéficier d'un accès correct à des biens de conso et d'Unterhaltung dignes de ce nom, je fais remarquer. Mais jamais de ces centaines de millions de losers, d'inactifs et de pauvres abandonnés à leur sort, contraints de migrer vers nulle part à cause des extrêmes climatiques et qui se retrouvent cantonnés dans les spots et les no man's land prévus à cet effet.

Je me tais. Ça ne sert à rien d'insister, même si je fais partie de ces gens pour qui c'est évident que les commenteurs préfèrent toujours insister sur le sort de la classe intermédiaire des pays émergés, vitrine de la prospérité, preuve vivante de l'adéquation du système vis-à-vis du plus grand nombre.

— Sinon toi, ça va ? je préfère demander.

Il me jette un coup d'œil, comme pour me jauger. Les rares fois où je lui ai posé la question, j'ai eu droit à une réponse lisse.

— Il y a eu des périodes plus fastes, il concède.

Ses traits semblent s'affaisser légèrement. Derrière son air décidé, on sent poindre une certaine désillusion.

— C'est Nestorine, je dis.

Formose hausse les épaules.

— Elle, moi, comment savoir d'où ça vient ?

Je lui demande ce qui se passe. La réponse ne me surprend pas. Les rapports entre mon frère et son épouse sont dans une phase de turbulences. Au point que – selon mon frère – la séparation est peut-être la seule issue possible.

— Vous en avez parlé ?

— Elle m'a menacé, mais on n'a encore jamais considéré ça à tête reposée. C'est une chose de brandir cet ultimatum quand on se dispute et de l'envisager de façon réfléchie, entre adultes qui sont encore capables de communiquer.

— Et qu'est-ce qui va se passer ?

— S'il n'y avait pas Antiochus, je pense qu'on aurait déjà laissé tomber.

J'ai déjà entendu des co-workers parler de la composante enfants dans une séparation, spécialement lorsqu'au départ ils n'ont été conçus que comme des déversoirs à affects mal gérés, des prolongements sur mesure des parents ou de simples Unterhaltung. Certainement qu'ils doivent amener une complication supplémentaire dans ce genre de situation. Ça me rappelle les allusions de ma mère sur le fait que je ne facilitais pas les choses. J'imaginais, à l'époque, qu'elle faisait référence à ce que, cadet d'une fratrie de trois, ma présence surnuméraire la surchargeait. Plus tard, j'ai interprété ça à la lumière de ma personnalité, qui, je commençais à le comprendre, n'était pas tout à fait dans la norme.

— Mais donc, qu'est-ce que vous allez faire ?

— Si je savais… En tout cas, ça risque de mal finir…

— Je pourrais m'occuper d'Antiochus pendant un day off, je propose. Comme ça, vous auriez un peu de temps…

Formose paraît surpris.

— Garder Antiochus ? Tu n'as pas l'habitude…

— Il me connaît.

Et, je le sais, il m'apprécie, puisque chaque fois que je vais chez Formose, son fils insiste toujours pour que je vienne un moment dans sa chambre. Il a du plaisir à me parler de ce qu'il apprend aux cours à distance ou dans ses stages de socialisation.

— C'est gentil. Opeleptica s'est déjà proposée pour qu'on puisse se retrouver un peu. C'est vrai qu'on a peut-être besoin de ça.

— Redis-moi, si jamais.

Formose approuve de la tête. On a terminé nos plateaux et on les remet dans l'alvéole du panneau de commandes.

Sur le pas de la porte du resto, Formose me dit de prendre soin de moi, avant de me gratifier d'une tape sur l'épaule. Je le regarde s'éloigner avec des sentiments mêlés, pitié, tristesse, mais aussi, je m'en rends compte, quelque chose qui ressemble à une petite joie : j'ai une nouvelle preuve que sa version du bonheur n'est peut-être pas aussi parfaite que ça.

Je fais un dernier signe à ce frère que j'ai toujours connu si sûr de lui et rejoins le bureau. Sur le chemin, je suis rattrapé par des pensées moroses : en fait, je ne suis pas plus heureux que Formose. Si je n'avais pas le Léman, il ne me resterait pas grand-chose comme horizon pour me changer les idées. Comme tout le monde, je n'ai pas les moyens de partir en vacances, ou à peine plus que quelques jours dans des pays limitrophes. Les destinations lointaines sont hors de portée. Avec la faillite de la plupart des compagnies aériennes, la troposphère a été rendue à ses seuls vrais propriétaires, les Happy few qui vivent au-dessus de nous tous, ailleurs, plus loin, bien cachés du reste du monde. Les deux sont la récompense : business travels offerts aux cadres sup méritants, voyages d'agrément pour une classe intermédiaire qui peut ainsi s'imaginer être au nombre des élus. Pendant ce temps, l'Überklasse se donne rendez-vous dans des endroits particulièrement difficiles d'accès, au cœur de l'Amazonie ou dans le désert de Gobi ; ils organisent dans ces lieux coupés du monde, ex nihilo, des fêtes orgiaques et décadentes à grand renfort de logistique aéroportée et de tout ce que l'industrie chimique peut proposer comme substances stupéfiantes et psychotropes. Que font-ils ? Il n'existe aucune séquence même clandestine, aucun témoignage, mais les rumeurs font état de jeunes gens discrètement kidnappés ou achetés à leurs parents dans tel ou tel bidonville de Lagos ou de Dacca, et qui sont utilisés comme matière première dans des jeux adultes mêlant orgies et ultra-violence.

Un co-worker m'a dit une fois que ce n'était pas la destination qui comptait, mais les émotions et les souvenirs qu'elles laissaient. Peut-être. En tout, j'ai fait deux séjours dans un centre estivo-ludique du Val d'Anniviers et j'ai passé cinq jours à Bellaria sur la côte adriatique sur une plage grouillante de méduses. J'étais descendu dans un hôtel en bord de mer, une sorte de bâtiment gigantesque et disgracieux tout droit sorti d'une époque impossible à dater. Les moquettes étaient défraîchies, les meubles démodés et les couvre-lits ressemblaient à des floraisons décrépites. Au restaurant et au bar, la vie paraissait suspendue, sorte d'apocalypse ralentie, de drame inexistant. Les clients, pour la plupart âgés, restaient assis à siroter des tisanes face à l'horizon marin. Ils regardaient ce vide, ils attendaient dans ce qui ressemblait à une fin du monde silencieuse.

Le soir, quand je me mets au lit, je repense à ce que mon frère m'a dit. Peut-être que j'aurais dû sortir et aller boire quelques euphorisants avec mes co-workers. Ça m'arrive de les suivre et peut-être que socialiser me ferait effectivement du bien. Formose me répète assez souvent que je n'ai pas assez d'amis et de liens.

Je me mets à penser à Pia. Que devient-elle ? Je ne l'ai jamais revue. Peut-être s'est-elle maquée. Je l'imagine en compagnie d'un enfant en bas âge, seule avec lui, tandis que le géniteur fait des heures sup pour gagner de quoi nourrir sa descendance… Les choses auraient pu être différentes entre nous. Elle n'a jamais cherché à me mentir, à me tromper sur ses défauts. Je l'ai aimée et je n'ai pas oublié l'effet qu'elle avait sur moi, profond, dense, vibrant.

Un instant, je crois la voir dans l'obscurité. Elle sourit, bâille, elle s'étire, paresseuse et douce, puis elle se met à danser sur le noir uni du plafond.

Elle est là, face à moi, et soudain, je me rends compte que moi aussi je suis en train de sourire.

6

Ça ne peut être qu'un signe du destin. Ce n'est pas possible autrement. Quelques jours à peine après avoir repensé à elle, je croise Pia dans la rue. Elle est en train de longer les vitrines de Sainf quand je l'aperçois. Ça me fige sur place. Mon cerveau cesse de fonctionner. Elle est seule ; sa démarche a quelque chose d'un peu traînant. Je dois l'aborder. Mais pour lui dire quoi ? Que je viens de penser à elle ? Qu'en fait, je n'arrive pas à l'oublier ? Que je me souviens de tout ce que nous avons vécu ? Que j'ai hésité plusieurs fois à la recontacter sur les socials, sans jamais oser ? En ce moment précis, il n'y a que ça qui me vient à l'esprit, comme une évidence que j'ai soigneusement évité de regarder en face au cours de ces derniers mois. J'ai cru pouvoir mener une vie sereine et je me retrouve rattrapé par une réalité que j'avais intentionnellement tenue à distance. Pendant tout ce temps, le souvenir de tous les instants auxquels Pia m'a donné accès est resté caché aux limites de ma conscience, cette ferveur, cette chimie passionnelle, ce bien-être indescriptible.

Elle a pris du poids. Et son regard paraît s'être dilué. Elle pose autour d'elle des yeux flous, comme si elle était détachée du monde. Elle doit prendre des médocs plus forts que ceux prescrits à l'époque par son coach médical. Mais elle a toujours cette bouche pleine et paresseuse, charnelle.

Je m'approche d'elle. Il me faut quelques secondes à peine pour arriver à sa hauteur, mais c'est suffisant pour qu'un marteau-pilon se mette à battre entre mes tempes et que mon ventre achève de se liquéfier. Pia prend conscience de ma présence alors que je me trouve à cinq mètres d'elle à peine. Elle s'arrête et me dévisage.

— Salut Pia, je lui dis en luttant pour faire passer les mots à travers ma gorge.

Elle sourit, mais reste silencieuse. On dirait qu'elle ne me reconnaît pas.

— Tu n'as pas changé, elle fait enfin, avant de se reprendre : Enfin si, un peu, c'est normal. Moi aussi, je dois avoir changé.

Elle a une sorte de gloussement gêné que je ne lui ai jamais entendu. Son élocution paraît un peu ralentie.

— J'ai souvent pensé à toi…

Ce n'est pas vraiment ma voix. Pia n'a pas de réaction. Ses yeux ont quelque chose d'étrange, de lointain, de déconnecté. Elle ne semble pas vraiment me voir. Et maintenant ? Les secondes commencent à s'égrener. Rien ne se passe. Je prends conscience des gens qui nous évitent et marchent en accéléré ; nous sommes dans une bulle, prisonniers d'une suspension du temps tandis qu'autour de nous le monde continue de tourner. Je sens ma transpiration dans mon dos, le long de mes tempes, sous mes aisselles. La peau de Pia est luisante.

— On pourrait aller prendre un énergisant ou un relaxant… je réussis à articuler.

Pia approuve de la tête. Mais où aller ? Je lui demande si elle connaît un endroit. Ça n'est pas le cas. Heureusement, j'ai une idée. Nous prenons la sous-voie et débouchons au sud de la place. En quelques pas, nous sommes sur la terrasse.

— Ici on est bien, je lui dis.

Je le pense. Il m'est arrivé de m'arrêter dans ce resto boire un relaxant après le boulot. Une échappée entre les buildings permet d'apercevoir la Dent d'Oche. Et la présence de quelques bâtiments à l'avant-plan donne encore plus de profondeur et d'immensité au ciel… À nouveau, Pia ne fait pas de comments. Elle a toujours ce petit sourire emprunté ; j'ai envie de lui demander à quoi elle pense. Je vais chercher à boire au panneau de commandes, puis je reviens m'asseoir.

J'ai l'impression d'être très loin de tout, seul avec elle. C'est peut-être ça, l'amour. Ne voir que l'autre et être indifférent au reste du monde. Il me semble pourtant avoir entendu des choses à propos d'une empathie exacerbée, d'une considération plus grande pour la vie en général et ses semblables en particulier. Je ne sais pas. Ça n'a pas d'importance.

— J'ai eu envie qu'on parte, toi et moi, ensemble, loin de tout et de tous les hommes, je lâche d'un trait.

Les sourcils de Pia se froncent légèrement, sans que disparaisse cette ombre de sourire.

— Tu comprends ce que je veux dire ?

— Tu sais, ça a été un peu dur pour moi, elle répond.

Je lui demande ce qui s'est passé. Elle a un haussement d'épaules. Je dois insister pour qu'elle finisse par m'expliquer qu'elle a été requalifiée une deuxième fois :

— J'avais retrouvé un job, mais mon boss a vite compris que je n'étais pas vraiment en état.

— Et ton job-coach ? Il a fait quoi ?

— Ce qu'ils font d'habitude.

C'est-à-dire tout faire pour remettre les gens au boulot.

— Ça n'a pas marché, même quand il m'a menacée de me couper mes primes. Il a fini par admettre que ce n'était pas de la mauvaise volonté. Et donc après, ça a été retour case coach médical. Pour lui, ce qui est important, c'est que je stabilise mon humeur et mes émotions. Et bientôt, je pourrais diminuer les doses.

Il y a un silence. Je regarde Pia. J'ai la sensation de me perdre dans ses yeux. En même temps, je pense à ma mère. La mention des médocs me ramène à certaines allusions que faisaient parfois mes parents, allusions voilées, vu leur habitude de communiquer par sous-entendus… Sans compter que le regard de Pia me rappelle celui que ma mère avait parfois.

— Je ne sais pas trop quoi te dire, je murmure.

— Personne ne sait. Mais je peux parler de ça pendant les séances. Et là, j'apprends aussi à faire attention à ne pas verbaliser tout ce qui me passe par la tête. Avant, je n'arrêtais pas. J'avais tendance à être logorrhéique. Des fois, il suffisait d'un détail, d'un petit truc et je partais dans des histoires que je n'arrivais pas à contrôler. Je commandais un stimulant, ça me faisait penser à telle ou telle séquence, après à d'autres, à mes soirées GS, à mon lit, tu vois le genre.

Pia s'arrête. Elle a un petit rire aigrelet.

— Désolée, elle s'excuse. Les mauvaises habitudes, ça revient vite.

Je me rappelle que parfois Pia parlait beaucoup, de tas de choses sans liens entre elles, même si elle pouvait aussi rester des heures entières sans ouvrir la bouche.

Elle détourne la tête. De trois quarts, l'asymétrie de son visage est flagrante. Ni elle ni moi ne sommes beaux, je le sais. Quelques-uns de mes co-workers peuvent être fiers de leur harmonie faciale, sans que je les aie jamais enviés. Je ne me suis jamais dit qu'ils étaient heureux, au contraire : dans leur grande majorité, ils n'ont pas l'air particulièrement épanouis. Et c'est normal. La perfection décuple les aspirations et donc d'autant les frustrations.

— Quand on est ensemble, c'est comme si j'étais seul au monde avec toi, je dis tout à coup.

— Moi aussi, elle sourit.

Je me rends compte que la seule question importante est de savoir si elle vit une relation amoureuse, si elle partage sa vie avec quelqu'un. Je la lui pose. Elle secoue la tête :

— J'ai eu une histoire avec un homme après toi, mais ça n'a pas duré. Il était maqué. Et je pense que c'est à cause de lui que ça a commencé à… empirer. J'ai eu de la peine à m'en remettre quand il a rompu.

— Tu l'aimais…

Elle approuve de la tête.

— Et lui aussi m'aimait. Il me l'a dit tellement souvent, de tellement de façons. C'était impossible de ne pas le croire.

Je lui demande si elle a gardé contact avec lui, puis, à son signe négatif de la tête, si elle éprouve encore des sentiments pour lui.

— Je ne crois pas. En fait, je lui en veux un peu. Il m'a utilisée. Il avait besoin de s'évader. Il y avait des tas de choses qu'il n'osait pas faire ou exprimer. C'était un amateur de true meat. Et puis pour les autres choses… Il avait des envies. Tu vois le genre. Il n'a pas pensé à moi, mais qu'à son petit plaisir égoïste.

Je lui fais remarquer que ça a aussi été en partie mon cas.

— Toi, c'est différent.

Pia l'a dit très simplement, mais ça m'atteint en plein cœur, avec une douceur presque insoutenable. J'ai l'impression que quelque chose se libère en moi, me soulageant d'un poids que je n'osais pas sentir ; j'en perds mes moyens.

— Je n'ai jamais cessé de t'aimer, je murmure en gardant mes yeux dans les siens.

— Je sais, répond Pia.

Je suis à sa merci, désarmé. Avouer ce qu'on ressent affaiblit et désorganise les protections qu'on a construites. Pia pourrait ignorer mes paroles et me laisser là, en miettes, tout juste bon à être recyclé.

— Je n'avais pas prévu de te dire ça.

— C'est ce que j'ai toujours aimé chez toi. Tu ne calcules pas. Tu n'es pas un manipulateur. Il y a tellement de gens qui cherchent à profiter des autres, à abuser d'eux, des gens qui n'ont que ça comme moyen pour essayer d'aller eux-mêmes un peu moins mal…

Je vois très bien de quoi elle parle. Chez certains, le manque d'assurance est tel qu'ils sont contraints de dénigrer, de rabaisser autrui afin de se maintenir à flot. J'ai soudain envie de me lever et d'embrasser Pia. Je me souviens de l'électricité de sa langue, de l'intensité de sa peau, de l'horizon illimité auquel elle m'ouvrait. Pia doit sentir mon regard, car ses joues rosissent.

— Il faut bientôt que j'y aille, elle dit à mi-voix.

— Déjà ?

Je dois me retenir de lui demander pourquoi elle doit partir, si elle a rendez-vous et avec qui. Le temps semble s'arrêter. Qu'est-ce qui va se passer ? Est-ce qu'elle va accepter qu'on se revoie ? Je lui pose la question, abruptement.

— Si tu ne l'avais pas fait, c'est moi qui te l'aurais demandé, elle répond.

Nous fixons un rendez-vous et, à nouveau, le silence s'installe. Nous nous jetons des coups d'œil, des petits sourires. Le monde extérieur a tout à fait disparu.

— Il va falloir que je te laisse, dit bientôt Pia.

J'acquiesce. Nous nous levons et ramenons nos récipients vides au panneau de commandes.

Je demande à Pia dans quelle direction elle va. Elle me montre l'avenue Ben-Constant, un thinker connu paraît-il.

— À bientôt, je fais en me penchant pour l'embrasser sur la joue.

Elle a un léger mouvement de recul, mais elle laisse mes lèvres se poser sur sa peau qui sent quelque chose que je n'arrive pas à identifier, un parfum venu de très loin.

Je regarde Pia s'en aller, incapable d'avoir le moindre contrôle sur mes pensées : elles fusent, désordonnées. Je me retrouve seul. C'est banal ; l'impression de lourdeur dans mes membres et ma tête l'est moins. Comme si ma solitude avait soudain perdu de son attrait, et qu'en fait, malgré ce que j'ai pu croire, je ne m'étais jamais tout à fait habitué à elle.

7

Je me réveille en sursaut. Le cauchemar a été extrêmement net : une plaine démesurée où s'alignaient à perte de vue des constructions identiques et laides, fonctionnelles et sans grâce. Pourquoi rêver de ça ? Parce qu'il a été question la veille de Lampedusa ? Peut-être. On ne parle que très rarement de ces no man's land, seulement lorsqu'une émeute éclate, matée par les entreprises privées chargées de la sécurité, de l'intendance et de la logistique. Le but théorique de ces spots est de canaliser et surtout freiner les mouvements migratoires en provenance des pays émergés. Les séquences sont toujours impressionnantes : des préfabriqués reproduits à l'infini, disposés à la perfection, trahissant une fonctionnalité d'une obscénité et d'une inhumanité insoutenables, purs produits de monomaniaques sans imagination rassurés par les perspectives et les angles droits. L'expression d'une certaine forme de morbidité censée répondre au souhait des populations : regrouper les illégaux avant de les refouler. Les

Leaders surfent sur le sentiment d'envahissement qu'éprouvent les citoyens. Avec la conséquence que Lampedusa mais aussi Cos et Lesbos ainsi que la partie orientale de la Crète ont été sacrifiés en tant que lieux de villégiature (le tourisme étant de toute manière en perte de vitesse vu la pollution des eaux de la Méditerranée), et aménagés de façon idoine, de même que certains spots ont grandi jusqu'à devenir de véritables villes, en Turquie, en Moldavie ou en Ukraine.

Hier, j'ai eu rendez-vous avec Pia. Je lui ai fait des noodles aux criquets, mais après le repas, elle a préféré rentrer dormir chez elle. Elle a toujours son minuscule appart près de l'ancien Parc Mon-Repos. L'amateur de true meat lui file un peu de fric. Et elle m'a laissé entendre qu'elle faisait deux ou trois trucs sur les socials et qu'il y avait des gens qui aimaient bien son genre.

À midi, je retrouve Moro. On échange quelques mots face à nos plateaux. Moro est d'humeur maussade. Comme ça lui arrive souvent, il s'énerve à propos du fait qu'on vive coupés du monde, dans des bulles, sans plus aucun contact avec la réalité de notre environnement, à peine celle de la météo. Il sait que je suis d'accord avec lui.

— Et encore, il maugrée, on passe d'un immeuble climatisé à un autre, et pendant les days off, on ne va respirer l'oxygène des Aires Récréatives Protégées que pour deux heures au maximum, et si possible seulement s'il fait beau.

Duraley et quelqu'un que je ne connais pas

viennent s'asseoir derrière nous. Comme d'habitude, Duraley parle fort. Il se plaint de l'existence d'un spot de caravanes et de tentes près du skyport de Romanel. Losers et inactifs, requalifiés non-outplacés, post-adolescents que les job-coachs n'ont pas réussi à motiver suffisamment pour les insérer, illégaux échappés des no man's land, clandestins en provenance de pays qui n'acceptent pas leur rapatriement ou dont on n'arrive pas à déterminer la nationalité exacte, il y a en retrait de la route tout un univers d'exclus tellement marginalisés qu'on ne les tolère plus qu'en périphérie de la ville, hors de vue en théorie du reste de la population. Et c'est justement là le problème :

— On les voit depuis la route ! explique Duraley. On les laisse s'installer n'importe où ! On dirait qu'ils font exprès de se foutre sous le nez des honnêtes gens qui taffent comme des droïdes ! J'y suis pour rien s'ils sont dans cette situation ! Ils ont qu'à prendre des médocs anti-traumas ! On doit tous se battre, non ?

Un rapide coup d'œil m'apprend que l'interlocuteur de Duraley acquiesce.

Se battre. On est tous réduits à ça, quelle que soit notre origine. Duraley a raison. Il a des points communs avec les losers des Démocratox ou les illégaux échoués en Moldavie. Lui comme eux ne font qu'une chose : lutter, soit pour survivre, soit pour maintenir une existence suffisamment décente, trouver un partenaire de l'autre sexe, et tenter d'être heureux dans cette configuration. La différence, c'est que Duraley a atteint un palier qui lui donne l'illusion d'avoir émergé de la multitude. Il fait partie de ces gens pour qui c'est plus confortable, intellectuellement parlant, de considérer la situation de quelqu'un sous l'angle unique de sa responsabilité individuelle.

— Tu penses à quoi ? me demande Moro.

— À rien, j'ai mal dormi, je réponds laconiquement.

Inutile de lui parler de mon rêve.

— Moi aussi, avoue Moro.

Il attend une seconde, certainement pour que je lui demande s'il y a une raison à ça. C'est ce que je devrais faire, mais quelque chose me retient, peut-être parce que les causes de l'insomnie de mon co-worker ne m'intéressent pas vraiment. J'apprécie Moro, sans forcément avoir envie de l'entendre m'expliquer ce qui le préoccupe.

— Décidément, tu n'es pas très causant aujourd'hui, il fait.

Je m'en excuse. Derrière nous, Duraley ne tarit pas.

— J'ai un peu de peine à me concentrer, j'ajoute.

Moro a un geste de la tête, puis il me demande si j'ai été regarder ce qui s'est passé à Tucson. On parle de ça un moment, et plus généralement de ces accès de violence que semblent susciter ces gated communes supposés apporter à leurs résidents la quiétude à laquelle ils aspirent tant. Éviter que son niveau de vie soit redimensionné est une préoccupation centrale pour tellement de gens, quitte à ce que ça signifie s'enfermer dans une prison protectrice. La sécurité est plus importante que la liberté. À quoi ça sert d'être libre si on se sent en danger ? Sans compter que pour beaucoup, les options dont ils peuvent bénéficier en tant que consommateurs sont une liberté suffisante.

— Il faut être discret, dit Moro. C'est quoi le dicton ? Vivons heureux, vivons cachés ?

— Éviter l'ostentation et ainsi toute forme de provocation, effectivement. Ça paraît élémentaire.

Le ton monte à la table derrière nous. L'interlocuteur de Duraley n'a plus l'air d'être d'accord avec lui :

— Se concevoir soi-même comme une entreprise, c'est complètement dépassé, il dit.

— Ça reste une évidence, réplique Duraley, une question de responsabilité personnelle. C'est bien normal qu'on cherche à maximiser tout ce qui nous concerne, et en premier lieu sa vie professionnelle.

Moro n'a rien perdu du dialogue. Et son air dubitatif me montre que comme moi, le point de vue de Duraley le laisse sceptique. Son interlocuteur revient à la charge, mais Duraley l'interrompt, répétant une fois encore ce qu'il a dit, de façon quasi obsessionnelle. Il est encore plus buté que d'habitude. Il n'a aucune distance, aucun recul, aucun self-contrôle. Il s'en fout de contrevenir aux conventions de com entre co-workers parce que pour lui le plus important est d'afficher une attitude déterminée. Derrière ce comportement, j'ai toujours senti une sorte de peur, celle de ne pas être suffisamment apte, d'être requalifié et dépossédé d'un job qui lui donne toute sa raison d'être. Duraley lutte contre cette peur en se persuadant qu'il se trouve dans le camp des gagnants, de ceux qui réussissent à mobiliser efficacement leurs talents naturels.

— Même un enfant de six ans sait que déliter les solidarités, c'est le plus sûr moyen de rendre l'humain insécure et docile ! dit l'interlocuteur de Duraley sur un ton d'une telle sécheresse que cette fois-ci, il peut continuer sans être interrompu : Il n'y a plus de causes, rien pour nous exalter et nous sortir de nos solitudes, de nos misères et de nos petites jouissances. On est livrés à nous-mêmes avec des droits individuels réduits à pas grand-chose et qui pourtant ont réussi à nous aveugler et à nous faire oublier notre responsabilité collective. Ça fait combien de temps qu'on se comporte comme des enfants sans aucune tolérance à la frustration ? Notre seule réflexion, c'est de se dire que si on a les moyens de se payer quelque chose, on y a droit.

Je tente un autre coup d'œil, mais je ne sais pas qui est cet homme. Je pose la question, discrètement, à Moro, qui fait signe qu'il n'en sait rien. Hiérarchiquement parlant, son interlocuteur doit au minimum se trouver sur un pied d'égalité avec Duraley. Certainement un chargé de proj ou un exécuteuRH étonnamment critique. Un subalterne ne pourrait en aucun cas lui tenir pareillement tête.

— Peut-être, reconnaît Duraley.

— Et c'est la même chose par rapport à tous

ces gens dont tu parles, continue l'autre homme. On ne veut pas regarder les choses en face. D'une part ces inégalités ne font que se creuser toujours plus, mais surtout, on oublie qu'elles trouvent leur cause dans la prédation à grande échelle qui a caractérisé le rapport au monde des Européens depuis les Grandes Découvertes.

Il attend une seconde la réaction de Duraley, mais celui-ci reste silencieux. J'aimerais voir la tête que fait notre cadre sup, mais je n'ose pas regarder derrière moi. L'homme dit encore :

— Voilà la réalité : les hommes et les femmes qui s'entassent à Romanel et dans tous les no man's land de la planète viennent de pays accablés de façon endémique par une pauvreté consécutive à certaines pratiques, celles de nations, puis de multinationales, sans que fondamentalement il y ait une grande différence de traitement, le cynisme ayant remplacé la brutalité crue. Au cours de ces derniers siècles, on est passé de la mise en esclavage des êtres et de la spoliation des biens à des formes moins directes – mais tout aussi efficaces – de sujétion et de collecte des richesses à destination d'une minorité.

— Peut-être, répète Duraley.

Il n'a pas l'air convaincu.

— C'est tellement plus simple d'entretenir la défiance entre les workers et les illégaux, continue l'homme, tellement plus profitable d'alimenter les antagonismes entre des pauvres qui ont en commun d'avoir une éducation et des opportunités perso-prof minimales. Monter les gens les uns contre les autres, entretenir les peurs et donc la haine. Parce que quand on n'a pas les moyens intellectuels de trouver des solutions à sa situation, on commence à avoir peur. La peur est la conséquence de l'incapacité à imaginer des moyens d'améliorer sa condition : elle est liée aux compétences psycho-cognitives. Et elle dégénère toujours en haine.

— Ça n'empêche qu'il y a plein de gens qui n'arrivent pas à affronter les causes réelles de leur inadaptation, proteste Duraley.

L'autre a un bruit de bouche méprisant :

— Toujours les mêmes arguments, toujours les mêmes discours. J'imagine que ça rassure de croire qu'il y a des raisons objectives à cette situation. En tout cas je suis sûr d'une chose : ce qui sauvera le monde, c'est la bonté. Et la beauté.

À nouveau, j'essaye de voir qui est cet homme. Je suis en train de réfléchir à ce qu'il a voulu dire par là quand Moro, qui a fini de manger, me propose d'aller faire un tour sur la terrasse du toit de l'immeuble. Je le suis, avec un dernier regard en direction de Duraley et de son interlocuteur.

J'aime cet endroit et l'impression d'être directement sous le ciel. Les nouveaux buildings du centre-ville, dont le nôtre, dépassent de plusieurs étages les bâtiments plus anciens. Au nord, l'éco-quartier de Sauvablin qui vient à peine d'être construit sur les pentes de la colline semble noyer la cathédrale. Des co-workers sont en pause-stimulateur dans l'espace détente climatisé, couchés sous casque sensoriel les uns à côté des autres, insensibles au monde extérieur et au bourdonnement des éoliennes. Les voir pareillement alignés semble signer le règne de la passivité ultime. Ils se laissent aller à leur bonheur tout fait, ils s'abandonnent à une forme consentie d'esclavage, avec l'espoir peut-être d'obtenir ainsi un léger sursis, temporaire, mesquin, mais de leur point de vue appréciable. Moi, j'aimerais plutôt m'envoler sur des ailes immenses vers un ciel immobile, très loin au-dessus des hommes. Ou au moins, j'essaye de me dire que je n'ai pas besoin de la médiation d'un écran pour avoir l'impression de vivre. Mais la vérité c'est que nous sommes des morts-vivants, isolés, proches de la fin, des êtres que la vie a quittés, maintenus par des gestes automatiques et répétés, réduits à des pantomimes de nous-mêmes, à des comportements préréglés, des parodies de socialisation, sans autre choix que ceux de notre conso.

8

À peine j'arrive chez mon frère qu'il me sert un généreux verre d'un vin chinois que je dois absolument goûter. Je n'ai jamais vraiment apprécié l'alcool et ses effets, mais je me plie diplomatiquement à son enthousiasme.

Nous nous asseyons au salon pour l'apéritif. Nestorine a l'air crispée, Antiochus fatigué et mon frère pressé de meubler les blancs de la conversation. Il dévide des chapelets de banalités à propos de la météo et de sujets de cet ordre, de ceux qu'on aborde pour en éviter d'autres, plus gênants, ou simplement quand on n'a rien à dire. D'ordinaire, ces discussions se déroulent entre co-workers, elles sont cantonnées à des lieux dans lesquels se retrouvent des personnes peu à l'aise les unes avec les autres.

— La chaleur me tape sur le moral, conclut Formose en se servant un deuxième verre de vin blanc.

Nestorine ne fait pas de comments. Elle n'a encore rien dit. Elle observe mon frère. Formose commence à poser des questions à Antiochus, afin que j'aie quelques infos à son sujet. L'atmosphère familiale paraît s'être encore détériorée depuis ma dernière visite. La tension est palpable.

— Tu en penses quoi ?

Formose m'a parlé et je n'ai pas écouté.

— Pas grand-chose, je réponds prudemment.

Nestorine me regarde avec un air que je n'arrive pas à interpréter.

— Pourtant, toi et le sport, ça a toujours fait deux, continue Formose.

Je confirme :

— Tout à fait.

Je fais un clin d'œil à Antiochus. Mon neveu réagit par une grimace.

— Moi et le sport, ça a toujours fait deux, je répète.

Je cherche des détails à donner car je sens que tout le monde attend des explications. Je me mets à parler des workshops EPH durant les stages de socialisation et de la position d'arrière que mes camarades m'attribuaient systématiquement pendant les matchs de punchball, des difficultés que j'avais à courir plus de cinq minutes sur le runtrainer, ou, pire, de l'impression de me noyer quand il s'agissait d'effectuer une longueur de bassin à la nage.

— Entre le sport et moi, c'est la longue histoire d'une mésentente, je résume.

— Il n'y a jamais eu de déclic, dit Formose.

— C'est ce que j'expliquais.

Pourtant, est-ce que ma vie aurait été différente

si j'avais eu des compétences dans le domaine sportif? Est-ce que j'aurais été plus à même de trouver ma place dans le monde? J'ai toujours eu cette sensation de flotter en marge, de ne pas être en phase avec la sensibilité des autres, et cela n'incite ni à rechercher leur compagnie, ni à créer des liens avec eux… Il n'y a là rien de grave, rien d'insupportable. Au pire, j'éprouve parfois le sentiment de manquer d'un espace suffisant pour exister à mon rythme.

— Les parents n'ont jamais vraiment su quoi faire par rapport à ça, glisse Formose.

— Ils m'avaient inscrit dans un club de total fight, mais ça avait été un fiasco, une perte de temps pour moi et de fric pour eux.

Je ne précise pas que l'incompréhension de mes parents ne concernait pas que mon rapport au sport. Nestorine nous fait passer à table. Elle sert l'entrée et tout le monde se plonge dans son assiette. Nestorine touche la salade et les rices balls du bout des lèvres, mais il n'en va pas de même de mon frère qui semble n'avoir rien avalé de la journée. Si on ajoute sa façon de boire, c'est de la destruction pure et simple d'aliments, particulièrement choquante vu les égards avec lesquels Nestorine m'accueille en me servant des légumes frais. Antiochus aussi mange vite, comme s'il espérait quitter plus rapidement la table. L'ambiance est lourde et je me sens incapable de faire quoi que ce soit là contre, en engageant par exemple la conversation ; je suis paralysé.

— Merci pour l'invitation, je réussis à dire à

Nestorine, au moment où elle débarrasse l'entrée. Tu me gâtes à chaque fois. Ça fait des semaines que je n'ai pas mangé de salade.

Elle croit bon de se justifier en expliquant que mon frère a beaucoup insisté, sans que je sache si elle fait allusion à l'invitation ou à la présence de verdure au repas.

— Nestorine est capable de miracles culinaires, déclare Formose. De ce côté, c'est une découverte et un bonheur tous les jours. On a de la chance.

Le ton de mon frère sonne faux et je sens que Nestorine se retient de lui répondre. Au moment du plat principal, Formose entame le sujet boulot par une série de questions, questions que je lui retourne bientôt, pour m'entendre dire que les délais se raccourcissent, la pression grandit, les menaces de requalification pèsent sur tout le monde.

— Et chez vous, ça ne se passe pas de cette façon ? intervient Nestorine.

Je hausse les épaules :

— Si bien sûr. On n'est jamais sûr de ne pas recevoir des mauvaises news.

— Et comment tu fais pour ne pas être plus inquiet ?

Son incompréhension semble sincère. Antiochus a fini. Il se lève et quitte la pièce. Tout de suite après, il y a des cris dans une des chambres, et une voix off.

— Moins fort ! crie Formose, avant de m'expliquer que son fils s'est inscrit à un cours sur les révoltes ouvrières du sud de l'Espagne.

Pour répondre à ma question, mon frère me résume les événements en quelques mots : des workers agricoles sous-payés qui s'en prennent à d'autres sous prétexte qu'ils leur volent leur job, des affrontements qui dégénèrent en soulèvement face à l'intervention asymétrique d'agents anti dotés de nouveaux canons à liquide urticant et de gaz neuroleptiques dernière génération.

— Toi en tout cas, ton job, ça a l'air d'aller, fait Nestorine.

Est-ce qu'elle cherche à me faire dire quelque chose ? C'est rare qu'elle s'adresse directement à moi. Je déclare que même si ça va mal, on n'y peut pas grand-chose.

— Peut-être, lâche Formose, mais il faut toujours essayer de voir ce qu'on peut faire. Chercher à améliorer sa situation.

— Et essayer de se comporter de la façon la plus adéquate possible, j'ajoute.

Nestorine n'a pas l'air convaincue. Pourtant c'est ce que je pense. La peur, la frustration, le ressentiment sont partout, ils dictent leurs comportements aux hommes, ils influencent leurs réactions et leurs relations. Nous vivons dans la crainte d'être requalifiés, mis sur la touche, sortis du circuit, expulsés de nos apparts et ça entretient un état de sidération et de tension permanentes qui nous abrutit et nous rend agressifs. C'est bien la seule réalité du monde du boulot. Tout est affaire de hiérarchie, de mise en compétition, de sélection naturelle. Et ça nourrit très efficacement le sentiment d'insécurité des workers. Toujours il faut s'adapter, se former, se familiariser avec des procédures nouvelles, d'autres paradigmes. S'ajuster sous peine d'être exclus. Et c'est sans compter cette nécessité de devoir sans cesse se plier à des rituels de convivialité, autant de moments de partage censés rapprocher les gens, les rendre plus sensibles à leurs co-workers, leur donner l'illusion d'être intégrés à un collectif en fait tout à fait fictif.

— C'est un peu bizarre, ce job qu'Antiochus doit faire, non ? je fais remarquer.

— En plus, il n'y a rien à en dire, approuve Nestorine. Ce ne sont que des explosions de rage et de frustration sans aucune coordination. C'est d'ailleurs bien normal, vu que les syndicats et les associations de défense des workers ont été interdits.

Je sens que la prise de position de son épouse n'enchante pas Formose. C'est la première fois que j'ai un aperçu des opinions politiques de Nestorine, et sans l'attitude de mon frère, j'en aurais volontiers discuté avec elle. Nestorine me tend la perche :

— Formose n'aime pas que je dise des choses comme ça.

— Pas du tout ! proteste mon frère.

Elle me prend à partie et ça risque de rendre ma position très inconfortable.

— Tu dis que je suis cynique, continue Nestorine sans se laisser démonter, mais c'est un fait : on ne se révolte plus contre l'injustice en tant que telle. On est devenu fatalistes, on accepte docilement notre condition et les explications simplistes qu'on nous sert à longueur de journée…

— Quelles explications ? l'interrompt Formose.

— Par exemple que la position sociale des Happy few est due à leurs talents naturels, à leurs compétences innées, à leurs mérites.

J'opine à nouveau, plus nettement, tout en percevant la désapprobation de mon frère.

— Tout le monde sait que ce n'est pas le cas, objecte Formose.

— Et pourtant, c'est toujours le message implicite.

Mon frère se raidit un peu plus. L'exaspération de Nestorine est à présent tout entière tournée vers mon frère, et je me trouve obligé d'assister à un spectacle qui ne me concerne pas. Formose essaye d'échapper aux yeux de sa femme et j'ai soudain la sensation que mon frère cache quelque chose à son épouse.

— Bon, qu'est-ce qu'on a pour le dessert ?

Formose a très maladroitement tenté de mettre fin au duel oculaire qui l'oppose à Nestorine.

— De la merde, répond cette dernière. Ça devrait te convenir.

Elle se lève et sort de la salle à manger en un seul et même mouvement de tornade contrôlée. J'adresse un regard interrogateur à mon frère qui secoue la tête avec cet air de chien battu qu'il a parfois.

— Ça ne va pas fort, hein ? je fais.

Formose grimace un acquiescement.

— Il se passe quoi ? je hasarde.

— Je t'avais dit que c'est compliqué ces temps-ci. Tu vois le genre.

— Je ne l'ai pas souvent vue comme ça.

Formose hausse les épaules.

— Tous les couples passent par là…

J'attends une seconde, avant de lâcher :

— Tu lui caches quelque chose.

— De quoi tu parles ? demande Formose avec un air incrédule. Je ne cache rien à personne.

Il semble sincère.

— Tu ne la regardes pas en face.

Les sourcils de mon frère se froncent.

— Je ne te savais pas si au clair sur les rapports de couple…

— Si tu lui caches quelque chose, c'est normal qu'elle le sente et que ça pourrisse l'ambiance entre vous, je me contente de dire.

— Depuis quand est-ce que tu penses avoir des aptitudes suffisantes en matière de relations humaines pour me donner un avis autorisé ?

Le ton est sec et sans appel ; ça a tout de la remise en place, de celle qu'on fait subir à un enfant. Et mon frère ne s'arrête pas en si bon chemin puisqu'il ajoute, d'une voix tremblant d'une colère mal contenue :

— Regarde-toi. Regarde qui tu es et ce qu'est ta vie avant de donner des conseils aux autres. Tu es seul, tu l'as toujours été et tu le seras toujours. Tu es capable d'avoir un job, mais jamais tu ne pourras fonder une famille et avoir un enfant. Je me rappelle très bien que les parents ont longtemps hésité à te mettre dans un centre spécialisé. Ils auraient dû. Tu nous aurais moins pourri l'existence.

Mon frère quitte la table brusquement. Il est hors de lui. Je me retrouve seul face à des couverts vides, abandonnés comme sur un champ de bataille. Jamais on ne m'a parlé de centre spécialisé. Jamais en face, en tout cas. J'ai l'impression de mieux comprendre certaines allusions et des discussions que j'avais surprises à l'époque. J'essaye de déchiffrer ce que j'éprouve en cet instant précis. Je n'y arrive pas. Il y a peut-être de la surprise, de la douleur, le sentiment d'être rejeté, mais en même temps, j'ai la confirmation de quelque chose que j'avais toujours pressenti.

Les cris éclatent quelques secondes après que mon frère a quitté la salle à manger. Ils ne viennent pas du GS. Nestorine et Formose sont en train de s'expliquer.

Je me lève à mon tour et sors sans bruit de chez eux, sans que personne me remarque.

9

Le lendemain, je trouve les bureaux dans un état d'agitation inhabituel. Duraley a été tué pendant son day off, tabassé à mort par une bande de jeunes inactifs venus chercher un peu d'action au centre-ville. Sachant à qui ils avaient affaire, les agents anti sont intervenus massivement. La bataille rangée a coûté la vie à trois adolescents, sans compter plusieurs blessés graves. Les forces anti ont dû ensuite veiller à ce que les survivants ne se fassent pas lyncher par une foule de foireurs en furie. J'essaye d'en savoir plus, mais mes co-workers ne font que répéter les mêmes détails et expriment le même fatalisme : Duraley s'est trouvé au mauvais endroit au mauvais moment.

Pendant la journée, en plus des expressions faciales et verbales usuelles destinées à communiquer leurs émotions, j'entends plusieurs de mes co-workers faire des comments à propos des losers et des rebuts sociaux qui ne savent que vendre des psychotropes prohibés ou bastonner des foireurs. Quelqu'un suggère même de mener une expédition punitive. Tout ça me déprime. La mort stupide de Duraley, et surtout ces paroles pseudo-guerrières et vengeresses qui ne montrent qu'une chose : on crie, on s'excite, mais on n'a aucun contrôle sur nos existences. Ce qui est normal : quand on court après sa vie, on a de la peine à lui donner un sens.

J'hésite à appeler Pia. J'ai envie d'entendre le son de sa voix. Mais nous n'avons rendez-vous que demain et elle m'a expliqué qu'aujourd'hui, elle avait des choses à faire.

Je n'arrive pas à me mettre au boulot. Je n'arrête pas de penser à Duraley. Combien de personnes meurent chaque jour d'une façon aussi absurde ? Nos existences sont de plus en plus précaires ; elles ne tiennent plus à grand-chose. Au moins, sa mort a évité à Duraley de contracter une maladie invalidante, cancer ou burn-out, de celles qui rongent la chair et dessèchent l'esprit, qui transforment les gens en loques sans utilité pour la collectivité.

Je me mets à parcourir les news-break. Un autre yacht a été vandalisé et détruit sur la Côte d'Azur, et ses propriétaires immolés vifs. Malgré le danger de mouiller dans des ports non sécurisés, le propriétaire du yacht, un Winner lapon ayant fait fortune dans le gaz naturel, a voulu faire escale à Sainte-Maxime. Il n'avait pas été mis en garde. Comme c'était à prévoir, le Lapon et sa famille se sont retrouvés séquestrés par des Komités Anti-Ostentation, attachés au bastingage et arrosés d'essence afin d'être purifiés par le feu. Les passants ont assisté au spectacle, tandis que les pompiers essayaient vainement de sauver les malheureux. Les commenteurs relèvent une fois encore la sauvagerie des KAOS qui affirment venger le monde en punissant les vrais responsables de l'état dans lequel il se trouve. L'arrogance de certains membres de l'Überklasse, leur violence symbolique sont évidemment complètement passées sous silence.

Il est aussi question d'une campagne de crowdfunding que vient de lancer une pharma dans le but de mettre au point un nouveau traitement contre les dégénérescences génétiques atteignant les populations des décharges géantes. Je regarde l'heure. À peine onze heures. Je me demande si je vais pouvoir atteindre la fin de cette journée. J'aimerais sortir, marcher, partir, et j'hésite à le faire. Dernièrement, j'ai entendu deux co-workers qui disaient, à propos d'une personne qu'ils ne nommaient pas, qu'elle n'était pas assez impliquée. Je suis certain qu'ils parlaient de moi. Ça annonce vraisemblablement d'autres reproches, émanant d'un cadre sup, reproches anticipant de peu une requalification pure et simple. D'un autre côté, qui remarquera seulement mon absence ? Il ne me faut pas longtemps pour me décider : je me lève et quitte la claustrophobie de mon box, laissant mon panneau moléculaire allumé. Je sors discrètement du bâtiment.

Dehors, le ciel est lourd, compact d'humidité ; les nuages de haute altitude voilent le bleu et tendent une luminosité laiteuse et malsaine sur nos têtes. Avec cette clarté de fin du monde, le jour a quelque chose d'une agonie. Comme toujours, les gens paraissent pressés, affairés, obnubilés par des réalités qu'ils sont seuls à percevoir. Je descends vers le bord du lac en évitant autant que possible les rues passantes.

En une quarantaine de minutes, j'arrive au parc du Denantou. La pelouse est jonchée de déchets laissés là par des foireurs. Sous un arbre, un type écoute sans implants audio une news-break à propos de la pandémie de chikungunya 2 qui touche tout le centre du continent africain. La transformation de la biosphère s'accélère : insectes et parasites s'adaptent, prolifèrent et se répandent, redessinant la carte des aires du choléra, de la malaria, de la grippe de Kivu ou de la lèpre mutante.

Devant moi, le lac est presque menaçant. L'eau est sombre, huileuse et ne reflète rien. L'humidité colle à la peau, la chaleur oppresse les poumons. Il n'y a pas d'air, aucune circulation atmosphérique.

Je retrouve les passants des quais d'Ouchy. Autant d'inconnus qui comme moi préfèrent le plein air aux étendues virtuelles des socials ou les excitations sensorielles des stimulateurs, et profitent de l'évasion que leur offre un horizon même borné par les Préalpes. J'aimerais que Pia soit là, mais je sais que je ne dois pas me montrer trop insistant. Je ne veux pas la brusquer. Sans compter que je n'ai pas grand-chose de très intéressant à lui proposer.

Je prends la direction de l'est. L'étroit sentier lacustre n'a été que partiellement réaménagé. Des tronçons entiers datent du XXe siècle, peut-être même d'avant. J'imagine tous les promeneurs qui sont passés par là au fil des années et se sont arrêtés aux mêmes endroits pour admirer les mêmes montagnes, Rochers de Naye, Tour de Mayen et d'Aï, Dent d'Oche, dans des luminosités et sous des cieux pourtant toujours différents ; ce lieu est comme une vaste chambre d'écho où résonne ce qu'ont pu ressentir plusieurs générations de flâneurs.

Le regard est happé par le panorama, tout l'être est aspiré dans des profondeurs nouvelles. La noirceur de l'eau m'attire, comme un miroir en entonnoir, une invitation à contempler l'intérieur de moi-même. Le rêve que j'ai fait la nuit passée me revient en tête. Il était différent, étrangement lumineux. Je ne sais pas où j'avais été transporté. Un endroit inconnu et vaste. Le ciel était net, pur, d'un bleu d'une intensité que je n'ai jamais vue. Le regard portait très loin. Les dimensions semblaient s'être dilatées, l'horizon était repoussé, libérant l'esprit, l'amplifiant jusqu'à des degrés de conscience nouveaux et troublants. Plus loin, des excroissances rocheuses émergeaient du sol. On aurait dit des êtres immobilisés qui attendaient qu'il n'y ait plus personne pour prendre vie. À un moment, le ciel a paru s'enfler tandis que le soleil virait au rouge malade. Une route est apparue devant moi. Une poussière jaunasse dansait et serpentait, emportée par un vent invisible. J'ai commencé à marcher. L'air brûlait mes rétines. J'avais l'impression que mes yeux séchaient dans leurs orbites. La chaleur me clouait au sol et pourtant je continuais. Je crois que c'est à ce moment que je me suis réveillé, le corps moite de transpiration.

Je me demande à quoi pensent les gens que je croise sur le sentier lacustre. Eux aussi paraissent sensibles au paysage, et peut-être qu'ils éprouvent les mêmes sensations que moi. J'ai eu l'occasion de voir des séquences du début du XXe siècle : des hommes et des femmes habillés avec soin, repus, sortant d'un repas bien arrosé, arpentant les quais, les yeux rivés à la ligne des montagnes, rendus sensibles à cette beauté par l'excès d'alcool et de nourriture. Et avant eux, je peux sans peine imaginer d'autres ancêtres, leurs peaux d'animaux sur le dos, pareillement arrêtés en bordure de l'eau, admirant les miroitements et les reflets, les scintillements du soleil sur les flots, saisis par cet aveuglement. Eux aussi ont ressenti quelque chose qui ne pouvait être qu'un frissonnement, le premier peut-être, du sentiment esthétique.

C'était hier, il y a à peine dix mille ans de ça.

10

Au cours de la nuit, il y a une autre coupure de courant et naturellement je ne m'en rends compte qu'à mon réveil, quand le soleil est déjà haut. Je bois un verre d'eau qui me paraît avoir un goût de rouille. Une voiture de force anti passe, sirènes à plein régime, puis une deuxième.

Sur le chemin du bureau, je croise un type qui m'aborde pour me dire de me repentir, car les temps sont proches. Il a un air apeuré et agressif ; son mal-être dessine comme une aura autour de lui. Je l'écoute sans l'interrompre. Mieux vaut ne pas ignorer trop délibérément les gens comme ça. Ils ne supportent pas que leur situation leur soit même indirectement rappelée. Quant au baratin lui-même, ce n'est qu'une variante de toutes ces théories complotisto-millénaristes qui prospèrent, se métamorphosent et se réinventent sans cesse.

Au bureau, il n'y a que très peu de monde, encore moins que pendant la dernière coupure. Mes co-workers étaient encore chez eux quand elle s'est produite. Ils ont eu le temps de se demander ce qu'ils devaient faire. Et certainement que la perspective d'une nouvelle phase de chômage technique, à si peu de temps d'intervalle, a eu raison de leur motivation. Car avec l'inactivité viennent les questions, les interrogations, les doutes, puis l'appréhension et l'angoisse. Être forcé de ne rien faire assombrit l'âme et réveille des pensées désagréables. Je me demande pourquoi je suis venu. J'aurais dû rester chez moi. Ou aller me promener. Je n'ai pas réfléchi.

Je vais jeter un coup d'œil dans le box de Moro, mais naturellement il n'est pas là. Soit il est prisonnier d'une route embouteillée, soit il a eu l'intelligence de rester chez lui.

Mon panneau moléculaire est mort. Je pourrais repartir mais bizarrement quelque chose me retient, peut-être la même impulsion qui m'a poussé à venir au bureau ce matin.

Le silence est presque total, à peine interrompu par les sirènes. Je suis assis là depuis une heure peut-être, à me souvenir de mes derniers rêves et essayer de les décrypter, entre autres cette maison aux ramifications inquiétantes et dont le jardin abandonné s'étendait sur des kilomètres, quand j'entends des bruits de pas dans le couloir. Une démarche de femme, de talons claquant sur le revêtement du sol. On toque à ma porte et on l'ouvre sans attendre de réponse.

Li Fang-Yin. La plupart des femmes qui bossent chez nous occupent des postes de cadres sup, de chargés de projet – c'est le cas de Lin Fang-Yin – d'exécuteuRH. Je ne l'ai pas croisée souvent et en tout cas, elle ne m'a jamais adressé la parole.

— Vous êtes là, elle lâche. C'est bien ce qu'on m'avait dit.

— Je suis là, je confirme sans comprendre.

— J'ai besoin de vous, elle ajoute.

Je retiens le « moi ? » qui me vient aux lèvres. Qu'est-ce qu'elle me veut ? Li Fang-Yin a une expression de légère exaspération. J'ai entendu dire qu'elle est décidée, efficace, peu encline aux atermoiements.

— Vous n'avez pas entendu parler de ça ?

À ma question, elle m'explique que les gens commencent à chercher des responsables. Cette coupure arrive trop peu de temps après la précédente.

— Mais vous vous demandez certainement quel rapport ça peut avoir avec vous, elle conclut.

Elle a lu dans mes pensées. Elle m'expose ce que je sais déjà pour l'avoir entendu au détour d'une conversation entre co-workers, qu'en ayant effectué une OPA sur une des compagnies de redistribution d'électricité, notre entreprise est vue par certains comme partiellement responsable des disruptions de l'approvisionnement, ce qui fait de nous des coupables tout désignés et très pratiques. Un bouc émissaire est un moyen éprouvé d'éviter de se poser des questions et de rechercher les véritables causes dans une situation complexe, comme une sorte de solution miracle permettant une lecture simplifiée et tellement plus confortable des événements.

— Et moi, là-dedans ?

— On craint que des gens ne viennent ici. Or les forces anti sont débordées. Il semble que des bandes d'inactifs et de rebuts des quartiers nord pillent systématiquement les fashion points et les boutiques du centre-ville. Si des gens se mettent en tête de vouloir vandaliser nos locaux, il n'y aura personne pour s'interposer.

Je ne comprends toujours pas.

— À moins que quelqu'un aille parler à ces individus...

Tout à coup je vois où elle veut en venir :

— Il faut que moi... ? Mais je vais leur dire quoi ?

— Je suis sûr que vous trouverez. Nous avons confiance dans vos compétences. Nous ne vous l'avons pas assez dit, mais votre expertise nous est précieuse.

J'essaye de me représenter la scène, mais tout ce que je peux imaginer, c'est une foule en colère, de celles que nous montrent les news-break. Moi face à une marée humaine exaspérée ? Qui a eu l'idée de m'utiliser comme bouclier humain ? Je secoue la tête.

— Je comprends votre réticence, dit encore Li Fang-Yin, mais si vous réussissiez à éviter des dégâts, nous saurions nous montrer reconnaissants.

— Et si je ne réussis pas ?

Elle hausse les épaules, sans daigner répondre.

— Et si je ne suis pas d'accord ?

Elle me regarde. Elle a un très bref sourire.

— Si vous n'êtes pas d'accord ? elle répète. Vous plaisantez, j'espère.

Pris de court par son aplomb, je lui demande ce qu'elle attend de moi. Elle me propose de me poster à l'entrée et de me tenir prêt à réagir si des gens tentent d'entrer.

— Et s'ils sont nombreux, très mécontents, et qu'ils décident de s'en prendre à moi ?

— Faites-les parler. Donnez-leur l'occasion de s'exprimer. Et surtout, soyez empathique. Dites-leur que vous comprenez.

— Si ça ne suffit pas ?

— Soyez clair sur le fait que malheureusement, vous ne pouvez les laisser entrer. De l'empathie, mais de la fermeté.

Quant à savoir quoi faire au cas où ils forcent le passage, Li Fang-Yin ne peut que m'assurer à nouveau que mon dévouement sera pris en considération à sa juste valeur, sans compter qu'il pourra servir d'exemple aux autres workers. Je repense à toutes ces séquences d'émeutes, de manifestations transformées en batailles rangées, en corps à corps sauvages, visages ensanglantés, expressions hébétées. Une première puis d'autres questions incongrues me viennent en tête : est-ce que j'ai eu l'occasion de voir Li Fang-Yin d'aussi près ? Qui est cet être ? Et de quoi est faite sa vie affective ? A-t-elle un fiancé, un petit ami ? A-t-il droit, lui, à des sourires sincères et doux ? Est-ce que Li Fang-Yin est seulement capable d'éprouver des sentiments ? Le temps paraît s'être immobilisé. Cette femme est la représentante archétypale de cette catégorie socio-pro sur laquelle s'appuient ceux qui dirigent toutes les entreprises et administrations de la planète : les cadres sup, exécuteuRH zélés, maillons indispensables de la structure hiérarchique globale, bras armés du pouvoir en place, régulateurs et grands ordonnateurs de la sphère professionnelle, intermédiaires obéissants qui s'entendent répéter d'en haut qu'ils sont indispensables, à qui l'on promet, et parfois accorde, les avancements et promotions les plus divers, à qui surtout on donne suffisamment pour qu'ils se sentent totalement loyaux, business travel, séjour de remise en forme dans des complexes multifonctions où pendant quelques jours le cadre sup peut se sentir dans la peau d'un Happy few, petits privilèges VIP, jacuzzis privatifs, illusion dorée. Diviser et sur-hiérarchiser afin de compromettre toute solidarité, offrir des faveurs individuelles et ainsi s'assurer le dévouement servile de tous. Naturellement, vu la pression qu'ils subissent, des cadres sup comme Li Fang-Yin sont les plus sujets à l'épuisement, ce qui au final n'est pas très grave puisque dès qu'un cadre sup se consume, dix sont sur les rangs pour le poste.

— Vous ne m'avez jamais adressé la parole, je dis, mais vous aimez aller à la rencontre des workers.

Li Fang-Yin a un sourire, bref et sidérant. Une seconde durant, son self professionnel laisse la place à… Quoi ? Aucune idée. Tout ce que je sais, c'est que ce sourire m'envahit de lumière. Jamais je n'ai été mis en présence de quelqu'un d'aussi physiquement parfait. La régularité des traits de son visage, l'harmonie des lignes de son corps, tout en elle semble musique. Bien qu'elle soit appelée à passer, la beauté d'une femme compose peut-être une des seules éternités terrestres.

— Vous avez des questions ? elle me demande.

Je fais signe que non. Elle a l'air d'apprécier ma réponse, puisqu'elle lui évite de perdre du temps.

— Naturellement, on fera tout notre possible pour que la situation ne nous échappe pas.

Ce sont des mots creux. Elle pense montrer son empathie, mais Li Fang-Yin est-elle seulement au courant de la façon dont les choses sont susceptibles de nous échapper ? Est-ce qu'elle fait attention aux news-break ? Elle me laisse en me demandant de me rendre dans le hall. Elle ressort de mon box comme elle est entrée, avec souplesse et détermination.

Je me demande ce que Pia penserait d'elle. Pia avec qui j'éprouve des sensations et des émotions qui sont une brûlure de douceur, qui me fait découvrir des mondes étranges, des univers somptueux. Est-ce que je peux espérer autre chose ? Existe-t-il un autre but ? Se trouver près de quelqu'un qui vous comprenne, qui sache tout des mouvements de votre âme, qui saisisse ce qu'on ressent mieux que soi-même, de façon quasi omnisciente… Éprouver ainsi le sentiment d'être unique…

Je rejoins le hall d'entrée qui est désert. D'habitude, il y a toujours quelques personnes qui discutent ou consultent leurs extens. Des sirènes résonnent dans le lointain, quasi en continu. Je m'installe dans un coin et reste dans ce qui devient vite une éternité, mes pensées tournant en rond. Je repense à ce rêve que j'ai fait il y a deux jours. Je voyais Pia, mais ce n'était pas tout à fait elle. L'impression était très angoissante. Je me trouvais dans cette sorte de palais que j'avais déjà vu, je marchais dans ces mêmes pièces immenses au milieu desquelles parfois s'empilaient des corps. Une odeur de cheveux brûlés empestait l'air. Et toujours ces fenêtres qui donnaient sur un ciel sans couleur. Au bout d'un moment, je me suis arrêté avant de me coucher à plat ventre sur le sol. Le froid et l'humidité m'ont très vite gagné. J'ai fermé les yeux et peu à peu j'ai eu l'impression de me dissoudre. Je pénétrais dans ce sol de pierre, je traversais une étrange obscurité jusqu'à arriver au centre du monde, sur une prairie vaste comme une mer. Je n'avais jamais vu autant d'herbe, ni d'une couleur aussi vive, presque aveuglante. C'est à ce moment que j'ai aperçu cette silhouette au loin. Elle se rapprochait. J'ai d'abord cru reconnaître Pia. Mais ce n'était pas vraiment elle. Elle avait changé. Je me suis réveillé au moment où j'allais comprendre en quoi. Je suis en train d'essayer, pour la vingtième ou trentième fois en deux jours, de mettre le doigt sur ce qui m'échappe quand je prends conscience qu'un groupe d'une cinquantaine d'individus se dirige vers notre immeuble. Sans réfléchir, je sors et vais à leur rencontre. Leurs visages sont fermés, hostiles.

— Vous bossez ici ? m'apostrophe un des types du groupe quand j'arrive à sa hauteur.

Je fais signe que oui.

— On veut parler à vos boss. On a deux ou trois choses à leur dire.

Je leur explique que je ne peux malheureusement pas les laisser entrer, mais que je me ferai un plaisir de transmettre leurs remarques ou questions. Le groupe se fait plus menaçant ; le type qui m'a parlé se rapproche jusqu'à ce que je sois heurté de plein fouet par son haleine.

— Dis donc, chiure de cafard, gronde-t-il, je crois que t'as pas bien pigé. On te demande pas ton avis. Soit tu dégages, soit on te passe dessus.

Je hausse les épaules. Étonnamment, je n'ai pas peur ; je me sens comme détaché de moi-même, de cet endroit, de cet instant, mais parfaitement conscient que toute tentative pour arrêter ces personnes est inutile.

— Les bureaux de M. Hoxha se trouvent au treizième, je dis en les laissant entrer.

Comme je l'apprends après coup, les manifestants ont eu un comportement relativement convenable à l'aller ; leur exaspération a éclaté au moment où quelqu'un leur a dit que Hoxha était absent mais que leurs questions et remarques lui seraient transmises en temps utile. Peut-être aussi que monter les treize étages à pied n'a rien fait pour égayer leur humeur. Ils s'en sont pris au mobilier et au matériel bionique, comme Li Fang-Yin l'avait prévu. Ils ont saccagé quasi de fond en comble tout le treizième étage, avant de ressortir en ordre dispersé.

Quelques minutes après leur départ, un coworker dont je ne connais pas le nom m'aborde pour me dire que Li Fang-Yin veut me parler.

Je le suis et on rejoint les étages par la cage d'escalier. J'ai l'impression que ça n'en finit pas.

Li Fang-Yin est très contrariée. Elle a du mal à contenir son irritation. Sans préambule, elle suggère que j'ai une part de responsabilité dans les dégâts. Elle est toujours aussi belle.

— Pourquoi n'avez-vous rien fait pour arrêter ces gens ? elle me demande.

Je lui réponds que j'ai essayé, en vain.

— Certainement que votre utilité parmi nous sera réévaluée, elle dit alors sans chercher à tempérer la menace.

Je ne réagis pas. Je ne me suis jamais fait beaucoup d'illusions sur mon sort. Je suis aussi mal loti, aussi corvéable et dispensable que tous les workers de cette planète ; à coups d'adaptations imposées, de législations destinées à favoriser les profits, et surtout de toute une rhétorique prêchant le changement, nous avons été conditionnés jusqu'à devenir totalement malléables et interchangeables. Notre peur nous pousse à nous adapter. Car quelle que soit l'entreprise, au-dessus de chaque worker plane le risque d'être requalifié quasi sans avertissement. Et je sais que si je n'ai plus de primes, une seule chose m'attend : me faire expulser de mon appart et me retrouver dans un spot d'inactifs.

— Vous voulez me requalifier ?

Je sens que Li Fang-Yin hésite. Elle ne ferait que son job. Je ne sais pas à qui elle doit rendre des comptes. À Hoxha peut-être. Elle m'évalue. Son regard me scrute. Quelque chose la fait hésiter, mais quoi ? Je me sens rivé à elle, à ces yeux indéchiffrables.

— On en reparlera, elle finit par murmurer, avant de me congédier d'un geste de la main.

J'erre un moment dans les couloirs. Les rares co-workers présents essayent de mettre de l'ordre dans les bureaux dévastés, triant ce qui est hors d'usage et ce qui peut encore servir.

L'électricité n'est pas revenue ; elle semble avoir disparu. Elle nous a échappé. Comment allons-nous nous protéger de l'obscurité quand la nuit sera tombée ?

11

À cause du black-out, on apprend la news qu'avec plusieurs heures de retard. Le traumatisme est planétaire. L'expédition martienne est un échec. Le droïde vient d'atterrir ; il a envoyé les premières séquences. Elles sont terribles : les colons sont tous morts. Des dépenses chiffrées en centaines de milliards, des années de préparatifs pour en arriver là. Le choc est d'autant plus violent que beaucoup de gens avaient placé des espoirs disproportionnés dans le succès de cette première implantation extra-terrestre. Mars, c'était la perspective d'un nouveau départ, d'un recommencement sur un monde neuf, vierge de pollutions et de souillures, libre d'erreurs qui là-bas ne seraient jamais commises.

Que s'est-il passé ? Pour reconstituer les événements, il faut conjecturer à partir des datas et séquences envoyées par le droïde. Les corps sont amaigris ; d'ailleurs les colons s'étaient plaints quasi dès leur arrivée de conditions de vie épouvantables et notamment d'un manque récurrent de nourriture qui les obligeait à sans cesse se rationner. Depuis la Terre, les spécialistes avaient essayé de leur donner des conseils, mais il y avait un problème d'efficacité, en particulier en ce qui concernait les serres hydropos et les élevages de vers qui semblaient avoir beaucoup de peine à prospérer. Quelles conséquences a eu cet état de sous-alimentation sur le comportement des colons? Affamé, l'homme devient agressif. D'ailleurs, en plus des cadavres, le droïde a retrouvé quelques ossements éparpillés, carbonisés par endroits, et sur lesquels adhèrent encore quelques résidus de chair, ce qui fait dire à certains commenteurs que les colons se sont peut-être entre-dévorés. Bien sûr, rien d'inhabituel dans des séquences d'humains faméliques, morts ou non, mais celles-ci sont particulièrement sinistres. Il ne s'agit pas de miséreux d'un quelconque pays émergé, mais de spécialistes surentraînés qui formaient la tête de pont vers les étoiles. Sans même parler de la solitude d'une fin terrifiante à, au mieux 56 millions de kilomètres de chez soi. J'essaye de comprendre, de deviner ce qui a pu se passer en scrutant les visages émaciés des cadavres, les traits durcis, les yeux enfoncés et clos, mais c'est trop morbide et déprimant.

Je m'apprête à éteindre le GS quand on annonce qu'un nouveau mouvement de foule a eu lieu, dans la banlieue d'Osaka cette fois. La proverbiale discipline des Japonais n'a pas permis d'éviter la vague de panique. Plusieurs morts, sans compter les blessés, et toujours le même scénario : un remous doué d'une vie propre, un affolement irrationnel, né certainement de la sensation d'étouffer que tout être vivant normal est amené à éprouver dans une multitude en marche, cette impression de n'être qu'un animal en route pour l'abattoir. Des troupeaux, toujours cette même vision, hordes soumises et pourtant nerveuses, dociles mais angoissées, preuve que tout le construit, ces tonnes d'acier et de béton, ces kilomètres de bitume n'ont rien de rassurant, au contraire.

Au moment où pour la deuxième fois, je suis sur le point d'aller me coucher, une autre newsbreak tombe : un scandale de trafic d'organes vient d'éclater qui met en cause une série de Winners sibériens, ainsi que divers hauts fonctionnaires et membres des sphères dirigeantes du parti néo-com chinois avec qui les Sibériens avaient été obligés de traiter du fait du récent démantèlement d'un réseau mafieux luxembourgeois ayant des antennes en Galice et dans le Péloponnèse. Des séquences montrent un des Sibériens s'emporter, non pas parce qu'il a été arrêté, mais parce que selon lui les organes chinois, prélevés en toute clandestinité sur des prisonniers exécutés, voire sur des inactifs discrètement enlevés et euthanasiés, sont d'une qualité déplorable.

J'éteins le GS et vais me coucher. Je n'arrive pas à m'endormir. Pendant la journée, j'ai essayé à plusieurs reprises de joindre Pia, mais elle n'a répondu ni à mes appels, ni à mes notifs. Je n'ai plus de news d'elle depuis la veille du black-out, et je commence à me demander s'il ne lui est pas arrivé quelque chose.

Je sens les minutes s'accumuler. Je peux les compter, les organiser, les ranger, les classer, à mesure que mon inquiétude grandit dans la solitude de l'obscurité. Contrairement aux autres interruptions de courant, celle-ci a effectivement donné lieu – Li-Fang-Yin avait raison – à des débordements et des pillages auxquels les forces anti n'ont fait face qu'avec beaucoup de difficultés. Les dégâts que je n'ai pas réussi à empêcher n'étaient rien par rapport à ce que certaines boutiques ou mégasurfaces ont connu.

Pourquoi Pia ne me répond pas ? L'absence de news m'inquiète.

À une heure du matin, je me lève et m'habille rapidement. Dans les rues, je ne croise que très peu de piétons, quelques voitures et à peine plus de vélecs. Tout semble mort, les vivants sont terrés chez eux. La lune est pleine, aveuglante et toute-puissante, spectre glacial à décaver les morts. Il a plu et pour une fois, le ciel est clair, épuré.

Je mets une demi-heure pour arriver chez Pia. Je sonne à l'interphone ; mon cœur résonne entre mes tempes. Pas de réaction. Je sonne une deuxième fois, en souriant instinctivement à l'œil de la caméra. Et après un laps de temps interminable, la porte s'ouvre.

Pia m'attend sur le seuil de son appart, dans une sorte de peignoir couleur chair à l'ancienne, cheveux défaits, démaquillée, un peu fripée, mais irradiant un charme que je suis peut-être seul à percevoir.

— Qu'est-ce qui se passe ? elle me demande d'une voix ensommeillée.

Je réponds que j'étais inquiet et que je n'arrivais pas à dormir. L'excuse est stupide ; pourtant Pia a un sourire. Elle me fait entrer. Elle me prépare un thé que nous buvons dans sa petite cuisine. Pia est silencieuse. Elle cache à moitié son visage derrière sa tasse. Au bout d'un moment, je commence à expliquer qu'enfant, j'ai souvent rêvé de la planète Mars. Les plaines désertiques, le ciel rose pâle, ce soleil lointain et froid, cet horizon trop proche, ce silence qui devait être quasi absolu. Sans compter tout ce qu'il y avait à découvrir, vestiges d'anciennes civilisations éteintes depuis des éternités, ruines incompréhensibles dans leur géométrie, artefacts indéchiffrables d'une étrangeté hors du temps.

— Tout le monde a l'air très affecté par ce qui s'est passé, acquiesce Pia.

Nous échangeons quelques phrases à propos de l'expédition, des avis et comments qui ne sont que des rabâchages de ce que nous avons pu entendre l'un et l'autre.

La proximité de Pia me trouble. En même temps, j'ai envie de lui parler de Li Fang-Yin, car je me sens un peu coupable d'avoir été sensible à la beauté même très distante et presque inhumaine de ma supérieure.

— Tu es bizarre tout à coup, observe Pia.

Elle doit avoir lu en moi. J'évite son regard. Ça attise sa curiosité :

— Qu'est-ce que tu as ? elle me demande.

Je réagis par un « rien » dont elle semble se contenter. Le silence revient, puis, soudain, je me mets à lui raconter la visite des casseurs. Elle m'écoute avec attention. Elle paraît inquiète. Et d'ailleurs, elle finit par dire :

— Sois prudent. Ne joue pas au héros.

Je marmonne quelque chose à propos du fait qu'on s'en fout un peu de moi. Pia hésite, mais elle lâche :

— Les autres, je n'en sais rien…

Le silence qu'elle laisse planer est comme une chape d'amour et de douceur venue de très loin, une preuve matérialisée de mon existence à ses yeux. Une lumière pleut sur moi, baignant mon épiderme, le traversant pour parvenir à mes organes, des radiations solaires qui détrempent mon cœur et me mettent à nu en une radiographie de ma vie elle-même. Pia peut tout voir.

— Tu veux dormir ici ? elle me demande soudain.

J'acquiesce, incapable de prononcer une parole. Je vois une aurore nouvelle, une galaxie intense, éclatée, électrisée, un halo translucide dessiné autour d'elle. La surface de la Terre n'est qu'une juxtaposition de bidonvilles, de banlieues et de villes nouvelles étalées sur des centaines de kilomètres, de chantiers et de mines à ciel ouvert, de sous-sols éviscérés, empoisonnés par les métaux lourds et les acides utilisés pour fracturer les roches à la recherche de gaz, mais nous sommes là, loin de tout ça, seuls et heureux.

Pia se lève et je la suis dans sa chambre à coucher.

12

L'appel de mon père me fait tout de suite penser que quelque chose est arrivé. Ça fait des mois que je n'ai pas eu de contact avec mes parents. Ils n'ont pas l'habitude de prendre de mes news, ni moi non plus d'ailleurs. Je les laisse où ils sont, vu que c'est ce qu'ils veulent. Je sais, parce qu'il me l'a dit, que mon frère les appelle plus ou moins régulièrement, mais je n'ai aucune idée de ce qu'ils se racontent.

Mon père est toujours aussi distant. D'aller habiter au Kenya ne nous a pas rapprochés. Je lui demande comment ils vont, apprends qu'il y a quelques tensions à Nairobi, mais mon père me rassure : ils ne craignent rien. Leur gated commune est suffisamment éloignée des bidonvilles et surveillée par une entreprise de sécurité connue pour payer décemment ses workers.

— Tu es au courant pour Formose ? me demande alors mon père.

— Au courant de quoi ?

Mon père m'annonce, coup sur coup, que mon

frère a été requalifié et que lui et Nestorine se sont séparés.

— Et ça s'est passé dans quel ordre ? je demande.

Mon père a une mimique d'exaspération et pendant une seconde, je vois ce visage, ce regard qu'il avait parfois, où se lisaient l'irritation et l'incrédulité.

— Quelle question, il lâche. Ça n'a aucune importance.

Il se tait. Je sens qu'il attend quelque chose de moi.

— Je vais l'appeler, je dis.

Mon père paraît soulagé. Vu ce qui arrive à leur fils, peut-être que ma mère et lui se sentent un peu coupables de vivre aussi loin de leurs enfants.

— Et il habite où, s'ils sont séparés ? je demande encore.

— Justement, dit mon père, il n'a pas vraiment de point de chute.

Son regard est devenu fuyant.

— Et chez Opeleptica ?

— Elle n'a pas de place, tu sais bien. Elle a sa famille.

Je comprends alors où mon père veut en venir :

— Vous aimeriez que je l'héberge…

— Formose n'a nulle part où aller.

C'est semble-t-il un argument imparable. Quelle ironie. Mon frère aîné, qui a toujours tout réussi, qui est socialement si bien intégré, contraint de se faire recueillir par un cadet aux aptitudes relationnelles limitées afin d'éviter de se retrouver dans un spot d'inactifs. Je soupire et rassure à nouveau mon père : je lui promets de prendre contact avec Formose et de lui proposer de venir habiter au moins temporairement chez moi. Mon père a quelque chose dans l'œil qui ressemble à de la reconnaissance, ce qui ne l'empêche pas de mettre fin à la conversation au prétexte qu'il a un boulot à terminer.

J'appelle ensuite mon frère, qui me confirme ce que j'ai appris, sans pour autant rentrer dans les détails. Je lui pose quelques questions par rapport à sa requalification et à Nestorine, mais Formose reste évasif. Ses traits tirés, son air hébété parlent pour lui. Au moins il a l'air d'apprécier mon invitation. Je lui fixe rendez-vous pour le soir même.

En chair et en os, mon frère est carrément hagard. On dirait un revenant. Il commence par me remercier comme si je venais de l'arracher à la rue, ce qui est en fait presque le cas. Il ne me laisse pas le temps de lui poser des questions et se lance dans des explications passablement confuses à propos de ce qui lui arrive, tant du point de vue sentimental que professionnel. C'est excessivement banal, et malgré mon peu d'expérience dans le domaine, j'ai l'impression d'avoir déjà entendu son histoire. En bref, il me décrit la lente dégradation de sa relation de couple, l'usure, l'érosion, peut-être inévitable, mais accélérée par la pression que faisaient subir à Formose ses cadres sup et le marché du boulot en général, la compétition entre co-workers, les exigences constantes en matière d'adaptation ; devoir se montrer plastique, réactif et accommodant fatigue les nerfs et met les gens à fleur de peau. Et c'est rarement bon pour leur sociabilité et leur vie de famille. Apparemment Formose n'a jamais pleinement réalisé – peut-être à cause de son optimisme obstiné –, que comme la quasi-totalité des habitants de la planète, il n'est qu'un pion. Il semble être à présent sorti de cette phase de déni aveuglé, puisqu'il m'explique avec un air sincèrement dépité, presque dégoûté, qu'il a été mis à la porte par le biais d'une simple notif :

— Des années à entendre parler d'épanouissement, de plénitude perso-prof, toutes ces choses auxquelles je croyais. Je me suis donné sans compter, et voilà comment je suis traité. Je venais d'avoir mon fastessment trismestriel. Dans le feedback, on m'a juste parlé d'une légère discrépance entre la perception que j'avais de moi-même et la façon dont les autres workers me jugeaient. J'ai d'abord cru que c'était une simple info. Résultat, la notif disait qu'il fallait outsourcer certaines tâches et maintenir des bons taux de turnover, mais qu'un outplacement pouvait m'être éventuellement proposé. Et je ne te parle pas du blabla à propos des paramètres économiques et des rendements effectifs. À la fin, l'exécuteuRH disait que c'était une opportunité pour moi de faire évoluer ma carrière. Il était certain que je me montrerai proact et il me souhaitait un schön D. Quel salopard. Quel merdier.

Il me jette un coup d'œil et ajoute que j'ai de la chance. Il a raison. Je n'ai jamais réussi à m'intéresser à ce que je faisais, ni surtout à avoir peur des menaces de requalification. Je suis toujours resté imperméable à tous ces discours. Tous ces mots dénués de sens qui ne visent qu'à conditionner les humains et les réduire à leur destin d'êtres productifs. Peut-être parce que contrairement à mon frère et à son désir d'être comme tout le monde, intégré à la machine, rouage discipliné, et donc appliqué à se montrer opérationnel, ma seule ambition a toujours été de chercher à vivre dans le calme, avec comme corollaire une routine forcément peu exaltante. Des journées vides passées face à la luminosité d'un panneau moléculaire, voilà ce qui constitue mon quotidien. En être privé n'aurait rien de catastrophique. N'ont un job intéressant que ceux qui possèdent les capacités requises, ceux qui surtout montrent suffisamment de volonté et d'aplomb pour vanter les rares qualités dont ils peuvent se flatter. Les autres sont laissés sur le bas-côté, et doivent se contenter de primes aux limites de l'indécence, d'activités répétitives et de contrats arbitraires. C'est la loi du système contre laquelle personne ne se révolte vraiment. Et dans cette logique, suite à sa précarisation, mon frère ne va vraisemblablement que faire preuve de plus de conformisme et de docilité, avec l'espoir d'être réintégré dans le monde des actifs, de même qu'il risque de traverser une phase plus ou moins longue de culpabilisation. J'ai pu le constater, c'est souvent ainsi que ça se passe : le worker requalifié a tendance à s'estimer seul responsable de son sort.

— Terminer par un schön D, ils se foutent vraiment de la gueule des gens, je fais.

La formule est très à la mode. On va en revenir à ces expressions vides qui faisaient fureur avant : great day, belle journée ou joli jour.

— C'est certainement Wilkins ou Steingrüber qui ont été insinuer des choses sur moi à nos cadres sup, dit Formose.

— Des co-workers ?

Mon frère approuve de la tête, un sourire mauvais aux lèvres :

— Très forts pour te sourire par-devant et te détruire par-derrière. Des prétentieux imbus d'eux-mêmes qui n'aiment qu'une chose : juger et dénigrer les gens qui ont le dos tourné.

La phase d'autoculpabilisation est précédée par le ressentiment et la colère ; je demande à Formose comment Antiochus a réagi. Il hausse les épaules :

— Mal, bien sûr, même s'il devait s'y attendre vu l'ambiance à la maison.

Le silence se fait entre nous. J'essaye de relancer la conversation, une première fois, une deuxième, mais Formose ne répond que par des onomatopées ; je finis par renoncer. Mon frère a l'air en bout de course.

Je sors un sac de couchage et l'installe sur le petit canapé de mon salon.

— Il faudra te contenter de ça, je dis.

Mon frère hoche la tête. Je lui souhaite une bonne nuit et vais me coucher.

Depuis mon lit, j'entends Formose se tourner

et se retourner pendant de longues minutes, avant d'être moi-même rattrapé par le sommeil.

Peut-être à cause de mon frère, en tout cas je dors très mal cette nuit. Je me réveille à trois heures du matin, le cœur martelant. J'ai vu un arbre griffu et démesuré qui me prenait dans ses serres tentaculaires et m'attirait contre son tronc. Une fente s'ouvrait, comme une bouche, boursouflée, sanglante, fleur vénéneuse et pourrie, dont l'odeur suffocante m'empêchait de respirer.

Ça doit être le souvenir, faussé par mon inconscient, de la nuit que j'ai passée avec Pia. Pourquoi la voir menaçante et carnivore, je n'en sais rien.

Mon frère bouge sur le canapé. Il me faut du temps pour me rendormir, mais quand le réveil sonne, il me tire d'un sommeil dans lequel je m'étais profondément enfoncé.

Je me prépare et sors en faisant le moins de bruit possible. Formose dort toujours, ou il fait semblant. La perspective de croiser mon regard, de devoir me parler au saut du lit ne doit pas l'emballer.

Au bureau, Moro m'a laissé une notif me demandant de le rejoindre dès que je peux.

À peine j'entre dans son box que je vois que quelque chose va de travers : Moro est dans un état étrange, agité, fébrile. Ses mains tremblent et il a un regard que je ne me rappelle pas lui avoir vu. Ses yeux semblent s'être enfoncés sous ses arcades sourcilières. Ils brillent d'une lueur sourde.

— On nous a tout volé, il lâche dès que j'ai refermé la porte.

Je lui demande ce qui s'est passé et il m'explique que leur home a été cambriolé pendant qu'ils rendaient visite à sa mère dans son centre du quatrième âge.

— Ils ont pris une partie de mon matériel, précise Moro d'une voix tendue.

Comprenant mieux son état, je demande à mon co-worker ce qui a été emporté ; Moro me dresse une liste d'outils, d'ustensiles, de produits, de gadgets dont je n'ai, pour la plupart, jamais entendu parler. J'ai le malheur de dire, en voulant relativiser :

— Ce ne sont que des objets, des choses…

Je sens Moro se crisper. Il me déclare sèchement que je ne comprends rien, qu'il a mis des années à assembler cet équipement souvent difficile à obtenir et qu'à présent il se trouve à la merci de n'importe qui.

J'attends quelques secondes avant de demander, prudemment :

— C'est-à-dire ?

Une expression de douleur passe sur le visage de mon co-worker.

— Tout s'écroule, il murmure.

L'irritation a laissé la place à un abattement qui paraît total.

— Ça ne va pas se passer du jour au lendemain, je fais pour le rassurer.

Je ne suis pas certain d'avoir raison. D'ailleurs, Moro n'est pas dupe :

— C’est trop tard. Tout s’écroule, il répète.

Je crois d’abord que, comme mon frère il y a quelques semaines de ça, il fait allusion à la société, à la civilisation, avant de me rendre compte qu’au contraire, il ne se réfère qu’à son petit univers. Je lui demande ce que je peux faire pour lui. Le son de ma voix paraît le ramener à la réalité. Il me regarde. Au moment où tout s’effondre, avec qui est-ce qu’on souhaite se trouver ? Certainement pas avec des co-workers. Je laisse Moro à sa solitude. Avant de rejoindre mon box, je fais un détour par le treizième étage. Une petite équipe de workers aux visages durs bossent d’arrache-pied, dans un silence total, à une vitesse qui laisse supposer qu’ils ne seront payés que si le job est effectué dans un laps de temps prédéterminé.

Je regagne mon box et m’y enferme pour faire ce qui constitue mon horizon professionnel. Je peux m’estimer heureux, et effectivement, je suis un privilégié. Ma survie matérielle est assurée, au moins à court terme, et ma vie intérieure est suffisamment riche pour ne pas avoir besoin d’adjuvants ou de stimulations artificielles.

13

Les jours suivants, je ne croise Formose que le soir, en rentrant. La plupart du temps, il semble avoir passé sa journée sur les socials, connecté au stimulateur, ou perdu dans les news-break. Nous mangeons ensemble, en silence, puis il retourne se mettre sous casque. Sa déprime, sa solitude transpirent de tout son être. Ce qui constituait la structure de son existence, une famille, un job, une vie identifiable comme telle, s'est écroulé. Je voudrais pouvoir faire quelque chose pour mon frère, mais qu'est-ce que je peux lui apporter ? Depuis des années, je ne suis capable que d'une chose : regarder s'écouler le flot de ceux qui s'agitent et croient ainsi exister.

Quand arrive le day off suivant, je ne m'attarde pas chez moi. Comme toujours, mes pas, guidés par la pente de la ville, m'amènent vers la surface plane du lac.

L'eau, immense, lisse et calme. Je ne me lasse pas de cette beauté. Si un cataclysme quelconque doit survenir, c'est ici que je souhaite me trouver, en plein air, et non confiné dans une cave comme un rat. Peut-être qu'un jour Moro comprendra ça.

J'ai essayé de joindre Pia, en sortant de chez moi, mais elle n'a pas répondu. Je réessaye une deuxième fois et elle accepte l'appel. Elle dormait. Est-ce qu'elle veut me retrouver au bord du lac ? Je sens de suite sa réticence à quitter son lit.

— Et si c'est moi qui te rejoins ?

Je sais que je ne dois pas me montrer trop insistant, mais le besoin de la voir est plus fort que moi. Elle n'a pas activé ni l'image, ni la coloration, mais je sens qu'elle sourit.

— Ça c'est autre chose, elle murmure.

Je suis dans l'escalator urbain quand je reçois un appel de mon frère. Au ton de sa voix, je comprends qu'il y a un problème :

— Les parents, il me dit d'une voix tendue. Ils m'ont envoyé une notif. Impossible de les joindre, mais j'ai réussi à trouver des séquences postées par des gens qui ont assisté à ça.

Je l'interromps. Je ne comprends rien à ce qu'il me raconte.

— La notif disait qu'il y avait des émeutiers autour de leur résidence, m'explique Formose.

— Il paraît que leur gated commune est sûre, j'objecte.

— Apparemment pas tant que ça.

— Tu n'as pas réussi à leur parler ?

— Impossible, je te dis. Ils ne répondent pas. Ni l'un, ni l'autre.

— Papa venait de me dire qu'il n'y avait rien à craindre, je fais remarquer.

Après un silence, j'ajoute qu'ils ont peut-être été simplement dévalisés et qu'il faut essayer encore.

— Je te remercie pour ta suggestion, répond Formose. Tu pourrais aussi aller là-bas pour voir de quoi il en retourne.

Je retrouve ce ton que mon frère a parfois, le même que mon père, en moins édulcoré. Même si j'ai toujours senti sa réserve à mon égard, sa qualité de géniteur a toujours retenu mon père de dévoiler toute l'étendue de son dédain et de sa perplexité. N'ayant pas la responsabilité de m'avoir mis au monde, Formose peut se permettre de faire preuve de moins de tact.

— Vu ta situation professionnelle, il y aurait une logique à ce que ce soit toi qui y ailles, je lui réponds.

Formose marmonne sourdement un « je vais réessayer » et il boucle.

Pia met une fois encore du temps à m'ouvrir la porte de son immeuble, au point que je me demande si elle s'est rendormie. Ses yeux ressemblent à des mers sans fond. Ils sont troublés, opaques, certainement du fait des médocs et du temps qu'elle a passé sur les socials.

Elle est habillée de cette sorte de peignoir translucide et vaporeux. Elle m'attire contre elle et nos bouches se trouvent instantanément. Ce contact noie mon cerveau dans un courant lumineux et presque douloureux. Je me sens glisser pas à pas dans son appart, vers sa chambre, à l'intérieur de son lit. Je ferme les yeux et très vite des oiseaux noirs se mettent à danser derrière mes paupières, des créatures venues des ténèbres, prêtes à m'y entraîner ; Pia ondoie lentement, elle paraît se fondre dans le lit, se dissoudre au contact de l'air. Je me sens planer, détaché de toute entrave.

Quand je retrouve mes esprits, je suis couché sous le plafond de sa chambre ; mon cœur bourdonne dans mes oreilles, ma peau est effilochée en lambeaux de sensations résiduelles. La peinture blanc fatigué de ce ciel artificiel agit comme une marée à l'intérieur de ma tête. Pia est allongée à côté de moi. Elle me tourne le dos. Elle semble dormir.

Ce sont des moments comme celui-ci, qui malgré leur rareté donnent leur sens à nos vies, qui permettent d'échapper à la laideur universelle, ce néant d'objets produits en masse et de séquences criardes.

Je pense soudain à mon frère, à mes parents… Je vois que Formose a essayé de m'appeler.

Je vais m'enfermer dans la cuisine pour ne pas réveiller Pia. Mon frère a des news : il a pu parler à nos parents. Ils ont eu de la chance. Ils ont pu s'échapper en emportant un peu de fric et quelques bijoux, ce qui leur a permis de trouver une chambre dans un petit hôtel du centre de Nairobi.

— Et leur appart ? je demande.

— Ils n'ont pas osé aller voir et à mon avis, ils ont eu raison. D'après ce qu'ils ont entendu, toute la gated commune a été mise à sac.

— Qu'est-ce qu'ils vont faire ?

— Ils n'en savent rien pour l'instant. Ils ont du fric dans une banque de Nairobi et ça pourrait leur servir à revenir ici.

— Il va falloir qu'on se serre, je fais remarquer.

Je vois ce qui se profile : mes parents rentrant en Suisse et moi contraint de leur céder mon minuscule deux-pièces. Est-ce que Pia sera d'accord que je vienne m'installer chez elle ? Quelles conséquences ça va avoir sur notre relation ? Peut-être qu'on ne quittera plus l'abri de son appart. Rester au lit jusqu'à la fin de l'éternité… J'ai toujours été attiré par le grand air, mais d'un autre côté…

— Je dois rappeler Opeleptica, fait encore Formose avant de mettre fin à la conversation.

Je pense à ma mère. Perdre quasiment tout ce qu'on possède doit être une expérience traumatisante pour n'importe qui, mais en particulier pour elle, vu son attachement aux choses, aux vêtements, aux divers marqueurs d'un rang social même fantasmé. En se voyant dépossédée de tous ces objets symboliques, ma mère doit avoir plongé tête la première dans la vase de l'anonymat. Elle tient ça de ses aïeules : j'ai eu l'occasion de voir des séquences de sa grand-mère qui avait elle aussi un goût prononcé pour la mise en scène et l'autoglorification. Tous ces habits, accessoires, bijoux, tous ces extens offrent à certains des identités sur mesure. Comment mes parents ont-ils socialisé à Nairobi ? Certainement très bien, vu le nombre de retraités démocratox au niveau socioprof correspondant qu'on trouve dans ces communautés fermées. Certainement aussi, ma mère peut-elle paraître sympathique quand on ne la connaît pas. Distrayante en tout cas dans cette façon d'aligner les détails sans importance et les sujets de conversations tissés d'évidences.

J'entends du bruit. La porte s'entrouvre et Pia passe la tête, les yeux gonflés de sommeil. Elle me demande si tout va bien ; j'approuve en silence. Elle me sourit et me fait signe de la rejoindre.

14

Le news-break fait l'effet d'une bombe. Le droïde a retrouvé le journal d'un des colons. D'après ce qu'on peut en déduire, le cahier ne comportant pas de nom, son auteur doit être la biologiste paulistaine Milfreda Damilock. Dans les minutes qui suivent le news-break, le document est rendu public avec sa traduction instantanée, apparemment sans attendre l'aval de l'ASU et sans crainte des représailles juridiques de l'agence. Ce journal est très étrange et particulièrement fascinant, notamment parce qu'il est écrit à la main. Il commence ainsi :

« *J'ai trouvé ce cahier et je vais l'utiliser pour continuer mon log. Les instruments ne sont plus fiables. Il y a sans arrêt des pannes et des dysfonctionnements qu'on arrive ni à expliquer, ni à réparer. Andrej est mort hier. Ça fait la sixième personne qui meurt en l'espace de quelques semaines. Et toujours impossible de rentrer en contact avec Houston 2. On est coupé de la Terre, des autres humains, complètement seuls sur ce monde désert. On a démonté et remonté plusieurs fois tout ce qui pouvait l'être. Mais personne arrive à localiser le ou les bugs. Je me demande si au centre de contrôle ils pensent qu'on est tous morts. Certains disent qu'il y a peut-être eu une blitzkrieg, ou que l'ASU a été démantelée, faute de fric, qu'ils nous ont lâchés. L'ambiance est tendue entre nous. La solitude. La peur d'être le suivant. Sans compter cette absence d'explications. Toutes les analyses qu'Osamu et moi avons faites ne montrent rien. La maladie qui a tué les autres ressemble à rien de connu. Ses causes sont impossibles à isoler, les examens aboutissent à zéro. Aucun bacille, aucune bactérie, aucune mutation, nada. On se demande s'il y a quelque chose dans l'air, quelque chose d'infime, d'indétectable et qui passerait à travers les filtres. Ou s'il s'agit d'une intoxication, d'une contamination virale d'un type inconnu. À moins que le rayonnement solaire attaque la membrane des cellules… Viraslambhanghi dit même qu'il y a une sorte de radiation naturelle du sol, imperceptible, mais suffisante pour avoir un impact sur nos organismes et les affaiblir. On parle que de ça. Tout le monde répète en boucle sa petite théorie personnelle, au point que ça donne l'impression que tout le monde cause tout seul et que personne écoute. C'est désespérant. Quelqu'un – je crois que c'est Grobius – a même eu le culot de dire que grâce aux morts, on a plus de nourriture à disposition. Personne a réagi, certainement parce qu'il dit tout haut ce que tout le monde pense tout bas.* »

Le cahier continue ainsi sur plusieurs pages. D'autres colons mouraient, toujours dans des circonstances mystérieuses, avec des symptômes très variés qui apparaissaient de façon aléatoire chez les uns et les autres – fièvre, céphalées intolérables, crampes abdominales, nausées, diarrhées, reflux gastriques et vomissement de sang, épisodes de narcolepsie, lésions cutanées, eczéma et formation d'ulcères purulents, etc. Vu la diversité des symptômes, les deux médecins de l'expédition se révélaient incapables de poser un diagnostic sur un mal aussi virulent que fatal. Damilock parle ensuite de la peur et de l'agressivité :

« *Elles grandissent, elles deviennent chaque jour plus vives. On les sent en nous, autour de nous, partout. J'ai entendu Mang dire qu'il valait peut-être mieux mourir que vivre comme ça. Jamais j'aurais pensé qu'une fille dans son genre aurait un jour des mots aussi défaitistes. Mais c'est vrai que c'est déprimant. Dehors, il n'y a rien à voir que ces foutus cailloux à perte de vue. Tout ce sable, la poussière, les rochers. Et cet horizon qui est trop proche. Ça en devient étouffant.*

« *Grobius est de plus en plus violent. Il passe ses nerfs sur le matériel, il hurle. Jamie a essayé de lui donner quelque chose pour le calmer, mais Grobius lui a cassé le nez. Ils ont dû s'y mettre à quatre pour le maîtriser. On est passé de deux à un repas par jour. Impossible de faire autrement. Et toujours impossible de renouer contact avec la Terre. Mais on veut y croire. Ils avaient essayé de nous donner des conseils et ils ont peut-être fini par comprendre les problèmes de rendement des hydropos et des micro-élevages de vers. Peut-être aussi qu'ils ont envoyé des secours et des vivres.* »

Plus loin encore, Damilock explique qu'elle s'est mise à prier, elle qui est une athée convaincue. Elle dit aussi que la faim est insupportable :

« *La sensation est là, tout le temps, j'en peux plus. On a ce vide dans le ventre qu'on peut jamais remplir. Ça coupe toute notre énergie. On fait de moins en moins de choses. Et puis il y a les maux de tête. On est plusieurs à rester cloués des heures dans nos couchettes. On lutte contre la faim, contre le froid aussi. Il rampe à l'intérieur de moi. Je le sens qui s'installe dans mes os. Ça m'empêche de dormir. En fait, tout m'empêche de dormir : la faim, le froid, la peur. Les autres sont comme moi. On peut passer beaucoup de temps dans notre coin, complètement seul. De toute façon, parler ça ne sert plus à rien. Pour dire quoi ? On a tous remarqué qu'on fait que répéter les mêmes conneries. Ça demande trop d'énergie. Il y a que Grobius et ce salopard d'Hussein pour s'agiter encore. Ils nous engueulent. Ils nous disent qu'il faut essayer de réparer. Au moins, je leur laisse ça, ils continuent à entretenir un peu les hydropos et ça nous fait un petit complément par rapport aux rations.* »

S'ensuivent encore quelques pages au cours desquelles, comme le montre bien le manuscrit, l'écriture, de plus en plus tremblée, devient difficilement lisible, puis :

« *Hussein a parlé de la viande, de la nôtre. Il dit que c'est une true meat comme une autre et que si on veut pas crever, il faut en passer par là. Et Grobius était d'accord avec lui. Ils en ont discuté ensemble. Ils se sont mis d'accord. Le pire, ça a été la réaction du reste de l'équipe. L'absence de réaction, plutôt. Il y a juste Robertson qui a vaguement protesté. Il s'est fait remettre à sa place et on a même cru qu'Hussein allait lui foutre sur la gueule. À un moment, je me suis demandé si Hussein et Grobius ne planquaient pas de la bouffe quelque part qu'ils se partagent en douce. Le fait qu'ils aient l'air plus en forme que nous tous c'est quasiment une preuve. J'ai failli le dire, mais j'ai pas la force de parler et surtout j'ai eu peur qu'Hussein me tombe dessus. Manger de la viande humaine… En fait, ça me dégoûte même pas. Je crois que je m'en fous. C'est pas maintenant qu'il faut avoir une discussion philosophique là-dessus. L'éthique, c'est un luxe de personnes bien nourries. Et moi, je suis trop fatiguée. J'ai mal à la tête, dans les membres, partout. Et il y a ce froid qui rentre à l'intérieur de moi, qui reste. Le soleil est tellement loin, il est tellement petit dans le ciel. On dirait qu'il peut rien pour nous, qu'il est plus capable de nous réchauffer. Il nous a abandonnés.*

« *J'ai peur de mourir. Je ne voulais pas ça. Je voulais être une de ceux qui auraient colonisé Mars. Une pionnière. C'est à ça que je rêvais quand j'étais petite. Partir pour de nouveaux horizons. Explorer, découvrir, défricher et poser les bases de quelque chose de neuf. On s'est plantés et on va tous y passer. Gaylord en a plus pour longtemps. Grobius et Hussein attendent. Dès qu'il sera mort, ils le découperont en morceaux. J'ose pas imaginer ce qui se passe dans la tête de Gaylord, ce qu'il se dit. Il a l'air de souffrir. Hussein est un rapace. On voit qu'il a tout prévu. Comment s'y prendre pour découper Gaylord, par quoi commencer, comment le cuire, avec quoi l'assaisonner. Quel salopard. Et en même temps, comment on va refuser un morceau de true meat bien cuite ? Si on doit y passer, autant que ça soit le ventre plein.*

« *On est maudits. On va tous crever, lentement, très lentement. J'aimerais tellement revoir Evelina une dernière fois. Mes parents. Gabor. Et les autres. Ils me manquent. C'est insupportable. Presque aussi douloureux que le mal de tête. J'en peux plus. J'ai jamais été aussi seule. Je vais mourir à des dizaines de millions de kilomètres de chez moi au milieu de personnes qui feront qu'une chose : attendre de pouvoir me découper en morceaux et cuire ma chair.* »

Les pages suivantes, l'écriture devenait quasi impossible à lire ; il était continuellement question de crampes, de douleurs, de maux de tête, d'une sensation de froid et d'engourdissement, mais aussi de cris que Damilock n'arrivait pas à identifier, qui venaient elle ne savait d'où. Elle commençait aussi à voir certaines choses, des ombres, des formes indéfinissables qui tournaient autour d'elle, qui lui parlaient et flottaient au-dessus du sable martien, à l'extérieur des abris, à leur verticale parfois, des êtres qu'elle décrivait comme des sortes de fantômes, des créatures immatérielles et cruelles qui semblaient attendre leur heure pour absorber sa vie. À un moment, elle se demandait s'il s'agissait des spectres de ses camarades morts.

— C'est horrible, murmure Pia, qui a lu avec moi.

— Les hommes sont des loups, je réponds. Ils deviennent mauvais quand leurs besoins primaires ne sont pas satisfaits.

Pia secoue la tête.

— Ils m'ont toujours fait peur.

Je la regarde. Elle détourne la tête, mais j'ai le temps de voir une larme apparaître au coin de son œil.

15

L'arrivée de Siegfried est annoncée quelques jours à peine après la publication du journal de Damilock. Comme à chaque fois qu'une tempête traverse le pays, je ne peux pas m'empêcher de voir ça comme un acharnement du destin, un déchaînement conscient, une virulence intentionnelle. Une déité obscène se venge de nous, insectes nuisibles rampant à la surface de la planète.

Sur les socials, il est beaucoup question de Mars et de ce qui a dû se passer là-bas. On oscille entre dégoût et fascination malsaine, on imagine des scénarios de revalorisation des restes humains, on reparle de certaines vieilles séquences et notamment ces films qui évoquaient d'une façon ou d'une autre le recyclage des corps ; et peut-être qu'effectivement la true meat humaine est la solution aux crises alimentaires et à la sous-nutrition endémique de certaines parties du globe. Surtout que par rapport aux scandales dont il est régulièrement question – le dernier en date mettant en cause un processus prétendument révolutionnaire destiné à transformer certains déchets organiques en une sorte de pâte pouvant servir de base à un nombre quasi illimité de plats précuisinés – il n'y a rien de vraiment abominable. Très réactif, un grand groupe agralim profite d'ailleurs du drame martien pour annoncer la commercialisation d'un additif à même d'attendrir quasiment n'importe quelle true meat, même issue d'un animal âgé, et de la rendre aussi moelleuse que de la volaille reconstituée.

L'avis de tempête insiste sur la puissance de Siegfried, supérieure encore à celle de Lohengrin il y a bientôt trois ans. Il est clairement demandé de ne quitter son domicile sous aucun prétexte. Les explications relatives à la genèse et au développement de ces tempêtes se remettent à pulluler. Comme à chaque cataclysme, des modélisations nous montrent les perturbations des courants atmosphériques et du mouvement des masses d'air, mais aussi des dérèglements de la circulation thermohaline. Les infos sont comme toujours livrées efficacement, de façon très neutre, presque désincarnée, sous forme de datas impossibles à interpréter. L'accumulation de chiffres, les empilements de stats et de données brutes permettent de se rassurer en se faisant croire qu'on comprend quelque chose. Ils évitent d'avoir à saisir la complexité générale des événements. Face à ce qui les dépasse, les hommes ont tendance à osciller entre déni et tentatives de se raccrocher à du concret. Noyer les choses dans le mesurable et ainsi se dispenser d'établir les liens de causalités réelles.

À mon retour du bureau, je suis accueilli par mon frère qui me demande si j'ai des news de nos parents. Ce n'est pas le cas. Formose a une allure épouvantable : mal rasé, les habits fripés, le cheveu gras, il se laisse de plus en plus aller. J'aimerais savoir s'il a parlé à Nestorine, mais craignant sa réaction, je préfère rester silencieux.

— Ça fait plusieurs jours que je n'ai plus de contact avec eux, il m'explique.

Il est inquiet. La situation est plus ou moins stable, mais il y a peut-être eu de nouvelles émeutes qui n'ont pas été relayées. Il a peur qu'il soit arrivé quelque chose à nos parents. Je hoche la tête et commence à préparer mon sac. Je ne vois pas ce que je pourrais faire pour mes parents, même s'ils sont en danger. Formose me demande où je vais. Depuis tout ce temps, c'est la première fois qu'il a l'air de se rendre compte que je ne dors pas toutes les nuits chez moi. Je suis gêné de lui répondre et bafouille quelque chose à propos de quelqu'un que je connais. Je le sens hésiter. Il doit être en train de chercher une façon de tourner la question qui lui brûle les lèvres. Je sors avant qu'il l'ait trouvée.

Dehors, l'ambiance est étrange. Beaucoup de passants, plus pressés que d'habitude, au point que je me demande si cette tempête ne risque pas d'être plus dévastatrice encore que ce qui a été annoncé. Est-ce que j'ai raté quelque chose ou mal compris ce que sous-entendaient les news-break ? Nous allons nous retrouver confinés dans des apparts transformés en minuscules cavernes individuelles, obligés de nous terrer comme des êtres primitifs. Le vent va souffler sur nous, résidus en attente d'un retraitement.

Je rejoins Pia dans son lit. Elle était en train de visionner un docupub sur les projets immobiliers d'une compagnie gazière russe qui cherche à concurrencer les fractureurs alasko-canadiens en acquérant des quartiers entiers de mégapoles étranglées par les dettes. Ces investissements permettent à ces conglomérats de se donner une image respectable, façon d'éviter de parler de tout le fric qu'elles se font dans les régions septentrionales. Alaskoil a même réussi à prétendre, au moment où elle faisait main basse sur le centre-ville de Dallas, qu'elle était l'exécutant docile au service du politique, et donc des citoyens ; la mission qu'elle se donnait était de revitaliser des quartiers en train de péricliter. Ces multinationales aiment arborer un visage avenant, se montrer concernées par le cadre de vie des consommateurs et ainsi, elles évitent d'avoir à évoquer leur responsabilité dans la façon dont certains paysages lointains sont défigurés et des territoires entiers pollués ; de cette façon, on évacue la crasse, la suie, la lèpre industrielle, les sols écorchés, les terres dévastées, striées de noir, marbrées d'hydrocarbures, pourries aux métaux lourds, tous ces endroits dont on n'entend jamais parler.

Le vent se lève soudain. Très rapidement, il se fait de plus en plus violent et menaçant. La pluie se déverse en trombe et fouette les façades. Pia se colle à moi. Nous nous blottissons l'un contre l'autre, sous les draps, comme si le tissu et la chaleur de nos corps pouvaient éloigner Siegfried. Pia ne se rappelle pas avoir déjà entendu des bourrasques aussi furieuses.

— C'était annoncé, je dis.

Il y a soudain un bruit de tonnerre, métallique et lointain, qui se répercute le long des façades, puis un deuxième.

— Qu'est-ce que c'est ? demande Pia inquiète.

— Un échafaudage ou un droïde constructeur mal arrimé…

Des cris fusent ensuite, comme des appels à l'aide, emportés par la tempête. J'éteins le GS.

— Certainement quelqu'un qui a perdu l'équilibre à cause des rafales, je dis pour rassurer Pia.

Il y a un nouveau hurlement, plus long. Je vais à la fenêtre, mais les torrents de pluie forment un tourbillon hurlant de gris qui masque tout. Au sol, on entraperçoit des rivières nouvelles qui semblent vouloir tout emporter sur leur passage.

Les heures suivantes, la tempête gagne encore en intensité. Des sons nous parviennent parfois : vélecs mal sécurisés, panneaux obscurcissants arrachés, signalisations déracinées et rebondissant violemment sur le sol, vitrines fracassées par du mobilier urbain descellé, etc.

Nous sommes enfermés, à l'abri dans un espace limité mais qui semble se dilater. L'infini du cosmos intérieur affleurant en constellations singulières. Pia et moi fonçons vers un crépuscule définitif, une nuit abstraite, nos rêves perdus, tissés de fils étouffés.

Nous sommes seuls, loin de la lumière, immobilisés dans l'obscurité, effrayés par les mugissements du vent, harcelés par des terreurs aussi vieilles que l'humanité. Nous allons nous faire dévorer par les ténèbres.

16

Les dégâts se comptent en milliards et les victimes par dizaines, malgré un respect très large des consignes de sécurité. Rares ont été les inconscients à sortir, notamment sur les routes. Tout le monde sait qu'un humain même bien équipé ne peut rien faire face à une nature déchaînée.

Peu à peu, les témoignages s'ajoutent aux séquences jusqu'à dresser un tableau par endroits cauchemardesque. Les berges du lac montrent un spectacle de désolation. Des centaines de bateaux, pourtant solidement amarrés, ont été précipités les uns contre les autres, parfois soulevés jusqu'à s'échouer sur les quais, comme de gigantesques animaux marins suicidés en masse. Les arbres des parcs urbains et du bord du lac ont aussi souffert, mutilés ou fauchés par un Siegfried que personne n'ose qualifier de tempête du siècle, de crainte de la voir surpassée par une plus violente encore, ce qui va inévitablement arriver.

En rentrant chez moi le soir, je découvre mon appart vide. Une notif m'attend sur le GS. Mon frère m'informe qu'il est parti pour le Kenya. Comme d'habitude laconique, il en dit néanmoins suffisamment pour que je comprenne que, sans news de nos parents et de plus en plus inquiet, il ne supporte plus d'attendre sans rien faire.

J'essaye de l'appeler, sans résultat. Je téléphone alors à Opeleptica qui comme d'habitude ne fait qu'utiliser des formules standardisées de com. Elle n'en sait pas plus que moi. Elle a aussi eu une notif de Formose et cherché – en vain – à le contacter. Quant à savoir où notre frère a trouvé le fric pour le billet d'avion et comment il a réussi à quitter le pays un lendemain de tempête… Je ne prolonge pas la conversation.

Des séquences m'apprennent qu'au Kenya, la situation n'est pas aussi stable que ce que Formose décrivait. Les attaques et pillages de gated communes ont continué. Une organisation anti-démocratox particulièrement virulente manipule les habitants des bidonvilles et les pousse à l'action violente, en prétextant notamment que le pouvoir d'achat des ressortissants étrangers fait grimper le prix des médocs. En plus des quartiers sécurisés, les Kenyans s'attaquent systématiquement aux étrangers. À Nairobi, les agents anti n'ont pas pu empêcher le lynchage de deux workers humanitaires norvégiennes et de cinq cadres sup saoudiens en business travel dans le zoo naturel du Kilimandjaro.

J'imagine mes parents, terrés dans leur hôtel, et Formose sortant de l'aéroport international ; je les vois tous les trois se faisant agresser verbalement par des gens furieux, puis tabassés, pour finalement se retrouver, le corps en sang, la tête fracassée sur le bitume d'un trottoir.

Je me demande si je reverrai un jour mes parents et mon frère.

Le lendemain, à mon réveil, il est question d'une émeute en Afghanistan, dans un de ces centres de correction où sont externalisées les longues détentions du système judiciaire démocratox. Plutôt que de sans cesse construire de nouveaux établissements pénitentiaires, il est devenu plus simple d'envoyer les amoks, les meurtriers récidivistes, les gérontophiles compulsifs ou autres délinquants sexuels dans des contrées où la prise en charge des détenus coûte entre cinq et dix fois moins que dans les Démocratox. Sans compter l'aspect aide au développement sous-tendant un tel procédé, les pays eux-mêmes ayant un intérêt direct à héberger ces prisonniers placés là par des bureaucraties relativement fiables quant au paiement des primes. Pour un certain nombre de gouvernements c'est devenu une source de fric non négligeable. En plus de l'Afghanistan, le Nord-Mali ou le Cachemire sont des destinations carcérales très prisées. Naturellement, il y a souvent des tensions, du fait de standards de confort et d'hygiène peu supportables pour des Européens et cela amène immanquablement à des mouvements de révolte, voire des insurrections, toujours très diligemment matées.

Quasi en même temps, des séquences satellites se répandent montrant un îlot artificiel situé dans le Pacifique près de New Honolulu. C'est un de ces lieux de villégiature que les Happy few font construire à l'écart du monde et qu'ils prennent habituellement soin de rendre indétectables. Un brouillage défectueux l'a révélé, rappelant à tous l'existence de l'Überklasse en marge du monde.

Au bureau, je passe voir Moro. Ça fait plusieurs jours que je n'ai pas de news. Il n'est pas en forme, je m'en aperçois dès que j'entre dans son box : son regard accuse un important manque de sommeil. Je lui demande comment il va, si la tempête n'a pas fait trop de dégâts chez lui.

— De ce côté, ça va. Mais j'ai connu des jours meilleurs.

Je lui confirme qu'il a l'air fatigué.

— Je dors mal ces temps-ci, il admet. J'essaye de remettre la main sur ce qu'on m'a volé, et…

Il hésite. Je l'encourage :

— Et ?

Il hausse les épaules.

— C'est tendu avec Ingvar.

— Qu'est-ce qui se passe ?

Il a un nouveau mouvement, plus marqué.

— Rien. Il m'énerve. Il faut toujours être derrière lui pour lui rappeler quoi faire.

— Tu es peut-être un peu tendu, je suggère.

Il l'admet volontiers, tout en ajoutant que ça n'est pas une raison.

— Et ta femme, elle en dit quoi ?

Il secoue la tête. À la mention de son épouse, une expression de tristesse a traversé son visage, l'expression d'un homme sans trop d'illusions :

— Kardibi… On ne se parle plus beaucoup.

Quelqu'un ouvre la porte. Li Fang-Yin. Sévère et majestueuse, toujours aussi belle.

— Encore vous, elle lâche en me voyant. Vous avez un boulot en cours avec monsieur Moro ?

— Absolument, je réponds.

J'ai conscience que ma voix manque d'assurance. Li Fang-Yin me dévisage. Elle cherche à lire en moi.

— Vous avez du boulot qui doit être mené à bien. Et vous connaissez les règles du jeu.

J'approuve de la tête. Je me sens pris en faute, tancé par cette créature qui incarne à elle seule tout le poids de la structure hiérarchique de notre entreprise. Et malgré ça, malgré que j'aie l'impression de n'être rien de plus qu'un enfant face à cette femme, c'est elle qui détourne la tête.

— Terminez rapidement ce que vous êtes en train de faire et rejoignez votre box, elle me dit en sortant.

Toute l'attention de Moro est concentrée sur les écrans de son panneau moléculaire. Il a tout fait pour éviter le regard de Li Fang-Yin.

— Tu aurais pu confirmer, je lui dis.

— Elle nous aurait questionnés, il réplique aussitôt.

— Elle est décidément très belle…

Moro m'adresse un regard surpris :

— Mais qu'est-ce qui te prend de…

Il ne termine pas sa phrase.

— De quoi ?

Moro ne répond pas. Mais je comprends sa réaction. Pourquoi est-ce que j'ai dit une chose pareille ? Sans compter qu'en fait rien n'est attirant chez Li Fang-Yin. C'est un être inhumain proche de ces reptiles dont on parle parfois au GS ; elle est peut-être physiquement parfaite, mais elle n'éprouve rien. Moro dit à mi-voix :

— Elle cherche à nous faire craquer. On est les derniers maillons de la chaîne, les pièces jetables, ceux qu'on éjecte quand on veut faire des économies…

J'acquiesce. Il a raison. Et j'ajoute que nos boss sont persuadés que les décisions sont plus facilement acceptées si elles sont imposées par des personnes à la plastique irréprochable. Moro me lance un regard de travers. Il ne voit pas où je veux en venir. Et pourtant… Quel meilleur moyen peut-on imaginer pour rendre la réalité plus digeste et plus admissible que d'utiliser des femmes et des hommes à l'ADN sans défauts comme exécuteurs des basses œuvres d'un pouvoir de toute façon invisible ?

Moro s'est replongé dans la contemplation de son panneau moléculaire, pris par ses pensées, outils et fournitures manquants et moyens de les récupérer. Son obsession risque d'être fatale à sa famille, mais que faire pour lui ?

— Je te laisse, je dis en me levant. Si jamais, tu sais où me trouver.

Il hoche la tête, sans se retourner. Je me retrouve dans le couloir. Li Fang-Yin a disparu. J'appelle Pia depuis mon box. Comme d'habitude, elle ne répond pas.

Le bilan des émeutes dans le centre de correction

afghan fait état d'une centaine de morts et plus du triple de blessés. Et quant à l'île artificielle du Pacifique, les satellites en ont perdu la trace, ce qui ne peut signifier qu'une chose : elle a retrouvé son invisibilité. Certainement qu'à son bord des gens beaux, que la nano-chirurgie et la biochimie maintiennent dans un état de jeunesse prolongée, se prélassent-ils, oisifs, blasés, en attente du prochain drink, ou du nouveau jeu auquel seront forcés de se livrer des adolescents interchangeables. Les Happy few ont peur de la mort et peut-être plus encore de l'ennui, cette poussière secrète des jours. Leur lassitude est là, plus grand-chose ne les raccroche à la vie. Pourtant ils espèrent secrètement que la richesse les protégera de cette réalité, comme une sorte de barrière magique, de protection surnaturelle. En évitant les masses, en s'exilant dans des bulles climatisées aux confins de la planète, ils ont l'illusion qu'ils échapperont à leur destin.

J'ai ça en commun avec ces personnes : nous survivrons plus ou moins longtemps, mais quoi qu'il arrive, nous nous retrouverons tôt ou tard seuls avec nous-mêmes. Nous nous éteindrons alors dans l'indifférence. Parce que c'est ainsi : on meurt et le monde nous oublie.

17

J'apprends la mort de mon frère quelques heures à peine après qu'Opeleptica m'a informé que nos parents sont rentrés et logent chez elle en attendant une solution d'hébergement à long terme. Quand ils sont arrivés à Genève, ma sœur leur a tout de suite demandé où était Formose. Ils ne l'avaient pas vu. Ils n'étaient même pas au courant qu'il avait essayé de les rejoindre au Kenya.

Le fonctionnaire qui m'appelle a coupé l'image ; il me précise d'emblée qu'il prend contact avec moi car comme l'a révélé son extens, je suis la dernière personne avec qui mon frère a eu un contact. L'homme a l'habitude d'annoncer ce genre de choses, ça s'entend à son ton plein de tact et de pudeur. Peut-être même que son seul boulot est d'appeler les familles des ressortissants suisses décédés à l'étranger. Il se montre factuel et empathique, et en quelques secondes, je sais tout. La réalité est banale : le taxi de mon frère a eu un accident sur la route qui relie l'aéroport au centre de Nairobi ; Formose a été apparemment tué sur le coup. Choc frontal entre son taxi et un véhicule de transport de déchets. Le fonctionnaire me donne les détails relatifs au rapatriement possible des cendres, en me glissant très élégamment un :

— À moins que vous n'ayez le… les ressources pour faire revenir le corps en Suisse.

Je lui indique que ce n'est pas le cas. Il me liste encore quelques indications utiles, puis, au moment où il s'apprête à mettre fin à la conversation, j'ai la présence d'esprit de demander s'il prévoit d'appeler Nestorine.

— Vous voulez certainement parler de votre belle-sœur, il me répond. Vous comprendrez que nous ne pouvons appeler chaque membre d'une même famille. Vous auriez dû m'avertir préalablement du fait que vous souhaitiez que je m'entretienne avec l'épouse du disparu.

Il me réitère ses condoléances, me souhaite un schön D et met fin à la conversation.

Je préfère appeler Opeleptica. Annoncer la news à Nestorine me paraît impossible. Ma sœur encaisse le choc, mais je n'arrive pas à savoir jusqu'à quel point elle est affectée par la mort de notre frère. Elle se propose, avec son sens pratique habituel, de contacter Nestorine et de s'occuper des formalités administratives. Prendre les choses en main est un réflexe chez elle et j'avoue que ça m'arrange.

Quelques jours plus tard, je me retrouve avec Nestorine, ma sœur et mes parents à Cointrin-Voltaire pour accueillir l'urne contenant les restes de Formose. En réponse à ma question, Nestorine m'informe qu'Antiochus est resté avec mon beau-frère et ses cousins. On nous fait attendre dans un salon privatif, un lieu à ce point impersonnel et laid – moquette recyclée verte et panneaux muraux imitation bois industriel – que je me demande à quoi il sert habituellement. Peut-être qu'à une chose : la restitution d'urnes funéraires. En tout cas, cet endroit ne contribue pas à alléger l'ambiance. Personne ne parle. Nestorine a les traits tirés et mes parents ont pris quelques années. Ils sont comme sonnés. Mon père a les yeux plantés dans le vert de la moquette. Quant à ma mère, ses lèvres sont agitées d'un mouvement continu, comme si elle se parlait à elle-même.

Je me sens pris au piège de cette atmosphère artificielle, de cette clim qui pèse dans ma tête. Je voudrais pouvoir sortir, fuir très loin de ces murs, retrouver l'air libre et le bord du lac.

On nous fait attendre plus d'une heure. Un type entre enfin, peut-être le fonctionnaire à qui j'ai parlé ou son sosie, en tout cas quelqu'un de rompu à ce genre de rencontres et arborant l'expression faciale idoine. S'ensuit une discussion entre lui, Opeleptica et Nestorine, discussion à laquelle je ne prête aucune attention, obnubilé que je suis par l'urne que l'homme tient dans les mains. Je remarque d'ailleurs que mon père est aussi hypnotisé que moi, puisqu'il regarde fixement le récipient métallique couleur chair avec une expression de stupéfaction horrifiée. Il y a de quoi éprouver une fascination morbide dans le spectacle de ce réceptacle hideux à l'intérieur duquel sont stockés des cendres et quelques restes d'ossements calcinés, tout ce qui reste d'un être qui vivait encore il y a quelques jours à peine, un être qui génétiquement parlant était extrêmement proche de nous. Que ressentent mes parents ? Qu'est-ce qu'on éprouve quand son enfant meurt ?

Malgré son tic, ma mère semble mieux résister au choc, ce qui n'a rien d'étonnant. Elle n'a jamais été très disposée à s'apitoyer sur autrui et elle a toujours montré une grande maîtrise de ses sentiments. Le contrôle a toujours occupé une place importante dans sa vie. Certainement que ça la protège de certaines émotions.

Le fonctionnaire remet l'urne à Nestorine ; c'est elle qui la porte en ressortant du salon, puis sur le chemin du parking jusqu'au minivan qu'Opeleptica a loué. Je me retrouve assis à côté de Nestorine. Elle tient l'urne sur ses genoux, ses yeux braqués droit devant elle. Mon frère est là, tout près de moi, dans un réceptacle d'une couleur abjecte.

Nous prenons l'autoroute automatisée en direction de l'est. Les publicités se mettent à défiler, synchronisées aux 87 kilomètres-heure des véhicules. Peu à peu, les écrans holo finissent par donner le vertige. Couleurs, slogans, incitations à consommer… Tout doit être correctement paramétré, besoins et émotions, c'est là un zénith indépassable. Les néons de la rationalité sont les seules lumières admises. L'unique référentiel, c'est le grand tout pulsionnel. La manipulation des envies et des désirs a atteint une efficacité totale. La compulsion de l'envie immédiate a parfaitement été stimulée en jouant sur l'angoisse du besoin insatisfait. Pour répondre à ça et offrir ce qui convient à la personnalité de chacun : des offres standardisées mais néanmoins superficiellement individualisées. Nous avons été formatés et transformés en pantins dociles, obéissants, prêts à faire tout ce qu'on exige de nous. Nous nous sommes laissé faire, peut-être parce que nous avions trop peur de nous retrouver seuls. Au fond, on veut surtout être guidés et qu'on nous dise quoi penser.

Les voitures forment un flot tendu, homogène. L'utopie de la liberté qu'apportent les véhicules individuels a fait long feu. Tout le monde est canalisé, forcé de garder les yeux braqués face aux écrans holo, aux panneaux moléculaires, de s'abreuver de séquences et d'algorithmes agissant directement sur les neuro-transmetteurs et les récepteurs hormonaux. Mais après tout, qui suis-je pour critiquer ? Un voyageur solitaire qui marche sur place, en compagnie imposée de sa propre personne, déjà mort peut-être, incapable de le savoir car trop occupé à se croire en vie ? En ce moment, je suis assis à côté d'un frère réduit en cendres et j'ai l'impression d'avoir été mis à la retraite de ma propre existence.

Il y a quelques années de ça, ma mère m'a reproché de propager mon pessimisme au reste du monde. Elle avait raison. Notre déclin est programmé. Sauf qu'à la fin, il n'y aura plus personne pour mettre les cendres des morts dans des urnes.

18

Comme c'était à prévoir, Opeleptica me fait savoir dès le lendemain de notre retour de Genève que je dois l'aider à « trouver une solution » par rapport à nos parents. Sans le dire explicitement, elle espère que je vais mettre mon appart à leur disposition.

Nous nous sommes quittés la veille, après avoir déposé Nestorine et son urne chez elle. Personne n'a posé de questions par rapport à Antiochus. Que sait-il ? Que lui a-t-on dit ? Comment a-t-il réagi à l'annonce du décès de son père ? Et en voyant cet ignoble réceptacle rose-beige ? Je ne connais rien à la psychologie enfantine, de l'attitude et des formules à adopter dans des circonstances pareilles, mais ce n'est pas le cas de sa mère, de sa tante, ou de ses grands-parents. À moins que le mutisme ne soit justement la conduite à avoir face à un enfant venant de perdre un de ses parents…

Je temporise, mais Opeleptica insiste :

— Il n'y a pas de place chez moi. Il faut que tu les prennes.

Elle parle de nos parents comme d'une marchandise dont le stockage pose des problèmes de logistique. En fait, Opeleptica a hérité de toute la froideur et de l'impassibilité de notre mère, et je ne dois pas m'étonner que ni l'une ni l'autre ne paraissent se préoccuper du chagrin de mon neveu.

— J'ai besoin d'avoir un toit. Tu ne veux pas que je me retrouve dans un spot, non ?

Le silence de ma sœur est la plus cinglante des réponses.

— Formose m'avait dit que tu voyais quelqu'un, finit par lâcher Opeleptica. Si c'est le cas, tu peux éventuellement passer quelque temps chez cette personne, en attendant.

— Ils ne nous ont pas demandé notre avis quand ils sont partis au Kenya. Ils se sont très bien débrouillés sans nous.

Il y a un autre silence. Opeleptica m'en veut d'exprimer les choses d'une façon aussi brutale, mais elle ne me contredit pas.

— Toi et moi, on n'a jamais discuté autant, je fais encore remarquer.

À nouveau, elle ne réagit pas. Pourtant je l'imagine derrière les colorations de mon écran, lèvres pincées, narines frémissantes, en train de chercher quelque chose à me répondre.

— Je te rappelle, j'ajoute encore avant de boucler.

Sans raison, des images sont revenues d'un rêve que j'ai fait deux ou trois nuits auparavant. Des corps vautrés à terre, rampant et entrelacés, entassés en une masse indistincte, comme des larves lentes. Au milieu de tous ces gens, des enfants jouaient avec des sortes de machettes et faisaient décrire à leurs lames des figures compliquées et répétitives. À un moment donné, dans un geste inéluctable, un des enfants s'est penché et a enfoncé posément son arme dans un corps ; il a ressorti la lame dégouttant de sang, recommencé, avant de s'attaquer à quelqu'un d'autre. Le mouvement de reptation des corps emmêlés s'est accéléré, des expressions d'épouvante apparaissaient sur les visages qui émergeaient de ce magma d'êtres.

J'arrive au bureau pour trouver une notif me disant que je suis attendu par Li Fang-Yin.

Au treizième, il ne subsiste plus aucune trace du passage des casseurs.

Li Fang-Yin est assise face à son panneau moléculaire, en osmose avec lui. Elle me fait signe de m'asseoir, passe encore quelques secondes à jouer avec ses différents écrans, avant de lever les yeux vers moi :

— Nous sommes contraints de vous requalifier, elle dit d'une voix parfaitement neutre. Vous toucherez les cinq jours de primes prévues par le contrat et nous vous ferons parvenir une notif qui confirmera vos compétences et qualités. Ça vous permettra d'établir un plan de développement de vos compétences, d'implémenter les mesures nécessaires et de gagner en efficience dans la recherche d'une nouvelle option professionnelle.

Vous êtes quelqu'un de proact. J'ai confiance en vous. Il faut voir ça comme une opportunité pour faire évoluer votre carrière.

Je me sens hocher la tête, machinalement. Tout le monde s'attend à ce genre de news. Je peux m'estimer heureux : ça m'a été annoncé en face, par un être humain, même si dans le fond ça ne fait aucune différence. À présent, je vais être mis à la porte de chez moi, puisque je ne dispose plus de primes. Ou plutôt, n'ayant plus les moyens de payer mon loyer, il deviendra logique que mes parents prennent ma place.

— Et ça ne sert à rien de vous demander ce qui motive cette décision…

Les lèvres de Li Fang-Yin s'amincissent en un léger sourire. Elle paraît amusée :

— Effectivement, elle confirme.

— C'est à cause de mon âge ?

— Ça n'a pas joué en votre faveur, mais disons surtout que vous êtes introverti. Ça vous parle ?

Elle n'attend pas ma réponse pour continuer :

— Je suis sûre que ça va vous permettre de vous réinventer.

— Il y a d'autres personnes concernées par votre décision ? Moro par exemple ?

L'acquiescement discret de Li Fang-Yin est sa seule réponse. Ça m'attriste : Moro a déjà tendance à se renfermer sur lui-même. Requalifié, il ne va faire qu'une chose : se barricader au milieu de son matériel de survie.

— Vous avez une question ? demande Li Fang-Yin.

L'entretien est terminé ; tout a été dit de façon rapide et efficace. Une nouvelle phase de ma vie commence. Je me lève. Li Fang-Yin me serre la main, avec un sourire de circonstance, sans plus rien du peu d'amusement qui a brièvement flotté sur ses traits. Je sens tout au plus un peu de dégoût sous son masque officiel. Elle est une créature automatisée, ayant l'aptitude particulière de se débarrasser sans états d'âme particuliers des workers superflus.

— Vous êtes très belle, je murmure au moment où le contact entre nos mains se défait.

Elle ne cherche pas à cacher sa surprise ni ce qui ressemble à une légère répugnance. Elle marmonne un « merci » à peine distinct et me désigne la porte du menton.

Je ne rejoins pas mon box. Je n'ai plus rien à faire là, aucun objet personnel à prendre. Je me trouve dans un état étrange, à la fois apeuré et euphorique, libéré et sans repères. L'intérieur de ma tête est un orage arrêté. Je m'apprête à pénétrer une nuit immense et profonde, celle des premiers âges, quand, levant les yeux vers la voûte céleste, les hommes éprouvaient un effroi émerveillé. Génération après génération, eux aussi ont dû lutter pour survivre dans un espace trop vaste, où leur esprit se perdait facilement. C'est ça qui m'attend.

Dehors, les nuages semblent posés sur une ligne invisible, un horizon aérien au-dessus duquel ils se développent, se construisant en hauteur, impalpables pourtant.

J’appelle Pia. Elle me répond d’une voix ensommeillée.

— Je te dérange, je dis.

Elle m’assure que ce n’est pas le cas. Je lui annonce ce qui vient de m’arriver.

— Tu t’y attendais ? elle me demande.

— Bien sûr. Et ces derniers temps, je sentais que quelque chose se… resserrait autour de moi.

Pia me propose de la rejoindre. Vingt minutes plus tard, je me trouve dans son lit. Elle s’est levée pour venir m’ouvrir et est retournée se coucher sans même me proposer un thé. Je me laisse aller jusqu’à peu à peu me dissoudre dans le tissu, dans la proximité de la peau de Pia. Ce qui peut m’arriver importe peu. Pia est blottie contre moi, son épiderme collé d’instinct au mien. Elle me demande comment les choses se sont passées, ce que ça m’a fait. Je lui raconte brièvement l’entretien avec Li Fang-Yin et quelques-unes des rares interactions que j’ai eues avec elle.

— Elle est belle, n’est-ce pas ? veut savoir Pia.

Je l’admets à moitié.

— Ça te fait quoi ?

Je hausse les épaules.

— Elle est belle, mais elle n’a aucune émotion, je réponds. Et sa beauté est utilisée comme une arme par des gens que ni toi ni moi ne verrons jamais.

Pia se rapproche encore jusqu’à ce que nos lèvres s’effleurent.

19

Mes parents me notifient leur gratitude : ils me remercient pour ma disponibilité et vont veiller à, selon leurs mots, trouver rapidement une solution. J'aime mon appart. Je m'y suis toujours senti bien, mais peu importe. Comme tout le monde, je sais ce que s'adapter et se montrer flexible veut dire. Ces prochains mois, je risque de passer beaucoup de temps au lit avec Pia. J'aurais l'occasion de la voir dormir, de la regarder rêver les yeux ouverts à des choses qu'elle est incapable de décrire. Il m'est arrivé de lui demander à quoi elle pensait dans ces moments où elle paraît ailleurs. Ça a toujours été la même réponse :

— À rien d'important.

La coupure suivante a lieu en fin de matinée, quelques jours plus tard. Soudain, le GS vire au noir. J'échange un regard avec Pia.

— On sort ? je propose.

Étonnamment, elle accepte ; nous descendons au bord du lac. Pia a l'air d'apprécier le plein air, moins les badauds. Je l'emmène vers l'est, le long du sentier lacustre. Pia regarde les montagnes. C'est comme si elle les découvrait.

— Alors ? je demande.

— Elles me font peur.

Je veux savoir pourquoi.

— Elles sont énormes, sombres, silencieuses. On dirait qu'elles nous regardent.

— Et qu'elles nous jugent ?

Pia ne répond pas.

Dès que le soir commence à tomber, les promeneurs se dispersent ; personne n'a envie d'être dehors avec des éclairages de secours qui ne pourront rien faire contre la nuit. Sur le chemin du retour, nous nous arrêtons dans une mégasurface pour acheter des batteries portatives. Les terminaux de gestion étant hors service, les workers expliquent qu'ils ne peuvent rien vendre. Ils ont l'air épuisés ; certainement qu'ils répètent les mêmes choses depuis quelques heures à des gens pourtant prêts à payer.

— Tant pis. Il doit me rester un pack de bougies parfumées pour nous éclairer, dit Pia.

Le soir, nous mangeons froid. Pia est inquiète, mais je suis sûr que demain tout sera rentré dans l'ordre.

Ce n'est pas le cas. À peine réveillé, je vois que le tableau domotique est inerte. J'espère que le courant sera revenu avant que les batteries de secours du conditionneur tombent à plat, sinon la nourriture commencera à dégeler et il faudra la consommer dans les deux-trois jours.

Je sors. Les foodcourts et les boutiques sont fermés. Ils sont surveillés par des sécus. Il y a du monde dans les rues. Comme souvent pendant les black-out, certaines personnes ont tendance à rester calfeutrées chez elles, tandis que d'autres préfèrent être dehors. D'autres enfin, plus rares, n'hésitent pas à adresser la parole à des inconnus. L'absence d'électricité n'a pas les mêmes effets sur les individus. La peur agit différemment, peur des autres ou au contraire de se retrouver seul.

Je rentre bredouille et peu de temps après, les batteries du conditionneur rendent l'âme. Nous mangeons les sticks de ver à soie et du Delhi mix, et nous nous endormons avec la nuit. Je pense à mes réserves que j'ai laissées dans mon appart. Je me demande si mes parents les ont trouvées, s'ils se sont servis.

Le lendemain, les passants que je croise sont inquiets et sur leurs gardes. Des petits groupes se forment et se dispersent rapidement. Tout le monde donne son avis et échange des infos, tout le monde est avide de news et s'arrache la moindre rumeur. Plusieurs personnes – qui doivent chez elles bénéficier d'une autonomie énergétique suffisante – disent qu'elles n'arrivent pas à se connecter aux socials et que le GS est inactif. La chaleur paraît plus épaisse que d'habitude, plus étouffante. Le black-out est anormalement long et la tension a grandi pendant la nuit. D'ailleurs, devant le premier foodcourt que je trouve sur mon chemin, les sécus sont à bout. Ils peinent à garder leur self-contrôle face à des gens qui veulent qu'ils ouvrent le magasin, qui crient qu'ils ont de quoi payer, qui agitent leurs extens.

Plus loin, c'est une scène identique. Je continue. Je me demande quelles consignes ont reçues les sécus. Pendant combien de temps doivent-ils interdire l'accès des foodcourts ? Est-ce qu'on a seulement envisagé que le black-out puisse durer plus de vingt-quatre heures ?

Au milieu de la nuit, je me réveille en sursaut. L'obscurité quasi complète rend presque plus net le rêve que j'ai fait. J'ai vu un bassin en pierre, profond d'un mètre cinquante et dans lequel plusieurs cadavres d'enfants flottaient, leurs corps lestés et le bras gauche attaché à une barre de fer transversale. Leurs visages étaient invisibles, cachés par leurs cheveux, tournés vers le fond. Autour du bassin, sous un soleil incandescent, des gens regardaient le spectacle, silencieux, impassibles.

Je mets du temps à me rendormir. J'écoute les cris qui résonnent parfois entre les façades, je vais de temps à autre à la fenêtre, mais les ténèbres sont impénétrables.

Je repense aux dernières séquences du GS, avant qu'il s'éteigne, ce Rich Kid congolais qu'on avait retrouvé éventré chez lui, étranglé par ses propres intestins. Membre du conseil d'administration d'une puissante pharma, il avait dit à propos d'une patiente qui venait de mourir faute d'avoir eu les moyens de payer le traitement nécessaire, que les gens étaient responsables de la situation dans laquelle ils se trouvaient. C'était une question de priorités.

— Mme Lumbaka aurait dû faire de meilleurs choix, avait-il conclu.

Les membres de la famille de Mme Lumbaka avaient peu apprécié et lui avaient fait payer son cynisme. Ça avait été là l'ultime aperçu que nous avions eu du monde extérieur, avant que le contact se rompe.

Le frôlement du corps de Pia finit par me calmer suffisamment pour que je me rendorme.

J'émerge à nouveau alors que le soleil est haut dans le ciel. Pia a les yeux ouverts ; elle ne bouge pas. Je lui demande si l'électricité a été rétablie. Elle secoue la tête et ajoute :

— Il y a des cris. On dirait des appels.

Je tends l'oreille, mais je n'entends rien. Il faut trouver à manger. Je m'habille rapidement.

On dirait qu'il y a moins de monde dans les rues, moins de personnes qui se rassemblent spontanément. La tension est vive, presque tangible. Les passants sont à fleur de peau. L'inquiétude diffuse a fait place à une frayeur sournoise : on s'évite et on rase les façades, les regards sont fuyants et fébriles, même si çà et là, de petits groupes discutent avec animation.

Je tente ma chance en direction du nord-ouest de la ville et arrive bientôt en vue de la caserne des forces anti. Comme tous les lieux stratégiques, ce bâtiment est équipé de mégapiles à hydrogène qui lui permettent une autonomie de plusieurs jours. Les portes sont fermées et certainement que derrière les vitres pare-balles, des agents anti surveillent la rue. Est-ce qu'ils sont en contact avec leurs homologues à Genève ou à Zurich ? Qu'en est-il de l'alim du reste du pays ? Qui est touché par le black-out ? La chose la plus angoissante est de n'avoir aucune info.

J'hésite à me rendre à l'hôpital intercantonal, mais à pied, ça fait trop loin. De toute façon, qu'est-ce que j'espère trouver ? Un endroit qui donne l'impression que les choses fonctionnent ? Dans les bâtiments autonomes, la vie doit continuer grâce aux cellules photovoltaïques, aux éoliennes, aux thermopompes, alors qu'au-dehors, la peur gagne du terrain. Hier encore, j'ai entendu plusieurs personnes répéter ce que j'avais déjà entendu : les GS ne fonctionnent plus et il est impossible de se connecter aux socials. Qu'est-ce que ça signifie ?

J'en suis là dans mes réflexions quand j'arrive sur la place du Tunnel. Un groupe d'individus est rassemblé. Je m'approche. Un homme debout sur une estrade improvisée explique que vu l'absence d'infos, il est nécessaire de passer à l'action. Quelqu'un dans la foule lui demande ce qu'il entend par là :

— S'organiser, il répond. Trouver de la nourriture et s'organiser.

— La nourriture, elle est dans les foodcourts, mais même si on peut rentrer, une fois qu'ils seront vides, on fera quoi ? crie un homme.

— Il faut se coordonner et se répartir le boulot.

— S'il n'y a plus de courant, comment fonctionnent les usines agralim ? demande une femme d'une voix anxieuse.

— Et même si elles marchent encore, comment on peut faire pour le transport ? ajoute quelqu'un d'autre.

Des regards inquiets s'échangent. Le type paraît réfléchir, mais il ne dit plus rien. Je prends à ce moment conscience de la tension qui règne, de l'angoisse qui émane de ce groupe de personnes, et semble palpiter dans l'air en dessus. Il faut que je ramène au plus vite mes réserves chez Pia.

Sur le chemin du retour, un type me hèle depuis une entrée d'immeuble. Il me demande si j'ai quelque chose. Je m'arrête, mais reste à distance. Je me méfie.

— Tu as quelque chose à manger ? Si oui, je te l'échange.

— Contre quoi ?

Il me fait un clin d'œil.

— On a des filles à l'étage. Plusieurs. Ça t'intéresse ?

Je ne sais pas quoi dire.

— Alors ? Ça t'intéresse ou quoi ? insiste le type.

Je fais signe que non et recule avant de lui tourner le dos. Il commence à m'insulter.

Le jour suivant, je pars tôt. Dès le premier foodcourt, je comprends comment les choses ont évolué ces dernières heures. J'aurais dû deviner : on a été réveillés plusieurs fois au cours de la nuit par des hurlements et des cris impossibles à identifier. La vitrine a été fracassée, des restes d'aliments et d'emballages éventrés jonchent le sol, les rayonnages sont renversés, et surtout le corps d'un sécu gît au milieu des décombres, visage ensanglanté, habits déchirés. Vu les traînées de sang, il a apparemment essayé de ramper vers un refuge qu'il n'a pas trouvé.

Je dois continuer mon chemin jusqu'à mon ancien appart, mais la curiosité est plus forte. À l'intérieur du foodcourt, trois types sont affairés dans un coin et me lancent des regards mauvais. Le rayon des lyophilisés a été pillé, il ne reste rien. Je fouille au milieu des emballages vides, et, par miracle, je trouve quelques barres de compléments et surtout un carton endommagé, mais rempli aux trois quarts de bahjis de mer.

En ressortant, j'aperçois un homme tapi dans l'ombre. Il me dévisage, avec l'air de se demander si ça vaut la peine de s'attaquer à moi.

Je m'éloigne rapidement. Des passants jettent des coups d'œil insistants sur mon carton. Mais je sens aussi d'autres regards : en levant les yeux, je remarque qu'un peu partout il y a des gens aux fenêtres des immeubles. Les humains guettent. Les vitres de leurs apparts sont le dernier contact qu'ils ont avec l'extérieur. Il ne leur reste rien d'autre que cette surface transparente pour tenter de savoir comment évolue le monde.

Plus loin, je passe devant une cour intérieure donnant sur la rue. L'accès est barricadé par des voitures, des meubles et des vélecs ; trois types se tiennent en faction, les mains crispées en évidence sur des arcs de sport, des couteaux de cuisine et des sortes de lances qu'ils ont dû fabriquer. Ils me jaugent avec une défiance hostile. J'ai le temps d'apercevoir des gens qui s'affairent dans la cour et d'entendre des cris d'enfants.

À la maison, Pia est très inquiète :

— Il y a des gens qui sont venus frapper à la porte, elle me dit à peine je suis rentré. Je n'ai pas répondu, mais j'ai été écouter. Ils étaient plusieurs. Ils parlaient. Ils ont continué. Et puis il y a des cris dehors. Je n'arrive pas à savoir ce qui se passe, mais c'est horrible : on dirait que des personnes se font agresser.

Je lui raconte ce que j'ai vu, les foodcourts pillés, la cour barricadée, les regards. Je termine en disant que « l'électricité va bien finir par revenir », mais ça sonne faux.

La nuit est longue. On dort très mal. Des cris nous parviennent comme s'ils étaient vomis par l'obscurité. Une fois, j'essaye d'aller voir, mais seules les étoiles brillent, très loin au-dessus de nous, hors d'atteinte. Quand je me réveille, le soleil est déjà haut, trop pour que j'ose aller chercher mes vivres.

Je décide de quand même tenter une reconnaissance. À peine dehors, je vois un premier corps, puis un deuxième. Ils portent tous les deux des traces de coups. Quelques dizaines de mètres plus loin, un troisième corps, visage tuméfié au point de ne plus avoir grand-chose d'humain. Du côté de la rue centrale, je passe devant une autre cour intérieure retranchée ; là aussi des gens armés montent la garde. Ils me dévisagent avec animosité. À leurs yeux, je ne suis qu'un étranger, une menace, un danger potentiel.

Tous les foodcourts ont été mis à sac. Il y a parfois un ou deux cadavres à l'intérieur, comme si les gens s'étaient battus à mort. Je continue et du côté de la place Saint-Lô, j'entends des hurlements et des bruits de verre brisé, d'objets fracassés. Je les vois heureusement en premier : une bande de types en train de saccager de fond en comble une boutique d'habits et d'accessoires de luxe de masse en poussant des cris bestiaux. Ils ont allumé un feu au milieu de la rue, avec des éléments d'ameublement et trois d'entre eux sont lancés dans une danse sauvage et désarticulée.

Je recule pas à pas, avec prudence. La scène est terrifiante ; ces types ne se contrôlent plus. Ils sont redevenus des êtres primitifs, ils ne sont plus que des créatures monstrueuses qui laissent libre cours à leurs pulsions. J'ai eu le temps de voir dans leurs yeux la folie, l'appel du sang et du meurtre, de la destruction pure, l'euphorie de se retrouver maîtres d'un périmètre même limité du monde. Ces types ont compris que leur force physique et leur brutalité sont les meilleurs garants de leur survie.

Je rentre rapidement, en regardant fréquemment par-dessus mon épaule. Je ne croise personne jusqu'à ce qu'une femme jaillisse soudain d'une entrée d'immeuble. Elle a l'air affolée. Elle me voit, a un mouvement de recul et à ce moment une voix éclate au-dessus de nous :

— Et reviens quand tu veux ! On a ce qu'il faut pour toi !

Je lève les yeux. Deux types hilares sont accoudés à une fenêtre et regardent la femme s'éloigner. En me voyant, un des deux m'adresse un geste obscène tandis que l'autre passe son index sur son cou, lentement, en plantant ses yeux haineux droit dans les miens.

Je fais les dernières centaines de mètres qui me séparent de chez Pia au petit trot ; j'ai les jambes qui tremblent, mais ça ne m'empêche pas d'avoir une pensée pour l'Überklasse. Je me demande comment les choses se passent pour eux dans les régions touchées par le black-out. Est-ce qu'ils réussissent à faire fonctionner les technologies qui assurent leur bien-être et leur sécurité ? Est-ce que leurs sanctuaires leur permettent de vivre en totale autarcie ? Certains ont peut-être dû rejoindre le troupeau des humains qu'ils avaient auparavant si bien réussi à fuir... Comment les choses se sont passées ? Comment ont-ils été accueillis ? On peut facilement imaginer l'interaction, ces êtres d'exception finissant crucifiés, empalés, brûlés vifs, sacrifiés sur l'autel du ressentiment, de la colère et de la frustration. C'est ce qui arrive quand tout un bel édifice construit sur des millénaires d'inégalités sociales euphémisées, relativisées voire occultées, commence à se fissurer.

20

Les jours ont passé, les semaines. On a fini par perdre la notion du temps. On vit dans la pénombre rassurante des panneaux obscurcissants que j'ai réussi à descendre à la main. J'ai renforcé la porte de l'appart avec des serrures et des loquets supplémentaires, ce qui nous garantit une certaine sécurité. On rationne chaque gramme de nourriture. Je suis retourné chez moi. Mon appart était vide, mes parents avaient disparu. Aucune idée d'où ils ont été. Mes réserves se trouvaient là où je les avais laissées, intactes, et je les ai ramenées chez Pia en plusieurs voyages. À chaque fois, j'ai fait le trajet à l'aube, avec la peur d'être surpris. On m'aurait vraisemblablement tué avant même de me demander ce que je transportais.

Le pire, c'est la faim ; elle est accrochée à nous, elle est comme une ombre malfaisante à l'intérieur. La sensation nous suit jusque dans nos rêves : les crampes, des tiraillements continuels, un vide qui semble vouloir nous ronger du dedans. Parfois, j'ai l'impression que mon estomac s'est retourné et me digère. Il se déforme pour se nourrir de moi. Il me dévore. On dirait que les mouches le sentent : elles se collent à la peau, elles cherchent les muqueuses et les cavités. Elles sont partout. On les chasse, mais toujours elles reviennent, se glissent dans des interstices qu'on n'arrive pas à localiser. D'avoir calfeutré la porte, de ne jamais ouvrir les fenêtres ne les empêche pas d'entrer.

Je suis dans un état étrange, désorienté, sidéré. Parfois, j'ai l'impression que mes sens me trahissent. Je me dissous, mon corps se met à ruisseler. Je vois mes doigts. Ils semblent s'être allongés, ils se sont transformés en griffes. Les veines courent et me défigurent. Des taches noirâtres apparaissent à certains endroits de mon corps, à l'aine, sous les aisselles. J'ai la sensation de me putréfier.

Nous nous remplissons d'eau. Elle continue de couler. Comment, pourquoi ? Aucune idée. Pia semble maigrir de jour en jour. Nous ne nous parlons plus beaucoup. Nous restons couchés l'un à côté de l'autre, sans forcément nous toucher, trop obnubilés par notre faim, notre fatigue, notre peur, englués dans cet abattement qui nous empêche de faire quoi que ce soit. Mon instinct de survie est comme anesthésié. J'ai souvent envie d'attendre le sommeil qui me délivrera enfin.

Heureusement que je finis toujours par retrouver un peu d'énergie, la volonté de chercher quelque chose à manger. Je réussis à sortir tous les deux ou trois jours. Une fois dehors je peux passer des heures à explorer le quartier : je visite les cafèts, les restos, les foodcourts, les boutiques, les mégasurfaces, les bureaux, les caves, mais aussi les apparts, en tout cas ceux dans lesquels je n'entends pas de bruit. La nourriture est une obsession, mais ça me demande une énergie considérable. Je n'ai plus de souffle, plus de force et je dois souvent m'arrêter à cause des vertiges, des voiles qui obscurcissent mes yeux, étoiles noires, insectes, éclairs de douleur. Tout tourne et se rétrécit. Ma tête se détache de mon corps ; elle flotte très loin au-dessus du sol, vide, trop légère. Je vois les choses comme depuis le bout d'un tunnel. Je dois me concentrer sur ma respiration, compter lentement, laisser les chiffres s'empiler et les secondes passer. Je crois entendre un battement entre mes tempes, un bruit sourd qui me suit. Je sens tout près de moi les spectres des nuits passées à dormir à moitié. Mais je m'entête. Je fais toujours attention de toquer et si personne ne répond, je crochète la serrure. Je suis d'ailleurs devenu assez fort à ce jeu. Frapper à la porte est peut-être un geste de politesse ridicule, mais je serais incapable de faire autrement. La plupart du temps, tout ce que je découvre ce sont des corps sans vie, parfois aussi des gens à l'agonie, trop faibles pour faire quoi que ce soit. Très rarement, on me répond à travers la porte : on veut savoir qui je suis, on me menace, mais toujours je sens la peur, une peur panique. Une fois, je me suis retrouvé face à un type debout derrière son lit. Il avait un couteau de cuisine à la main et des yeux exorbités. Il n'avait pas répondu quand j'avais toqué. J'avais battu en retraite sans même chercher à lui parler. Il se sentait acculé ; il aurait réagi violemment si je m'étais approché.

J'ai visité quasi tous les bâtiments du quartier pour un maigre résultat, si ce n'est la découverte de réserves lyophilisées dans un appart vide. Peut-être quelqu'un qui avait fait une mauvaise rencontre dans la rue et qui n'était jamais rentré chez lui. Et c'est d'ailleurs toujours ce que je crains moi-même : tomber dans un piège, sur des gens prêts à me massacrer parce que j'ai peut-être quelque chose à manger.

Souvent, nous entendons des cris, des appels, des plaintes, des bruits sourds qui semblent provenir de l'intérieur des immeubles et qui se répercutent entre les murs, d'un bâtiment à l'autre. Des bandes organisées doivent faire comme moi : piller les apparts à la recherche de nourriture. Nous voyons parfois passer en bas de notre immeuble des petits groupes armés, portant ostensiblement des armes de fortune, couteaux, barres de fer, lances artisanales et parfois guns polymunis, plus rarement des personnes seules qui avancent en glissant le long des murs.

La plupart du temps, le seul bruit est celui des mouches qui s'agglutinent en nuées furieuses. Ce vrombissement ondule par vagues dans l'air et vrille le crâne. Il va finir par me rendre fou. L'odeur aussi va me faire perdre la raison. Impossible de s'y habituer. Elle est partout, infecte. La chair morte, la décomposition. Des cadavres sont disséminés dans les rues, sur les trottoirs et les pas de porte, dévorés par les chiens, les chats, des oiseaux noirs dont les cris ressemblent à des rires éraillés et d'autres animaux que je n'avais jamais vus. Et c'est sans compter tous les corps qui pourrissent dans les maisons. De temps en temps, le vent nettoie l'air et chasse l'odeur, mais toujours elle revient, comme si elle suppurait des murs et du sol.

Je dis souvent à Pia qu'il faudrait aller chez ma sœur ou chez Moro. Mais elle n'a ni la force, ni le courage de tenter le voyage jusqu'à Morges, où habite Opeleptica, et encore moins de rejoindre Échallens. Ça nous prendrait plusieurs jours. Et surtout, se retrouver à l'air libre l'effraye. Pourtant j'aimerais savoir ce qui est arrivé à ma sœur et à mes parents, savoir s'ils sont vivants. Pia a de la peine à comprendre ça. Elle n'a jamais eu personne qui compte vraiment. Deux ou trois amies, sa mère peut-être avec qui, d'après ce qu'elle m'a raconté, elle entretenait des rapports confus. Des personnes dont en fait elle s'est passée.

Je me demande souvent ce qui est arrivé. L'effondrement systémique, l'enchaînement de dominos conduisant à l'ultime black-out ? Une bonne partie de l'Europe doit être concernée. Pourquoi sinon personne ne vient à notre secours ? Si après autant de temps nous n'avons rien vu, ni skyfleas, ni avions de reconnaissance, c'est qu'il n'y a plus personne pour nous prêter assistance, ou que le job est impossible. Et ce sentiment d'avoir été abandonné, d'être complètement livré à soi-même est désespérant.

Un matin, après des jours et des jours d'hésitation, je finis par me décider : je vais tenter de rejoindre Morges. Il faut lutter contre l'apathie parce que sinon nous allons mourir sans même nous en rendre compte. Et je dois me fixer un but, car l'autre danger, c'est que je devienne fou à force de tourner en rond entre les immeubles. Au moment où je lui annonce ma décision, le regard de Pia paraît trembler ; elle est proche de paniquer. Je lui promets de revenir au plus vite.

Comme toujours, à peine sorti de l'immeuble, le silence me tombe dessus. Un silence de tombeau. La ville est un cimetière sans fin qui s'étend sur des dizaines de kilomètres carrés. Des nuages de mouches s'agglomèrent et se défont le long des façades, montent et retombent dans des ballets délirants, formant de gigantesques toiles vivantes, dans un bruit de clim mal réglée, amplifiée à l'extrême.

Je marche aussi vite que possible. Mais mes jambes sont lourdes, douloureuses, à peine capables de m'obéir. J'ai de la peine à avancer. J'ai l'impression d'être un vieillard. L'odeur de la chair morte plane, ignoble, entêtante. Il y a des corps un peu partout, comme semés par une main invisible, couverts de larves, de mouches ou d'insectes impossibles à identifier.

Je ne croise personne avant Sainf où j'aperçois, de loin, un groupe d'hommes qui semblent chercher quelque chose. Je me cache dans une encoignure, le souffle court, les mains moites. Heureusement, ils ne me voient pas. Je passe sans encombre l'esplanade Montbenon et commence la descente vers l'ouest de la ville.

À proximité de la Grande-Place-de-Provence, j'entends des cris. J'avance prudemment, et découvre bientôt de quoi il s'agit : un homme gît en travers du trottoir, bâillonné, poignets et chevilles ligotés, défiguré par les plaies et les hématomes, tandis que deux types maintiennent fermement une jeune femme aux habits déchirés. Les autres, une bonne dizaine, ne la perdent pas des yeux. D'où je suis, impossible de voir le visage de la jeune femme, mais il y a une fatalité morbide dans cet instant qui paraît comme suspendu. Je jette un coup d'œil sur les façades. Personne. Les fenêtres sont vides. Mon regard est soudain attiré par un mouvement : un mince canon pointe lentement d'un carreau cassé. Je ne comprends qu'au bruit de la détonation. Un des trois types s'écroule, la partie inférieure de son visage transformée en cratère d'os et de chairs. Il y a une seconde détonation, puis une troisième. Les types s'éparpillent tandis que l'un d'eux pousse un hurlement, ses mains sur l'abdomen. Il fait quelques pas, avant de s'effondrer à genoux. Il essaie encore d'avancer, mais il finit par s'affaler de tout son long. Les autres se sont réfugiés dans des entrées d'immeubles.

Je suis incapable de bouger. Le spectacle me tétanise. Les secondes passent. La fille n'a pas levé les yeux. Finalement, après plusieurs secondes, elle finit par s'accroupir et très lentement, elle se couche en chien de fusil à même le trottoir.

Soudain deux des types jaillissent d'une entrée.

De nouveaux coups de feu retentissent, mais déjà, les deux hommes se sont engouffrés dans l'immeuble du tireur. Le canon disparaît. Un autre homme traverse la rue en courant, à la suite des premiers.

Il se passe trois, quatre minutes peut-être, et tout à coup, la fenêtre cassée paraît exploser, laissant apparaître un amas confus de bustes et de bras. Les bruits de lutte, les cris me parviennent amortis par la distance. Les types sont en train de pousser le tireur par la fenêtre. Au moment où je réalise ça, un corps bascule dans le vide, avec un hurlement qui s'arrête net à l'impact sur le trottoir. Je crois sentir le choc, physiquement, dans ma propre chair, comme si quelque chose m'avait télescopé, comme si j'avais moi-même été percuté par une masse compacte.

Les types sont à la fenêtre, hilares, vociférant des injures et des plaisanteries graveleuses à l'intention des autres, qui sont sortis de leur cachette. Dans l'ivresse de leur triomphe, ils ressemblent à des contrefaçons humaines, des êtres étrangers et sanguinaires, gangrène d'une Terre qui après un dernier hoquet a cessé de respirer. Eux vont continuer d'errer à sa surface ; ils seront les derniers à en être effacés. Ils règnent en maîtres. Ce monde de la force brute leur appartient. Ils ne parlent pas, ils hurlent. Les mots ont cessé d'exister.

Il est inutile et trop dangereux d'essayer d'aller jusqu'à Morges. Il faut revenir, rejoindre Pia, chercher à la protéger, trouver un moyen de survivre, pour elle, pour moi. Dans cette épouvante qui grandit et s'étend certainement partout, la proximité d'un être cher est peut-être l'unique issue pour ne pas glisser dans la folie. On tient plus à quelqu'un d'autre qu'à soi-même. S'occuper d'une personne qu'on aime est plus facile que se maintenir soi-même en vie. Seul, l'instinct de survie faiblit peu à peu ; on finit immanquablement par abandonner et laisser son souffle s'échapper.

Je retrouve Pia, l'appart et cette odeur aigre, organique et malsaine, presque excrémentielle, qui empuantit l'air. Pia est paniquée. Elle a encore entendu des bruits. Elle est sûre que des gens parlaient derrière la porte et ont essayé de crocheter la serrure. Je la rassure, mais je sens qu'il y a autre chose.

Elle finit par m'avouer qu'elle n'a plus de médocs.

— Ça veut dire quoi ? je demande.

Elle tourne la tête sans répondre. Malgré les mouches, je vais ouvrir la fenêtre. L'air du dehors, pourtant dense et nauséabond, me paraît presque doux. Je reviens vers Pia, j'approche mes doigts de son visage.

— J'ai peur, elle murmure.

Je l'attire contre moi. Je la sens se détendre un peu. Je répète plusieurs fois que je suis là, qu'elle n'a rien à craindre, même si je n'ai aucune idée de ce qui se passera si elle n'a plus de médocs. Nous n'en avons jamais vraiment parlé. Que risque-t-elle ? De partir à la dérive, de perdre le contrôle de son esprit ? Et si c'est le cas, qu'est-ce que ça signifiera pour moi ? Quelle solitude m'attend, aux côtés de quelqu'un dont la raison s'égare peu à peu ? Je la serre plus fort, tellement qu'elle hoquette. Je relâche l'étreinte, conscient que j'aurais pu la tuer, que pendant une fraction de seconde j'y ai pensé, peut-être pour lui épargner des souffrances pires que celles qu'on connaît déjà.

— Il faut qu'on parte d'ici, je dis tout à coup. Il faut trouver des médocs et de la nourriture. On va crever si on reste là.

Pia ne paraît pas comprendre :

— Tu disais que tout était pillé…

— Les gens ont besoin de nourriture, pas de médocs.

Je vais inspecter l'état de nos réserves, même si je sais de tête qu'il ne nous reste presque plus rien à part des exhausteurs. Est-ce que nous trouverons à manger ailleurs, dans des zones rurbaines moins peuplées, dans les Aires Récréatives Protégées où subsiste encore suffisamment de nature pour nous permettre de nous nourrir (de quoi précisément, ça c'est une autre question) ? Qu'est-ce qu'on doit faire ? C'est quoi nos options ? Le plus évident est d'essayer de rejoindre Moro et depuis chez lui partir pour le Jura. C'est certainement un des seuls endroits accessibles à pied où on a une chance de trouver une communauté néo-rurale. En tout cas, nous devons agir, nous risquer dehors, trouver à manger… Manger. Nous n'avons plus le choix, je le sais. Depuis combien de temps est-ce que je refuse de regarder la réalité en face ? D'ailleurs ce projet de rejoindre Morges était un paravent que mon esprit a dressé pour m'éviter de penser à ce que nous allons être obligés de faire. Ça m'apparaît à présent comme une évidence plantée devant moi, d'autant plus nette que j'ai évité de l'envisager depuis trop longtemps. Il n'y a pas d'alternative. Nos réserves sont épuisées. C'est ça ou mourir de faim.

— Attends-moi, je dis à Pia.

Elle me regarde avec insistance :

— Où est-ce que tu vas ? Qu'est-ce que tu fais ?

Sa voix est inquiète. Je la rassure, j'ai peut-être trouvé une solution, je lui promets de ne pas être long.

Je prends quelques paquets d'exhausteurs, les deux couteaux et la scie à métaux que j'ai trouvés au cours d'une de mes explorations, et tente ma chance à plusieurs rues de notre appart, dans un groupe d'immeubles que je n'ai pas encore visités. Le premier appart est vide et ne contient plus rien de comestible. Le deuxième aussi est désert. Un aquarium trône à côté du GS. J'ai entendu parler de ce genre d'installation, sans en avoir jamais vu. Dans l'eau trouble, trois créatures de la taille de la main flottent, mortes. À peine j'ai franchi la porte du troisième appart que je suis agressé par cette odeur épouvantable que je connais si bien. Dans la chambre à coucher, deux corps sont allongés côte à côte sur leur lit. Leurs bouches, leurs yeux débordent de ce qui dans la pénombre ressemble à un magma ronflant et sombre, animé d'une vie infâme. Le spectacle est familier. Les mouches, toujours elles. Ces personnes sont mortes depuis peu. Une semaine, maximum. D'ici à quelques jours, les mouches auront pondu et elles laisseront la place à d'autres insectes tout aussi entreprenants.

Je fais plusieurs dizaines d'apparts contenant des dépouilles à divers stades de décomposition. On s'habitue à tout mais pas à cette pestilence. Les corps sont dans leurs lits, plus rarement dans un fauteuil ou affalés sur une table. Privés de nourriture, leur énergie diminuant progressivement, ces gens ont dû passer de plus en plus de temps assis ou couchés, jusqu'à s'endormir définitivement, dans un dernier relâchement des sphincters. C'est ce qui nous attend. Vivre nos dernières heures les yeux dans le plafond, perdus dans des pensées qui nous tiendront prisonniers, à sentir nos forces décliner, notre souffle s'en aller, jusqu'à voir l'ombre devant nous, au pied du lit, la silhouette patiente de la mort.

Une fois, alors que je crois avoir affaire à des cadavres – un couple, serré l'un contre l'autre dans leur lit – un des corps remue : une tête se tourne vers moi. Un homme, le visage sans expression, le regard vacillant. Il ne me dit rien, il ne fait aucun geste. Je ne suis pas certain qu'il me voie. Il semble avoir déjà quitté le rivage.

Je ressors à reculons.

Je continue pendant ce qui me paraît être des heures. Je dois souvent m'arrêter pour me reposer, pour attendre que passent les vertiges et le bourdonnement dans les oreilles. Chaque fois que je m'assieds, je dois mettre toute ma volonté pour me relever. Si Pia ne comptait pas sur moi, ce serait tellement plus simple de s'endormir dans une cage d'escalier.

Enfin, je finis par trouver le corps d'une jeune femme gisant dans une baignoire pleine d'une eau rendue rose par son sang. Elle a préféré choisir sa fin et elle est morte depuis peu de temps. Dans sa chambre, je trouve des emballages vides de repas et de compléments pour sportifs. Elle était à court de vivres. Je lui adresse des excuses silencieuses et la tire de son dernier bain. Elle est maigre, cage thoracique saillante, seins flétris, bras rachitiques. Elle a ce nez qu'ont les cadavres, narines pincées à travers lesquelles l'air a cessé de passer. Je l'allonge sur le sol et j'attaque ses jambes à la scie. Tout de suite, le métal touche l'os et je dois rassembler mes forces. Mes bras tremblent sous l'effort. Il me faut plusieurs longues minutes pour découper une cuisse, puis la deuxième.

Dans l'appart voisin, je casse quelques meubles en aggloméré et allume un feu dans la baignoire. Je découpe ensuite des lanières de viande que j'enroule autour d'une barre de fer. Ça n'est pas une réussite : par endroits, la chair est carbonisée, à d'autres pas assez cuite. Et c'est sans compter les mouches que la viande rend folles et qui finissent sous mes dents, dans un dernier craquement de chitine. De toute façon, les exhausteurs masquent tout. Au final, le goût est presque agréable. Sans même parler de l'apaisement que procure cette nourriture.

Je ramène des lanières de viande grillée à Pia, qui se met à la mastiquer sans poser de questions. On mange lentement, en faisant des longues pauses. Il faut laisser le temps à notre estomac de digérer. Peu à peu, j'ai l'impression de sentir l'effet des prots sur mon organisme, la façon dont une énergie nouvelle se met à circuler en moi, refoulant le marasme dans lequel j'étais pris.

— Il faut qu'on essaye de s'en sortir avant qu'il n'y ait plus rien à manger, je dis.

Au bout d'un moment, Pia me demande de lui raconter. Je ne comprends pas tout de suite de quoi elle parle. Je secoue la tête, incapable d'articuler un mot, mais Pia insiste. Je sens ses yeux me scruter et lire en moi. Je me mets à lui détailler ce que j'ai vu, d'abord avec difficulté, puis de plus en plus facilement : les cadavres, l'aquarium, le couple à l'agonie, la jeune suicidée.

— C'était elle ? demande enfin Pia en me montrant un morceau de chair noircie.

J'approuve de la tête.

— Elle était déjà… ? Pia ne formule pas sa question.

Nouveau signe d'assentiment. J'ai la gorge nouée.

Quelque chose de glacé commence à me parcourir. Qu'est-ce que j'ai fait ? Qu'est-ce que j'ai été amené à faire ? Pia ne m'a pas quitté des yeux et des larmes se mettent à couler sur son visage.

— Je n'avais pas le choix, je murmure. Il fallait…

Je suis comme vidé. Je ne réalise qu'à présent. Et cette compréhension se répand dans tout mon corps en vagues froides, s'immisçant au plus profond de mes cellules, contractions d'une gelée transie, nauséeuse, écœurante qui remplit mon abdomen et liquéfie mes membres. Les larmes me montent aussi aux yeux, quelque chose se serre dans ma poitrine, un son qui voudrait sortir, un cri, un déchirement de douleur que je réussis à retenir pour ne pas paniquer Pia.

— Je ne voulais pas y penser, je dis encore. Je faisais tout pour ne pas penser à ça, pour ne pas me rappeler de l'expédition martienne.

Pia secoue la tête.

— Tu n'y es pour rien, elle me dit. Grâce à elle, nous pouvons espérer survivre un peu plus longtemps. Et peut-être nous en sortir. Soyons reconnaissants.

Cette sérénité… Comment Pia peut-elle faire preuve d'un tel calme ?

Un rêve me revient sans que je comprenne pourquoi. Je voyais des contrées libres, des territoires ancestraux interdits aux hommes, comme une mort a posteriori. Les plaines anciennes, les collines alanguies allaient battre le vent du soir. Une couleur noire s'abattait lentement, profonde, huileuse comme un charbon suintant, à l'odeur de chaleur glissante jusqu'à faire oublier toute autre présence.

Pia est là, très près de moi.

21

Quand je reviens le lendemain, l'homme est mort. Il a rejoint sa compagne. Je vais chercher Pia et à deux, nous commençons à découper le corps. L'amateur de true meat avec qui Pia avait eu une relation lui avait raconté comment les choses se passaient au cours des siècles passés, l'élevage industriel, les abattoirs, mais aussi encore avant. Il était fasciné par la façon dont on réussissait à conserver la viande à des époques où la technologie était très rudimentaire. Pia ne se souvient pas de tout, mais suffisamment pour qu'on décide de découper la chair en lanières et, après l'avoir cuite au feu, de la conserver dans les exhausteurs. Est-ce qu'il faudrait aussi essayer de la fumer ? Certainement, mais entretenir un feu pendant plusieurs heures est une mauvaise idée. Autant aller au milieu d'un carrefour et hurler jusqu'à ce qu'une bande nous entende. D'ailleurs, pendant que nous nous dépêchons de griller la viande, je vais régulièrement jeter des coups d'œil aux fenêtres et dans la cage d'escalier.

Nous mangeons un peu, pendant que le reste grille, en faisant attention de ne pas nous rendre malades. Peut-être à cause de cette nourriture qui nous libère peu à peu de notre apathie, de l'énergie qu'elle nous apporte, en tout cas Pia commence à accepter l'idée de quitter son appart. La perspective d'être accueillie par une communauté, d'être entourée de gens sans mauvaises intentions à notre égard, même si elle est complètement hypothétique, achève de la convaincre. Cette chair est un sursis, pas une solution. Il faut s'en aller tant que nous en avons la force.

Un matin, nous partons donc, avec toute la viande salée, et autant d'eau et de matériel que nous pouvons emporter sans nous surcharger. Il faut pouvoir se déplacer facilement et fuir si nous sommes repérés. La faim est une maîtresse despotique qui règne seule ; c'est elle qui dicte leurs comportements aux survivants. Personne n'aura pitié. Personne n'a eu le choix. Ceux que nous serons amenés à croiser n'auront aucun état d'âme. C'est ainsi. Il n'y a pas d'autre nourriture.

Nous marchons prudemment le long des façades, dans ces rues vides de toute vie humaine. Les machines sont mortes et les hommes les ont rejointes. Les fenêtres sont silencieuses, aveugles, sans aucun de ces visages qui scrutaient les rues il y a encore quelques semaines. Les gens ont péri, enfermés dans des apparts qui sont devenus leurs tombeaux. L'air est infect, épais, quasi poisseux.

La puanteur visqueuse de la mort et de la décomposition qui imprègne nos habits, nos cheveux, notre peau, qui nous retourne l'estomac. Les mouches, elles, sont bien vivantes et lancées dans des danses de folie à travers les airs. Pia me suit. Chaque fois que je jette un coup d'œil derrière moi, c'est pour constater qu'elle est sur ses gardes et que ses yeux sont toujours en mouvement.

Nous trouvons facilement les médocs. Les drugstores n'ont été qu'en partie pillés. Ce n'est pas de principes actifs dont les gens ont eu besoin. Plusieurs fois, nous devons nous mettre à l'abri dans des entrées d'immeubles et voyons passer de loin des petits groupes de gens amaigris, sales et armés : couteaux, arcs de sport, ou plus rarement guns polymunis. À un moment, du côté de Plainedulou, nous passons devant un petit éco-quartier dont la cour intérieure est barricadée. Est-ce que je suis déjà venu par là ? Il me semble reconnaître l'endroit. L'attaque a été violente. Ceux qui ont pris d'assaut la cour ont été sans pitié. Un cadavre pourrit, étendu au milieu des meubles empilés, tandis qu'un autre corps gît sur le toit d'une voiture, ses membres tronçonnés, couvert de mouches et d'un sang devenu noir. C'est un chaos immobilisé, une fresque grandeur nature à la gloire de la mort.

J'hésite à aller voir plus près, mais le regard échangé avec Pia m'en dissuade. Quels qu'ils soient, les assaillants se trouvent peut-être encore sur place, tapis, guettant d'éventuelles proies attirées comme des moustiques dans ce piège.

Alors que nous arrivons en vue de l'autoroute automatisée, nous entendons juste à temps un glissement de moteur. Nous nous cachons le plus vite possible. C'est un pick-up militaire portant des immatriculations que je n'ai jamais vues, mais bien qu'armés, les types à bord n'ont pas d'uniformes.

En fin de journée, nous atteignons les quartiers périphériques. Une dernière grappe d'immeubles autonomes, puis plus rien, en tout cas sur quelques kilomètres avant le lotissement résidentiel suivant, seulement des champs d'une céréale que je suis incapable d'identifier. Intriguée, Pia cueille une tige, renifle et commence à décortiquer les grains, puis à les grignoter. Je l'imite. Nous passons un moment à ronger les graines, comme des petits animaux. Pia m'adresse un signe d'encouragement. C'est fastidieux, amer, monotone, mais peu à peu, je sens mon estomac se remplir.

Nous nous installons dans un des immeubles. Il nous a fallu faire une dizaine d'apparts avant d'en trouver un sans cadavres.

Pendant la nuit, nous avons tous les deux des coliques et des maux d'estomac douloureux. Mon ventre se serre et se tord d'une façon encore plus insupportable que sous l'effet de la faim. Au matin, j'hésite à attendre un jour de plus avant de repartir. Pia n'est pas du même avis. Elle pense qu'il faut continuer. Je sens chez elle une énergie que je ne lui connaissais pas. Sans parler de son regard, net et résolu. J'ai de la peine à reconnaître la femme qui passait une bonne partie de son temps couchée. Je lui adresse un sourire qu'elle me rend. Elle semble sur le point de dire quelque chose, se ravise et je sens soudain chez elle comme une gêne.

— Qu'est-ce qu'il y a ? je lui demande.

— Rien…

J'insiste et elle finit par avouer que c'est à cause des médocs.

— Ceux qu'on a trouvés ?

Elle approuve de la tête.

— Je crois que je vais arrêter de les prendre… En fait, ça fait un moment que je n'en avais plus…

— Et donc que tu n'en prenais plus ?

Elle a un nouveau mouvement de la tête.

— Tu te sens comment ?

— Je ne sais pas… Je crois que j'ai un peu honte. Tout le monde est mort et moi j'ai l'impression d'être plus vivante que jamais…

Je comprends ce qu'elle veut dire. Moi aussi j'éprouve des émotions insolites et contradictoires. Ce que nous vivons est d'une telle étrangeté. Nous sommes si loin de nos repères habituels ; je me trouve dans un état inexplicable, entre abattement et euphorie, comme transporté hors de moi. Mon angoisse est à peine supportable, mais en même temps, je me sens libre comme jamais. Pourquoi avons-nous survécu, alors que nous n'étions – et de loin – pas les plus aptes ? Au contraire : Pia et moi avons toujours été aux franges de l'adaptation, toujours très proches de nous retrouver avec les losers et les rebuts sociaux. En ce qui me concerne, j'ai senti ça très jeune, en particulier pendant les workshops EPH, au milieu de ces types sportifs et à l'aise qui me faisaient souvent un peu peur. C'est le hasard qui a fait que nous sommes encore vivants, la chance. La logique aurait voulu que nous mourions.

Je me rapproche de Pia et la prends dans mes bras. Nous restons longtemps ainsi, enlacés.

Nous passons la nuit suivante à l'abri du mur d'un home. Nous ne sommes pas entrés. On peut presque sentir l'odeur à travers les murs. J'ai de la peine à m'endormir. Tout ce ciel au-dessus de moi. J'ai l'impression d'entendre quelque chose, le chant de l'éther, une vibration de l'espace lui-même, bruit de fond constant, sans modulation, presque morbide, comme une symphonie défunte murmurée par les étoiles.

Le lendemain, nous découvrons que la viande commence à s'avarier : nous connaissons trop bien cette odeur.

— On s'y est mal pris, résume Pia. On aurait dû la fumer plutôt que de la griller.

Nous repartons. J'essaye de me persuader qu'Échallens n'est plus très loin, mais le désespoir revient par bouffées, heureusement anesthésié peu à peu par la marche. Quelques kilomètres encore, un pas après l'autre, mètre par mètre… Le mouvement est hypnotique, la répétition des gestes, le rythme qui tire sur les membres et assomme les pensées. Je me sens en apesanteur, ma tête très loin au-dessus du sol, mon corps parti pour se fondre dans ce ciel qui nous surplombe de toute sa masse. Il paraît plus bleu, plus clair. Des nuages se recomposent sans cesse, prenant des formes prodigieuses. Je flotte comme un somnambule, parfaitement réceptif pourtant à ce qui m'entoure. Mes sens se réajustent. L'absence de points de repère habituels et l'irréalité des dimensions faussent mes perceptions et font dévier mon esprit. Je vois, j'entends des choses dont je n'avais pas conscience jusqu'à maintenant. C'est comme si je délirais les yeux ouverts.

Le ciel est seul, comme moi, mais il m'ignore, trop vaste pour se préoccuper de mon sort.

Je crois me rappeler la luxuriance des saisons passées, rêvées sans les avoir vécues, leurs larmes écrasées sur ma peau, floraisons privées de continuité, nuées sauvages lâchées face à moi, qui me cachaient la fange du quotidien.

Je vois les jours anciens défiler et surgir en impasses, comme de l'écume chassée par le vent.

Des myriades d'arcs-en-ciel croisent ma route.

Des années durant, j'ai connu une sorte d'absence éveillée, les aubes disparaissant sans laisser de traces, au milieu de personnes qui semblaient n'être que des copies conformes d'un modèle disparu. À présent que nous avons presque cessé d'exister, je me rends compte à quel point j'ai eu de la peine à me sentir en vie.

Nous marchons depuis plusieurs heures quand nous découvrons par hasard une voiture abandonnée en retrait de la route, en bordure d'une zone forestière. Le véhicule est vide, mais le coffre contient des barres de compléments, des rouleaux de ver et des pickers de soja réhydraté. Les propriétaires du véhicule ont certainement voulu, comme nous, trouver refuge ailleurs. Mais que s'est-il passé ? Où sont-ils ? Nous les cherchons, préparés à découvrir les cadavres de personnes massacrées par des rôdeurs, mais rien.

Je ne sais pas ce que nous serions devenus sans cette découverte. Est-ce que nous aurions atteint Échallens ? Nous aurions dû nous nourrir de fruits à moitié pourris et, à doses homéopathiques, de céréales crues. Vraisemblablement, à un moment, nous aurions cessé d'avancer. Ne serait resté que cet engourdissement que nous connaissons trop bien. Nous nous serions assis, pour peu à peu sombrer dans cette inertie du corps et de l'esprit qui précède l'agonie. La mort serait lentement descendue sur nous, jusqu'à nous assoupir définitivement.

Nous continuons, passant par des barres d'immeubles et des lotissements de homes entrecoupés de champs et de zones forestières, parfois gigantesques, au moins à mes yeux. À part dans le Val d'Anniviers, je n'ai jamais vu autant de végétation d'un seul tenant, autant de nature à la fois. Nous ne croisons personne, ou de loin, des petits groupes très semblables à ceux que nous avons aperçus en ville. En à peine quelques mois, l'homme est redevenu un nomade vivant en bandes, comme si l'unité de base permettant la survie ne pouvait plus être l'individu.

Moro m'avait montré des séquences de son

home, ce qui me permet de repérer sans trop de difficultés le lotissement. Ensuite, heureusement que l'identification des homes a été faite à l'ancienne, avec la mention du nom des occupants à côté de la porte d'entrée. Si les promoteurs n'avaient pas décidé de donner cette petite touche rétro, nous n'aurions certainement jamais trouvé le domicile de mon co-worker au milieu de toutes ces constructions identiques.

La porte est fermée et je dois casser une baie vitrée pour entrer. Il n'y a personne au rez-de-chaussée, mais je les découvre à l'étage, couchés dans leurs lits respectifs, Moro et sa femme dans une pièce, Ingvar dans une autre. Leurs abdomens sont enflés et distendus, leur peau est brune, lisse, huileuse, noire par endroits, jaunasse à d'autres, avec des marbrures rouges ; elle est recouverte par des plaques vivantes de larves blanches minuscules, dont le mouvement incessant, aveugle et obstiné captive les yeux jusqu'à donner la nausée. Je me suis préparé à ça dès que l'odeur a jailli à travers la vitre cassée ; malgré ça, je mets un moment à me remettre du spectacle.

J'adresse quelques mots silencieux à Moro, à Kardibi, à leur enfant. Pia les contemple, sans rien dire. Ils paraissent s'être suicidés. Mais est-ce une décision qu'ils ont prise ensemble ou que Moro a imposée à sa famille, mélangeant par exemple un produit létal à la nourriture ? Je repense à la dernière conversation que nous avons eue, ces tensions qu'il me décrivait, avec sa femme, avec son fils… Je vais ensuite inspecter la cave. Le mystère autour de leur mort s'épaissit encore quand je constate qu'il y a au sous-sol des réserves alimentaires pour plusieurs mois. Du point de vue de leur survie matérielle, ils n'avaient rien à craindre... Mais en découvrant le refuge de Moro, je prends aussi conscience du degré de paranoïa de mon coworker. Des années à amasser un assortiment invraisemblable de produits de première nécessité, de gadgets, d'équipements, à les entasser méticuleusement, à ranger de la façon la plus rationnelle, afin d'optimiser au mieux l'espace... Moro avait tout prévu du point de vue logistique, mais il n'avait pas anticipé la solitude et l'aliénation qu'engendrerait une telle réclusion. Peut-être aussi a-t-il eu peur de voir les siens mourir de la main d'humains redevenus sauvages. Imaginer son propre enfant se faire tuer sous ses yeux est peut-être à ce point insupportable qu'on préfère commettre soi-même ce geste... La mort, c'est la fin de la peur.

— Tout ça va nous permettre de tenir un moment, résume Pia.

Tenir, oui, mais jusqu'à quand ? Je me rends compte que trouver une communauté néo-rurale est une idée folle, un projet irréaliste qui nous a seulement donné assez d'énergie pour quitter Lausanne. Jamais nous ne trouverons de communauté, si encore elles existent. Le trajet jusqu'à Échallens a été beaucoup plus long et pénible que prévu. Je n'arrive pas à imaginer devoir gravir les pentes du Jura, tourner en rond dans d'immenses zones forestières, nous perdre dans des endroits où nous ne trouverons ni abri, ni nourriture. Pourtant nous allons devoir continuer à vivre... Nous sommes programmés pour ça. Croître, prospérer, se perpétuer. Vivre le plus longtemps et le mieux possible. Mais qu'est-ce que ça veut dire dans notre cas ? Qu'est-ce que ça signifie dans notre situation ? Que devons-nous faire ? Procréer ? Et ensuite ? Espérer que notre descendance survive ? Et si c'est le cas, qu'est-ce que nos enfants devront faire ? Tenter d'être accepté par une bande organisée au risque d'être tués et découpés en morceaux ? Ou au contraire éviter tout contact avec d'autres humains ? Et quoi alors ? Que leur arrivera-t-il ? Seront-ils obligés de se reproduire entre eux ? Pia doit lire en moi, car son regard se fait interrogateur ; je n'ose pas le soutenir.

— Tu te demandes à quoi ça sert... Où ça va nous mener...

Elle attend une seconde ou deux. Quelque chose crispe ses traits, une douleur que je ne lui ai jamais vue.

— Nulle part, elle ajoute.

Nulle part... Pia le sait aussi : nous n'avons aucun but, pas de destination. Nous sommes arrivés à la fin du voyage. Je pense encore une fois à Milfreda Damilock et à l'expédition martienne.

— Les autres ne sont pas seuls, continue Pia. Peut-être qu'on pourrait essayer de s'associer à une de ces bandes...

— À moins qu'on finisse par trouver une communauté néo-rurale.

Une partie de moi veut continuer à y croire.

— Il faudrait marcher toute notre vie, fait remarquer Pia. Et encore. De toute façon, une communauté ou une bande… On a le même risque de se faire tuer.

Je réponds que ceux qui ont survécu étaient les plus compétents, les plus performants, les plus forts. Comment est-ce qu'ils accueilleront deux personnes comme nous ? Pia hausse les épaules.

— Il y a un risque, elle admet. Mais qu'est-ce qu'on peut y faire ? C'est quoi l'alternative ?

Ça fait des semaines et des semaines que nous n'avons pas en tête autre chose que notre survie. Et maintenant que celle-ci est assurée pour les mois à venir, Pia arrive aux mêmes conclusions que moi. Durer le plus longtemps possible dans notre solitude à deux, qu'est-ce que nous pouvons attendre d'autre ?

Je fixe Pia. Je sens sa détermination. Elle que j'ai connue accrochée aux socials, au GS, abandonnée à une vie ralentie et quasi suspendue, dépendante de médocs pour se sentir mieux, elle a l'air prête à se confronter à n'importe qui.

— Nous devons trouver notre place, elle dit encore.

Trouver sa place au sein d'un groupe… Elle a peut-être raison. J'acquiesce et murmure que j'ai besoin de respirer autre chose que la puanteur qui règne dans la maison.

Dehors, les homes sont disposés comme les croix de certains cimetières du XXe siècle, dupliqués sans fin, à peine différenciés par les teintes pastel de leurs façades. Combien de cadavres sont en train de pourrir entre tous ces murs ? Combien de centaines de kilos de chair se décomposent dans le silence et la pestilence de la mort ? Et comment c'est ailleurs, à dix, cent, mille kilomètres à la ronde ? Pia me rejoint et vient se serrer contre moi. Ma place, je l'ai trouvée avec elle. Je le lui dis. Elle ne fait pas de comments.

Le soir tombe. Des nuages passent en provenance de l'ouest, leurs ventres larges rougis par le soleil. Le ciel est libre de toute trace artificielle, au moins visible : pas d'avions, pas de skyfleas, mais plus haut, les satellites doivent continuer leurs rotations orbitales, emportés par les mouvements de la mécanique céleste ; cela durera jusqu'à ce qu'ils finissent par retomber et s'embraser dans l'atmosphère…

— Je me demande qui sera là pour voir les satellites se consumer, je dis.

Pia m'adresse un coup d'œil.

— Quand ils remarqueront ces lumières passer en filant dans le ciel, j'ajoute, peut-être que les enfants de nos enfants penseront qu'il s'agit d'une manifestation divine…

Je me souviens de ce projet immobilier à La Nouvelle-Orléans dont avaient parlé les newsbreak peu de temps avant le black-out. Une équipe de promoteurs avait réussi à imposer leur projet : abandonner la partie dévastée de la ville pour se consacrer à la sauvegarde du plus important, le terrain de jeux des cadres sup en business travel. L'idée était démentielle : élever tout autour du French Quarter des parois transparentes susceptibles, à terme, de former une cloche de plexiglas. « Dans mille ans, des visiteurs viendront encore ici même si tout l'État est sous les flots », affirmaient les promoteurs. L'argument avait porté et les populations des quartiers nord avaient été priées de se relocaliser ailleurs, par leurs propres moyens, la municipalité ayant d'autres priorités. À présent, plutôt que les touristes, j'imagine nos descendants, retournés à la sauvagerie des premiers âges, marchant à moitié terrorisés au cœur d'un quartier français envahi par la végétation entre les immeubles abandonnés, les yeux sur le dôme partiellement détruit qui les surplombe. Cette construction titanesque ne peut être que le lieu de résidence de créatures mythiques aux pouvoirs surnaturels.

J'ai la gorge serrée. Les étoiles s'allument dans le ciel, diluées par la distance. Elles me rappellent nos lumières, celles que nous avions créées et qui sont mortes depuis une éternité. J'ai une pensée pour leur beauté un peu facile, fixe et soudaine, vénale et vulgaire, privée des nuances qu'impose l'atmosphère au soleil, à la lune, aux astres. Elles possédaient une qualité crue, outrancière, mais réelle et rassurante, puisque preuve de la capacité humaine à échapper aux ténèbres.

— Il faut y aller et rejoindre la cave, murmure Pia.

Avoir à la nuit tombée un endroit où dormir, dont nous avons eu le temps de sécuriser l'accès et s'endormir jusqu'à ce que le soleil se lève. Depuis combien de temps vivons-nous à ce rythme ?

Soudain, je crois distinguer un reflet vacillant et chaud, à l'est du lotissement. Un feu. Pia a suivi mon regard.

— On n'est pas seuls.

Je jette un coup d'œil à Pia. Je comprends qu'elle veut aller voir.

— Ça ne sert à rien, je dis.

— Peut-être que si, elle réplique.

Je sens que je ne vais pas réussir à la faire changer d'avis. Mais elle accepte qu'on attende qu'il fasse complètement nuit. Nous restons assis, appuyés contre la façade pendant ce qui me paraît être des heures. Nous ne disons rien. Finalement, Pia se lève et je la suis.

À mesure que nous approchons du feu, mon ventre se serre de plus en plus ; j'ai les entrailles nouées et la nuque complètement crispée. Ce n'est pas une bonne idée. Mais Pia paraît plus assurée que jamais.

À quelques dizaines de mètres du but, nous entendons les bruits d'une conversation. Nous nous tapissons derrière une haie. Je scrute la nuit à la recherche d'un éventuel guetteur.

Ils sont une dizaine, assis en cercle autour d'un feu allumé dans le jardin du home où ils ont élu domicile. Ils sont sinistres, barbus, hirsutes, vêtus comme nous d'habits en piteux état.

Avant que j'aie pu réagir, Pia s'avance, droite dans la lumière. Je n'ai pas le temps de la retenir : déjà ils l'ont vue. Et déjà, ils sont debout, tendus, leurs armes en évidence, guns polymunis, arcs et machettes qu'ils ont dû fabriquer eux-mêmes.

Trois d'entre eux s'éparpillent, certainement par crainte que Pia ne soit qu'une diversion.

— Nous sommes seuls, vous n'avez rien à craindre, elle lance d'une voix claire.

— Vous êtes combien ? demande un type à l'expression hostile qui doit avoir près de soixante ans.

Je m'avance à mon tour. Tous me toisent.

— Vous arrivez d'où ? demande le vieux.

Je réponds. S'ensuivent alors une longue série de questions. Ils ont l'air butés et malveillants, ils nous fixent froidement, avec des yeux qui nous dépècent et semblent vouloir fouiller en profondeur nos esprits. Ils sont onze, huit hommes et trois femmes, tous entre vingt et quarante ans, si on excepte notre interlocuteur. La question arrive très vite :

— Comment vous avez fait pour survivre ?

C'est un des plus jeunes qui l'a posée. Je lui dis que nous avons trouvé des réserves. Les paupières du vieux se rétrécissent.

— Vous mentez, il fait entre ses dents.

— Nous avons aussi mangé de l'humain, dit Pia en le regardant bien en face.

Il y a un flottement et plusieurs coups d'œil échangés entre eux.

— Et est-ce que vous avez tué pour vous nourrir ?

La voix du vieux est plus grave. Pia secoue la tête.

— Vous seriez prêts à le faire ?

Pia lui rétorque, pleine d'assurance :

— On ne s'est jamais trouvés face à ce choix.

Un des types dit quelque chose à l'oreille du vieux. D'autres se rapprochent et commencent à discuter à voix basse, tandis que deux restent à l'écart et continuent de nous surveiller.

Un des guetteurs revient et prend part au conciliabule. Ce qu'il dit a l'air de satisfaire les autres, mais les palabres durent encore quelques minutes.

Le vieux s'adresse alors à nouveau à nous :

— Nous tuons pour nous nourrir, il déclare. On le fait quand c'est nécessaire. C'est ainsi…

Il nous dévisage avec attention, avant de reprendre :

— Il va falloir nous expliquer pourquoi on devrait vous épargner.

— Nous voulons nous joindre à vous, lui dit Pia.

Il y a des échanges de regards.

— Qu'est-ce que vous nous apporterez ? veut savoir un homme dont le visage est barré d'une longue cicatrice.

— Nous avons survécu. C'est une preuve suffisante de ce que nous sommes capables de faire, non ?

Le conciliabule continue. Le ton est plus vif, les avis divergent manifestement. Je ne parviens pas à entendre ce qu'ils disent. Un des types s'exclame soudain :

— Mais on en a rien à foutre d'un mec de plus ! C'est pas de ça dont on a besoin !

Pia comprend plus vite que moi, car elle murmure en aparté :

— On n'aurait pas dû. Il faut filer. Vite.

Nous nous élançons à la même seconde et tout de suite, l'obscurité nous avale. Je ne me retourne pas, mais passé les jurons, les insultes et les bruits de course, j'entends bientôt le vieux qui crie de nous laisser.

Nous retrouvons le home de Moro. Mes jambes ne me portent plus, j'ai l'impression que mon cœur va crever ma cage thoracique. Mes poumons n'arrivent plus à suivre. Au bout d'un long moment, quand enfin nous avons retrouvé notre souffle, Pia dit :

— Attendons l'aube. On partira juste avant le jour. Ils ne vont pas nous chercher dans le noir.

— C'est raté, je fais.

Pia ne répond pas. Je me demande comment ils auraient réagi si elle avait été seule. J'ai entendu l'exclamation. Leur petit groupe ne comptait que trois femmes. Ils l'auraient épargnée.

— Si je n'avais pas été là, ça se serait passé différemment, je murmure.

Pia a les yeux figés dans le vide.

— Tu as pensé à ça ? je lui demande.

Pia se tourne vers moi :

— Pensé à quoi ?

— À te faire accepter par eux. Toi, si tu es seule, ils t'accueilleront. Et avec eux, il y a la possibilité de se projeter dans un avenir moins… rétréci.

Une expression de douleur et d'amertume passe sur ses traits.

— Comment tu peux dire ça ?

— C’est normal de penser à ça. Il n’y a pas d’issue, tu le sais aussi bien que moi.

Pia secoue la tête. Je l’ai blessée. Je tente de me justifier, mais le « arrête ! » me fait taire.

Le silence s’éternise. Pia est pensive. Triste aussi. Elle paraît voir des choses qui me sont invisibles. Je ne sais pas quoi lui dire.

Finalement, elle se rapproche de moi, jusqu’à me toucher, et plus près encore.

Mais malgré la proximité de sa peau, je n’arrive pas à croiser son regard.

22

Le lendemain matin, Pia a disparu. Je la cherche, le ventre serré, les jambes flasques, la tête retournée par l'angoisse. Je ne comprends pas, je ne veux pas comprendre. C'est pourtant si simple, si évident. Pour trouver une solution, il suffit parfois d'éliminer le problème. En se séparant, on n'a plus de questions à se poser. Je ne pouvais pas offrir grand-chose à Pia et elle le savait. Elle a dû lutter contre elle-même. La décision de me laisser a été douloureuse. Mais elle me connaît : la solitude ne me fait pas peur. J'ai l'habitude d'être seul. Et certainement qu'elle a prévu de revenir me chercher une fois qu'elle aura convaincu ses nouveaux compagnons... C'est ça qu'elle a cherché à faire : persuader la bande de m'accepter aussi.

Assez vite, je me rends compte qu'en fait je n'espère qu'une chose : trouver un signe, un mot, quelques lignes qu'elle m'aura laissées et qui me confirment son intention.

Bientôt, j'abandonne et vais m'asseoir dans le jardin. Je n'ai rien trouvé. Elle n'a pas eu le courage de m'écrire, de me dire ce qu'elle ressentait pour moi. Mais c'est peut-être la preuve, la dernière, de son amour. Je reste là, perdu au milieu du lotissement, de ces homes identiques qui s'alignent à perte de vue. Je suis seul sous un ciel uni et vide, avec la conscience d'en être au point ultime du désespoir, là où plus grand-chose n'a d'importance. Rien ne me rattache à l'existence. Et pourtant, rien non plus ne me pousse vers la mort. Mon accablement est total, mais indifférencié. Lourd et diffus, il m'ouvre des perspectives austères d'une existence silencieuse occupée à maintenir son corps en vie, à tenter d'éviter la folie. Je n'ai aucun horizon, ou à peine celui très exigu de journées que je vais devoir inlassablement recommencer, sans autre rythme que celui donné par le soleil et la nuit, par le cycle des saisons.

Alors que je suis en train de me demander ce que je vais devenir, je pense à Moro : il faut que je m'occupe de lui, de sa femme, de son fils. Les enterrer, leur donner une sépulture décente. Trouver la force de faire ça. Je repense à la jeune femme dans sa baignoire, au couple agonisant, à tous ceux que nous aurions dû enterrer si nous en avions eu l'énergie.

Je passe une bonne partie de la journée assis dans l'herbe, mes pensées éclatées se dispersant dans toutes les directions. L'intérieur de ma tête est un entrelacs de cendres grumeleuses, un reflux immobile de scories détestables. La vie n'est qu'un processus en attente d'une résolution, un suicide suspendu. Parfois mon attention revient vers un coin du jardin qui me semble convenir pour accueillir des tombes.

Le soir, je dors au fond de la cave, et le lendemain je me mets au boulot. Il me faut beaucoup de temps pour creuser une fosse suffisamment large et profonde. Je dois ensuite déplacer les corps. Je commence par Ingvar. Je l'enroule tant bien que mal dans un drap avant de le haler jusque dans le jardin. Après, c'est au tour de Kardibi. Je termine par Moro. Leur odeur à tous me tord le ventre ; le contact de cette chair en train de se putréfier me répugne, cette peau dont je sens qu'elle est l'enveloppe d'organes internes quasi liquéfiés, ce fourmillement de larves blanches ; en même temps, j'effectue ce job avec un détachement dont je ne me serais pas cru capable. Quelle importance de traîner des cadavres. Ils sont mes semblables. Je suis mort moi-même. D'ailleurs au moment où je fais basculer Moro dans la tombe, le drap glisse, libérant son visage. Ses orbites vides et noires semblent me sourire. On dirait qu'il me parle. Il me dit de ne pas m'inquiéter, de ne pas avoir peur. Tout ira bien. Je ne suis pas seul. Je ne le serai jamais. Est-ce que c'est ça qui m'attend ? De n'avoir que des morts pour compagnons ?

Au-dessus de moi, les nuages dessinent des figures étranges, des silhouettes stupéfiantes de netteté, aveuglantes de majesté.

Quelque chose plane, immense. Une ombre, ou est-ce une lumière nouvelle ?

Je me souviens de nos discussions avec Moro, quand on parlait du fait que nous vivions enfermés dans des capsules climatisées de lumière artificielle, préservés du monde naturel, coupés de lui, de tout cet espace où s'envolent les âmes mortes, où s'enlise mon destin ridicule de rescapé qui ne sait pas pourquoi il vit encore.

Le ciel est plus vaste que jamais. Il s'étend dans toutes les directions, il s'ouvre comme une fenêtre sur le néant à venir.

Je suis capable de vivre seul. J'ai appris à mener une existence solitaire et à ne pas compter sur les autres. Je connais cette quadrature du cercle, ce grand impossible. Coupé de ses semblables, l'homme finit par s'engloutir dans la désolation et la folie. Pourtant il m'est arrivé d'être heureux ainsi. Peut-être qu'à la longue, on finit par atteindre un certain détachement, une sorte de sérénité. Qu'est-ce que je risque de toute façon ? De mourir ? Je suis entouré par la mort et j'ai l'impression d'avoir quitté depuis longtemps le monde des vivants, mon corps surnageant sans attaches, mon esprit détourné vers nulle part. Le pire qui peut m'arriver est de ne plus rien éprouver, dans une sorte d'anesthésie des sens et des émotions.

— Elle reviendra, je murmure.

Je me répète ça depuis que je me suis réveillé. Pia et moi avons déjà été séparés. Et chaque fois, nos chemins se sont à nouveau croisés.

Il sera d’autant plus facile de se retrouver dans ce monde dépeuplé.

Je lève à nouveau les yeux. Je fixe un point immobile à ma verticale, jusqu’à me sentir aspiré en son centre. Partir en droite ligne là-haut et mourir ainsi.

ÉPILOGUE

J'ai attendu un peu plus d'une année à Échallens, mais Pia n'est pas revenue. Enfermé chez Moro, je pensais de plus en plus souvent au Léman, à sa surface scintillante qui aspire l'esprit… La certitude a peu à peu grandi : il fallait que je retrouve le bord du lac. Boucler la boucle. Retourner là où je m'étais toujours senti bien, face à cette immensité limitée que je connaissais mieux que n'importe quel autre endroit.

J'ai laissé un mot à l'intention de Pia chez Moro lui disant où j'allais et qu'elle me trouverait quelque part entre Lausanne et Morges. Une partie de moi veut continuer à y croire. Mais je n'ai plus vraiment d'illusions. Elle est peut-être morte la nuit même où elle a tenté d'être admise dans la bande du vieux.

J'ai perdu le compte des mois et des années. Les saisons passent, je me vois vieillir, dans ces cheveux qui blanchissent, dans cette chair qui se relâche. Je me suis installé dans un home de Saint-Sulpice, un de ceux qu'on trouve ici, un endroit gigantesque comportant près de dix pièces. Saint-Sulpice était une ancienne enclave de la classe intermédiaire, d'où le nombre de homes disproportionnés.

Je vis dans la monotonie. J'ai lu quelque part qu'avant leur extinction, les grands mammifères connaissaient de longues phases de désœuvrement. Dans un monde régi par leurs instincts, l'inactivité correspondait à des moments où les besoins étaient satisfaits et la peur du danger temporairement absente. Est-ce qu'ils s'ennuyaient ? Est-ce qu'ils étaient capables d'éprouver de l'ennui ? C'est l'homme qui n'aime pas cet état, signe pourtant d'une bonne adaptation à son milieu, peut-être parce qu'il l'a toujours associé à l'insatisfaction. D'où cette tendance qu'il avait de se démener, de s'activer vainement, de vouloir sans cesse imprimer sa marque sur tout ce qui l'entourait. Son inquiétude fondamentale le poussait à agir, à construire, à exhiber ses talents laborieusement acquis. Il s'était condamné à sans cesse prouver sa puissance et son infaillibilité. Tout ça est terminé. L'essaim des hommes s'est éparpillé dans la poussière, leur monde pétri de suffisance s'est effondré. Les humains étaient superflus, la Terre existe sans eux. La végétation envahit tout ; elle fait lentement disparaître la saleté silencieuse des paysages gris, l'artificiel contrefait et désespéré de notre vieille civilisation, cette laideur qui s'était installée sans que nous l'ayons vraiment choisie et qui avait fini par tout défigurer. Les cicatrices s'effacent, tous ces bâtiments prétentieux censés affirmer notre présence. Les constructions, buildings, ponts, routes, commencent à se fissurer, à se délabrer inexorablement. Bientôt, elles s'écrouleront, bientôt il ne restera que des décombres, derniers vestiges de ces lignes géométriques que les hommes se croyaient obligés de dresser à travers le temps.

Je vois parfois des gens, en bandes la plupart du temps. Nous nous adressons la parole, mais restons toujours à distance. J'essaye de savoir s'ils ont vu la femme que je leur décris. Jusqu'à présent, personne n'a pu me répondre. De même, personne n'a vraiment d'infos à propos de ce qui se passe ailleurs. Au cours des années, j'ai rencontré quelques voyageurs, dont un Danois qui était sur les routes depuis le début du black-out et qui avait parcouru une bonne partie du continent. Il m'a dit que c'était partout la même chose. À travers toute l'Europe, les survivants s'organisent de façon identique, en formant des bandes d'une dizaine d'individus. Bien sûr, il avait aussi vu des communautés autogérées plus importantes, dont certaines existaient avant le black-out, des villages retranchés, ainsi que, plus rarement, des sortes de seigneurs de guerre qui ont réussi à fédérer un nombre plus important d'individus.

La sauvagerie des premiers temps a laissé la place à une sorte de modus vivendi : on accepte de parler à des inconnus, mais en gardant cette distance de sécurité. Il n'y a plus de contacts autres que verbaux. Nulle part le Danois n'avait noté l'existence de relations commerciales même embryonnaires. Personne ne semble vouloir échanger quoi que ce soit, quitte à ce que ça signifie un dénuement plus grand. Peut-être les survivants ont-ils l'intuition que la civilisation, celle de la sédentarisation, de l'accumulation des richesses – et donc de la hiérarchisation des jobs et des êtres – portait en elle le germe de son propre effondrement. Pendant trop longtemps, tout a été affaire de lutte pour le profit et la domination. Puis sont venus le concept de propriété privée, l'importance donnée au destin individuel, la mise en compétition des humains qui ont définitivement mené la société à sa ruine, peut-être parce que justement ce sont des inventions récentes, inconnues des hommes pendant tout le temps qui avait précédé les grandes civilisations. En tout cas personne ne veut reprendre ce chemin-là. Selon le Danois, l'autarcie était la seule règle. On ne comptait sur personne d'autre que sur le groupe ou, beaucoup plus rarement, sur soi-même. Ses observations rejoignaient les miennes : il m'arrive parfois de partir marcher quelques jours, vers l'est le plus souvent, ou vers l'intérieur des terres. La plupart des survivants se sont unis à d'autres dans des sortes de petites structures autosuffisantes. Je ne croise que très peu de gens seuls comme moi. Je suis une exception. Un vestige du monde d'avant, celui des individus interchangeables, isolés de tous et d'eux-mêmes. Nous avons été épargnés pour être livrés à nous-mêmes. J'ai envisagé plusieurs fois de rejoindre un groupe. Mais dès que j'établissais un contact, je sentais cette même méfiance, ce rejet instinctif que j'ai toujours connus. Les regards qui disent que je ne suis pas tout à fait comme les autres.

Au moins, les hiérarchies autres que celles basées sur les qualités réelles des individus ont disparu. On en est revenu à une situation qui avait été la norme durant les centaines de milliers d'années antérieures à l'apparition de l'agriculture. S'ils se regroupent, les hommes adoptent spontanément les modes de fonctionnement de nos ancêtres chasseurs-cueilleurs, les connaissances et compétences propres définissant les rôles respectifs. C'en est fini des apparences, des symboles et de toutes les vanités, de ce besoin de se démarquer et d'accumuler qui montrait surtout à quel point l'être humain était angoissé. L'homme moderne gesticulait sans se rendre compte qu'il ne faisait que lutter contre des frayeurs irraisonnées. Je comprends d'autant mieux que je ne suis pas différent. Et peut-être l'angoisse est-elle inévitable, conséquence logique de la conscience de soi, du monde et de la finitude de toute chose.

J'avais proposé au Danois de l'héberger. Il avait hésité, mais finalement accepté quand je lui avais montré que la porte de sa chambre pouvait se fermer à clé.

Il avait apprécié ma demeure. Je ne sais rien des anciens propriétaires de cet endroit, mais ils avaient un goût prononcé pour le luxe, encore visible après toutes ces années dans ce qui reste de l'ameublement et des décorations, lustres, tapis et mobilier anciens, tableaux abstraits et sculptures dans des matières que je ne connaissais pas.

Le Danois était resté quelques jours. Nous avions passé d'agréables moments à parler de nos vies d'avant et de ce nouveau monde qui était en train de naître, tout en sachant que nous ne nous reverrions jamais.

Après son départ, j'ai retrouvé mes routines et ma solitude. Parfois j'ai l'impression que mon univers n'est fait que d'habitudes, qu'il s'est refermé sur lui-même. Dans leurs centres de prise en charge et d'Unterhaltung du quatrième âge, les gens devaient vivre de cette même façon rythmée et rétrécie. Je me demande si cette carcasse que je traîne m'appartient vraiment. Pourtant c'est grâce à elle que je reste debout, grâce à la force de tous les gestes répétés. Je suis maintenu entier, intact de l'extérieur alors qu'en dedans je suis comme calciné. Les effets peut-être de cette étrange solitude peuplée d'ombres : Pia, mes parents, mon frère, ma sœur, mes neveux, toutes ces personnes qui m'ont précédé dans la mort mais qui m'accompagnent, d'une façon que je n'arrive pas à expliquer. De temps en temps, je les sens autour de moi. C'est à Pia que je pense le plus, elle que j'imaginais épouse d'un homme – gestionnaire de datas ou logisticien suisse allemand – obligé de passer son temps au boulot pour nourrir leur enfant en bas âge. Si elle a survécu, son destin s'est certainement résumé à se faire engrosser par le vieux et les autres mâles, dans un brassage génétique généralisé.

Quant à moi, je chasse, je pêche, je fume mon poisson, je fais mes conserves à l'alcool, puisque j'ai trouvé dans la cave du home des réserves importantes d'eau-de-vie, boisson que je n'avais jamais goûtée auparavant. L'alcool a pris une place de choix dans mon régime alimentaire. Face au lac, ma compote de fruits sauvages à l'abricotine valaisanne a un effet magique : elle m'apaise, parfois jusqu'à me faire oublier ma situation. Rester assis et se laisser gagner par l'ivresse… La nature est bien faite. Elle a toujours mis à la disposition de l'homme tous les moyens pour lui assurer la santé du corps et de l'esprit, le répit de l'âme. Je le sais pour l'avoir lu dans des livres que j'ai trouvés dans le home où je me suis installé et dans plusieurs autres alentour : le nombre de plantes susceptibles de procurer une sérénité semblable à celle induite par l'alcool est innombrable. Certaines permettent bien plus encore, et aident à pénétrer en soi-même afin de parcourir les étendues de son propre esprit. Ce sont là des territoires que je suis de plus en plus désireux d'explorer.

Les livres… Je ne sais pas ce que je serais devenu sans eux. Il m'a fallu du temps pour m'habituer à la lecture sur papier, car comme tout le monde, je ne lisais jamais plus de deux ou trois pages d'affilée, et jamais autrement que sur un écran. Mais heureusement que ceux qui m'ont précédé ici et certains de leurs voisins avaient une vénération nostalgique pour ces reliques du savoir. En tout cas, il y a dans ces pages imprimées, en plus des savoirs factuels, des passages qui m'aident à me transporter dans des lieux inconnus, des voix qui m'accompagnent jour après jour.

Plusieurs livres sont consacrés à ce que les gens

appelaient l'art : peinture, photographie, sculpture, toutes ces formes d'expression dont le GS ne parlait jamais. L'art devait apporter énormément aux gens qui l'appréciaient et peut-être que ça permettait d'échapper temporairement à la jalousie, à l'avarice, à la mesquinerie. Mais en parcourant ces livres, je me suis surtout dit que la civilisation qui avait donné naissance à toutes ces œuvres était morte bien avant le dernier black-out, et qu'elle avait été gardée à l'état de reliques chez les rares personnes qui avaient conscience de ce qu'elle avait produit de beau.

Souvent, je prends un livre et une conserve, et je vais m'asseoir face au lac. Peu à peu, quelque chose se libère en moi et je m'envole à travers la densité folle de l'atmosphère, au milieu des nuages déroulés à toutes les altitudes, en des lieux où jamais je n'ai été, très loin en moi-même. Il n'y a plus de skyfleas, d'avions, de sillages qui dessinaient des figures géométriques hermétiques, tout un alphabet incompréhensible, tous ces signes d'une présence nombreuse, vivante. Il ne reste plus que les corneilles (j'ai appris le nom de ces oiseaux dans un manuel d'ornithologie) qui passent et crient, et les nuages. Ils sont comme des mirages qui entretiennent le délire et l'illusion d'une profondeur dans laquelle seul je nage, l'absence de l'esprit, le mien, cette impression de vivre jour après jour en plein décalage. Avec eux mes pensées, l'agitation, j'en viens à oublier le langage, j'assiste passif à ce retour des visions. Les soirs d'orage, les éclairs sont des nerfs de lumière qui relient le ciel à la terre. Je peux presque les sentir dans ma chair.

Le soleil aussi m'accompagne, son métabolisme puissant et séducteur, son halo. Dangereux aussi. Il délimite les aires, les vides. Une apocalypse chromatique pleine de beautés et de misères qui s'accumulent en strates dans ma tête. Je me livre en pâture à ses ors, son absolu placé exactement au-dessus de ma tête. L'éclat de ses yeux peint des flammes à même ma peau.

Je me demande parfois s'il est en train de mourir. Il danse, il carbonise mes chairs, assèche mon esprit et dissout les murs de ma raison. Un labyrinthe d'épaves s'attarde en moi. Une canicule sans fin. Le cœur d'un été de feu, le grand final auquel j'assiste passif, en essayant de me tenir en un seul débris.

La nuit finit toujours par arriver, la matrice vespérale, les étoiles allumées dans le liquide amniotique de l'éther.

Je me dissous à ce contact, la danse immobilisée des astres au cœur de laquelle je parcours mes souvenirs. Un cosmos impassible me domine.

Je me sens échapper à la gravité.

Je suis marqué, maudit. J'aurais dû disparaître. Je vis au milieu des ombres de ceux qui ne sont plus là, dans le souvenir des personnes que j'ai aimées, de tous ces gens qui faisaient partie de moi… Je suis mort en même temps qu'eux. Ils m'ont laissé seul avec un désespoir unique, d'une intensité dont personne ne saura jamais rien. Leur absence est terrible, même si je ne suis plus grand-chose d'autre qu'un fantôme bercé par le silence, les cris des corneilles, le chant des autres oiseaux. Je les écoute et de temps en temps, je leur réponds. Ce sont les seules fois où j'entends le son de ma voix. J'ai cessé de me parler. Cette habitude que j'avais prise à Échallens m'a passé peu à peu, sans que je sache pourquoi. Peut-être parce que je ne pense plus vraiment. Il n'y a plus de paroles. Elles ont sombré dans l'espace, la poussière. Je répète des gestes, simplement, au point que parfois je me demande si, comme je l'ai lu dans un livre dont je ne me rappelle plus le titre, je ne suis pas déjà techniquement mort.

Les heures s'effondrent les unes sur les autres, à la suite, imperturbables, enterrant la ruine de mes jours. Le vide se déploie sur l'horizon. Un crépuscule flamboyant, des hémisphères de pure lumière et l'oubli de tout.

En face de moi, le lac m'apparaît infini, la barrière des Alpes repoussée au fond des âges.

Au moins, je peux admirer la façon dont le soleil couchant dessine et sculpte les parois rocheuses sur l'autre rive. Les montagnes forment une muraille absolue, une protection de silence.

Parfois des nuages se collent à leurs flancs, accrochés comme désespérés, poussés par les vents.

Je me perds dans ce paysage. Je suis emporté très loin.

J'aimerais être ces pentes, enlacé par une Pia évanescente descendue nue sur moi.

La revoir, sentir ses mains sur ma peau. Être touché, caressé, regardé par elle…

Elle m'a abandonné et je ne lui en veux pas. Je n'avais rien à lui offrir, à part moi-même. Mais je n'arrive pas à l'oublier. Chaque détail de son visage est présent, brûlant, net à pleurer.

Il ne me reste plus qu'à attendre.

Quand la mort viendra, je serai là. Et je la verrai.

•

DU MÊME AUTEUR

Aux Éditions Navarino

FAR WEST/EXTRÊME-ORIENT

LOVE

SONNY

Aux Éditions Hélice Hélas

MÂLE OCCIDENTAL

L'OBSCUR (Folio Science-Fiction n° 697)

Aux Éditions L'Âge d'Homme

LE CRÉPUSCULE DES HOMMES

Dans la même collection

453. Jean-Claude Marguerite	*Le Vaisseau ardent*
454. Jean-Philippe Depotte	*Les jours étranges de Nostradamus*
455. Walter M. Miller Jr.	*L'héritage de saint Leibowitz*
456. Carol Berg	*Le vengeur* (Les livres des rai-kirah, III)
457. Philip K. Dick	*Question de méthode*
458. Leandro Ávalos Blacha	*Berazachussetts*
459. Alden Bell	*Les faucheurs sont les anges*
460. Pierre Pevel	*L'Alchimiste des Ombres* (Les Lames du Cardinal, II)
461. Xavier Mauméjean	*Rosée de feu*
462. Arkadi et Boris Strougatski	*Stalker*
463. Ian McDonald	*Le fleuve des dieux*
464. Barry Hughart	*La magnificence des oiseaux* (Une aventure de Maître Li et Bœuf Numéro Dix)
465. Serge Brussolo	*Trajets et itinéraires de la mémoire*
466. Barry Hughart	*La légende de la Pierre* (Une aventure de Maître Li et Bœuf Numéro Dix)
467. Jack McDevitt	*Seeker*
468. Glen Duncan	*Moi, Lucifer*
469. Barry Hughart	*Huit honorables magiciens* (Une aventure de Maître Li et Bœuf Numéro Dix)
470. Daniel Polansky	*Le baiser du rasoir*
471. Thomas Geha	*Le sabre de sang*, 1

472. Thomas Geha	*Le sabre de sang*, 2
473. Pierre Pevel	*Le dragon des Arcanes* (Les Lames du Cardinal, III)
474. Alain Damasio	*Aucun souvenir assez solide*
475. Laurent Genefort	*Les opéras de l'espace*
476. Roger Zelazny	*Dilvish le Damné*
477. Thomas Day	*Dæmone*
478. Philip K. Dick	*Ne pas se fier à la couverture*
479. Léo Henry	*Le casse du continuum* (INÉDIT)
480. Frank M. Robinson	*Destination ténèbres*
481. Joël Houssin	*Le Temps du Twist*
482. Jean-Marc Ligny	*La mort peut danser*
483. George R. R. Martin	*Armageddon Rag*
484. Lewis Shiner	*Fugues*
485. Collectif	*Alternative Rock*
486. Arnaud Duval	*Les Pousse-pierres*
487. Christian Léourier	*Le cycle de Lanmeur*, I
488. Lisa Tuttle	*Ainsi naissent les fantômes*
489. Pablo de Santis	*La soif primordiale*
490. Norbert Merjagnan	*Treis, altitude zéro*
491. Robert Charles Wilson	*Julian*
492. Patrick Ness	*La voix du Couteau* (Le Chaos en marche, I)
493. Patrick Ness	*Le Cercle et la Flèche* (Le Chaos en marche, II)
494. Patrick Ness	*La guerre du Bruit* (Le Chaos en marche, III)
495. S.G. Browne	*Comment j'ai cuisiné mon père, ma mère… et retrouvé l'amour*
496. Glen Duncan	*Le dernier loup-garou*
497. Christian Léourier	*Le cycle de Lanmeur*, II
498. Mira Grant	*Feed* (Feed, I)

499. Richard Matheson	*Par-delà la légende*
500. Dan Simmons	*L'échiquier du mal*
501. Mira Grant	*Deadline* (Feed, II)
502. Robert Holdstock	*Avilion*
503. Graham Joyce	*Lignes de vie*
504. Mira Grant	*Red Flag* (Feed, III)
505. Jean-Philippe Jaworski	*Même pas mort* (Rois du monde, I)
506. Arkadi et Boris Strougatski	*Il est difficile d'être un dieu*
507. Laurent Genefort	*Omale*, 1
508. Laurent Genefort	*Omale*, 2
509. Laurent Whale	*Les étoiles s'en balancent*
510. Robert Charles Wilson	*Vortex*
511. Anna Starobinets	*Je suis la reine*
512. Roland C. Wagner	*Rêves de Gloire*
513. Roland C. Wagner	*Le train de la réalité*
514. Jean-Philippe Depotte	*Le chemin des dieux*
515. Ian McDonald	*La maison des derviches*
516. Jean-Michel Truong	*Reproduction interdite*
517. Serge Brussolo	*Anges de fer, paradis d'acier* (INÉDIT)
518. Christian Léourier	*Le Cycle de Lanmeur*, III
519. Bernard Simonay	*Le secret interdit*
520. Jean-Philippe Jaworski	*Récits du Vieux Royaume*
521. Roger Zelazny	*Les princes d'Ambre* (Cycle 1)
522. Christopher Priest	*Les insulaires*
523. Jane Rogers	*Le testament de Jessie Lamb*
524. Jack Womack	*Journal de nuit*
525. Ray Bradbury	*L'Arbre d'Halloween*
526. Jean-Marc Ligny	*Aqua™*
527. Bernard Simonay	*Le prince déchu* (Les enfants de l'Atlantide, I)

528. Isaac Asimov	*Fondation 1*
529. Isaac Asimov	*Fondation 2*
530. J. G. Ballard	*La forêt de cristal*
531. Glen Duncan	*Talulla*
532. Graham Joyce	*Les limites de l'enchantement*
533. Mary Shelley	*Frankenstein*
534. Isaac Asimov	*Les vents du changement*
535. Joël Houssin	*Argentine*
536. Martin Millar	*Les petites fées de New York*
537. Mélanie Fazi	*Le jardin des silences*
538. Graham Joyce	*Au cœur du silence*
539. Bernard Simonay	*L'Archipel du Soleil* (Les enfants de l'Atlantide, II)
540. Christopher Priest	*Notre île sombre*
541. Bernard Simonay	*Le crépuscule des Géants* (Les enfants de l'Atlantide, III)
542. Jack Vance	*Le dernier château*
543. Hervé Jubert	*Magies secrètes* (Une enquête de Georges Hercule Bélisaire Beauregard)
544. Hervé Jubert	*Le tournoi des ombres* (Une enquête de Georges Hercule Bélisaire Beauregard)
545. Hervé Jubert	*La nuit des égrégores* (Une enquête de Georges Hercule Bélisaire Beauregard, INÉDIT)
546. L. L. Kloetzer	*Anamnèse de Lady Star*
547. Paul Carta	*La quête du prince boiteux* (Chroniques d'au-delà du Seuil, I)
548. Bernard Simonay	*La Terre des Morts* (Les enfants de l'Atlantide, IV)

549. Jo Walton	*Morwenna*
550. Paul Carta	*Le Siège des dieux* (Chroniques d'au-delà du Seuil, II)
551. Arnaud Duval	*Les ombres de Torino*
552. Robert Charles Wilson	*La trilogie Spin*
553. Isaac Asimov	*Période d'essai*
554. Thomas Day	*Sept secondes pour devenir un aigle*
555. Glen Duncan	*Rites de sang*
556. Robert Charles Wilson	*Les derniers jours du paradis*
557. Laurent Genefort	*Les vaisseaux d'Omale*
558. Jean-Marc Ligny	*Exodes*
559. Ian McDonald	*La petite déesse*
560. Roger Zelazny	*Les princes d'Ambre* (Cycle 2)
561. Jean-Luc Bizien	*Vent rouge* (Katana, I)
562. Jean-Luc Bizien	*Dragon noir* (Katana, II)
563. Isaac Asimov	*Cher Jupiter*
564. Estelle Faye	*Thya* (La voie des Oracles, I)
565. Laurent Whale	*Les damnés de l'asphalte*
566. Serge Brussolo	*Les Geôliers* (INÉDIT)
567. Estelle Faye	*Enoch* (La voie des Oracles, II)
568. Marie Pavlenko	*La Fille-Sortilège*
569. Léo Henry	*La Panse* (INÉDIT)
570. Graham Joyce	*Comme un conte*
571. Pierre Pevel	*Les enchantements d'Ambremer* (Le Paris des Merveilles, I)
572. Jo Walton	*Le cercle de Farthing*
573. Isaac Asimov	*Quand les ténèbres viendront*

574. Grégoire Courtois	*Suréquipée*
575. Pierre Pevel	*L'Élixir d'oubli* (Le Paris des Merveilles, II)
576. Fabien Cerutti	*L'ombre du pouvoir* (Le Bâtard de Kosigan, I)
577. Lionel Davoust	*Port d'âmes*
578. Pierre Pevel	*Le Royaume Immobile* (Le Paris des Merveilles, III)
579. Jean-Pierre Boudine	*Le paradoxe de Fermi*
580. Fabrice Colin	*Big Fan*
581. Fabien Cerutti	*Le fou prend le roi* (Le Bâtard de Kosigan, II)
582. Jo Walton	*Hamlet au paradis*
583. Robert Charles Wilson	*Les Perséides*
584. Charles Yu	*Guide de survie pour le voyageur du temps amateur*
585. Estelle Faye	*Un éclat de givre*
586. Ken Liu	*La ménagerie de papier*
587. Chuck Palahniuk et Cameron Stewart	*Fight Club 2*
588. Laurence Suhner	*Vestiges* (QuanTika, I)
589. Jack Finney	*Le voyage de Simon Morley*
590. Christopher Priest	*L'adjacent*
591. Franck Ferric	*Trois oboles pour Charon*
592. Jean-Philippe Jaworski	*Chasse royale – De meute à mort* (Rois du monde, II-1)
593. Romain Delplancq	*L'appel des illustres* (Le sang des princes, I)
594. Laurence Suhner	*L'ouvreur des chemins* (QuanTika, II)
595. Estelle Faye	*Aylus* (La voie des Oracles, III)
596. Jo Walton	*Une demi-couronne*

597.	Robert Charles Wilson	*Les affinités*
598.	Laurent Kloetzer	*Vostok*
599.	Erik L'Homme	*Phænomen*
600.	Laurence Suhner	*Origines* (QuanTika, III)
601.	Len Deighton	*SS-GB*
602.	Karoline Georges	*Sous-béton*
603.	Martin Millar	*La déesse des marguerites et des boutons d'or*
604.	Marta Randall	*L'épée de l'hiver*
605.	Jacques Abeille	*Les jardins statuaires*
606.	Jacques Abeille	*Le veilleur du jour*
607.	Philip K. Dick	*SIVA*
608.	Jacques Barbéri	*Mondocane*
609.	Romain d'Huissier	*Les Quatre-vingt-un Frères* (Chroniques de l'Étrange, I)
610.	David Walton	*Superposition*
611.	Christopher Priest	*L'inclinaison*
612.	Jacques Abeille	*Un homme plein de misère*
613.	Romain Lucazeau	*Latium I*
614.	Romain Lucazeau	*Latium II*
615.	Laurent Genefort	*Étoiles sans issue*
616.	Laurent Genefort	*Les peaux-épaisses*
617.	Loïc Henry	*Les océans stellaires*
618.	Romain d'Huissier	*La résurrection du dragon* (Chroniques de l'Étrange, II)
619.	Romain Delplancq	*L'Éveil des Réprouvés* (Le sang des princes, II)
620.	Jean-Philippe Jaworski	*Chasse Royale – Les grands arrières* (Rois du monde, II-2)
621.	Robert Charles Wilson	*La cité du futur*
622.	Jacques Abeille	*Les voyages du fils*
623.	Iain M. Banks	*Effroyabl Angel*

624. Louisa Hall	*Rêves de Machines*
625. Jean-Pierre Ohl	*Redrum*
626. Fabien Cerutti	*Le Marteau des Sorcières* (Le Bâtard de Kosigan, III)
627. Elan Mastai	*Tous nos contretemps*
628. Michael Roch	*Moi, Peter Pan*
629. Laurent Genefort	*Ce qui relie* (Spire, I)
630. Rafael Pinedo	*Plop*
631. Jo Walton	*Mes vrais enfants*
632. Raphaël Eymery	*Pornarina*
633. Scott Hawkins	*La Bibliothèque de Mount Char*
634. Grégory Da Rosa	*Sénéchal*
635. Jonathan Carroll	*Os de Lune*
636. Laurent Genefort	*Le sang des immortels*
637. Estelle Faye	*Les Seigneurs de Bohen*
638. Laurent Genefort	*Ce qui divise* (Spire, II)
639. Ian McDonald	*Luna – Nouvelle Lune* (Luna, I)
640. Lucie Pierrat-Pajot	*Les mystères de Larispem, I* (Le sang jamais n'oublie)
641. Adrian Tchaikovsky	*Dans la toile du temps*
642. Karin Tidbeck	*Amatka*
643. Jo Walton	*Les griffes et les crocs*
644. Grégory Da Rosa	*Sénéchal II*
645. Saad Z. Hossain	*Bagdad, la grande évasion !*
646. Al Robertson	*Station : La chute*
647. Peter Cawdron	*Rétrograde*
648. Fabien Cerutti	*Le Testament d'involution* (Le Bâtard de Kosigan, IV)
649. Yoon Ha Lee	*Le gambit du Renard*
650. Sabrina Calvo	*Toxoplasma*
651. Karoline Georges	*De synthèse*
652. George R. R. Martin / Lisa Tuttle	*Elle qui chevauche les tempêtes*
653. Katherine Arden	*L'Ours et le Rossignol*

654. Laurent Genefort — *Ce qui révèle* (Spire, III)
655. Léo Henry — *Thecel* (INÉDIT)
656. Grégory Da Rosa — *Sénéchal III*
657. Romain d'Huissier — *Les Gardiens célestes* (Chroniques de l'Étrange, III)
658. Thomas Spok — *Uter Pandragon*
659. Estelle Faye — *Les nuages de Magellan*
660. Chris Vuklisevic — *Derniers jours d'un monde oublié* (INÉDIT)
661. Annalee Newitz — *Autonome*
662. Nicolas Texier — *Opération Sabines* (Monts et merveilles, I)
663. Ray Bradbury — *Le Pays d'octobre*
664. Patrick K. Dewdney — *L'enfant de poussière* (Le cycle de Syffe, I)
665. Mary Robinette Kowal — *Lady astronaute* (INÉDIT)
666. Lucie Pierrat-Pajot — *Les mystères de Larispem, II* (Les jeux du siècle)
667. Lionel Davoust — *La messagère du ciel* (Les dieux sauvages, I)
668. Thibaud Latil-Nicolas — *Chevauche-Brumes*
669. Nicolas Texier — *Opération Jabberwock* (Monts et merveilles, II)
670. Ernest Callenbach — *Écotopia*
671. Adam Roberts — *Jack Glass, l'histoire d'un meurtrier*
672. Élisabeth Vonarburg — *Chroniques du Pays des Mères*
673. Pierre Alferi — *Hors sol*
674. Alain Damasio — *Les Furtifs*
675. Michael Roch — *Le livre jaune*
676. Yoon Ha Lee — *Le stratagème du corbeau*
677. Ian McDonald — *Luna – Lune du loup* (Luna, II)
678. Gareth L. Powell — *Braises de guerre*

Tous les papiers utilisés pour les ouvrages
des collections Folio sont certifiés
et proviennent de forêts gérées durablement.

Composition IGS-CP à L'Isle-d'Espagnac (16)
Impression Novoprint
à Barcelone, le 13 janvier 2022
Dépôt légal : janvier 2022

ISBN 978-2-07-294104-7 / Imprimé en Espagne

379416